고통스런 관계 떠나기

WHEN TO WALK AWAY
by Gary Thomas

Originally published in English as When To Walk Away
Copyright © 2019 by The Center for Evangelical Spirituality

Published by arrangement with The Zondervan Corporation L.L.C.,
a division of HarperCollins Christian Publishing, Inc. through rMaeng2, Seoul,
Republic of Korea.
All rights reserved.

This Korean translation edition Copyright © 2020 by Word of Life Press, Seoul,
Republic of Korea.

이 한국어판의 저작권은 알맹2 에이전시를 통하여
Zondervan과 독점 계약한 생명의말씀사에 있습니다.
신저작권법에 의하여 한국 내에서 보호 받는 저작물이므로
무단 전재와 무단 복제를 금합니다.

고통스런 관계 떠나기

ⓒ 생명의말씀사 2020

2020년 7월 24일 1판 1쇄 발행
2021년 7월 14일   4쇄 발행

펴낸이 | 김창영
펴낸곳 | 생명의말씀사

등록 | 1962. 1. 10. No.300-1962-1
주소 | 서울시 종로구 경희궁1길 6 (03176)
전화 | 02)738-6555(본사) · 02)3159-7979(영업)
팩스 | 02)739-3823(본사) · 080-022-8585(영업)

기획편집 | 구자섭, 서희연, 유영란
디자인 | 윤보람
인쇄 | 영진문원
제본 | 정문바인텍

ISBN 978-89-04-16720-3 (03230)

저작권자의 허락없이 이 책의 일부 또는 전체를
무단 복제, 전재, 발췌하면 저작권법에 의해 처벌을 받습니다.

고통스런 관계 떠나기

When to walk away
: Finding freedom from toxic people

게리 토마스 지음 | 이지혜 옮김

생명의말씀사

추천의 글

연꽃은 자신이 감당할 수 있는 빗물만 담는다. 소유와 욕망이 그렇다. 아니 관계가 그러해야 한다. '떠나보내거나 떠나거나' 하나님은 최초의 결혼주례사에서 '떠나는'것을 가장 먼저 언급하신다. 그렇지 못할 때 우리 모두는 관계중독에 빠진다. 스트레스, 집착, 강박, 우울, 공황장애… 마음의 병들은 뜻밖에도 관계 장애로 비롯된 것들이 대부분이다. 본서를 단숨에 읽은 나의 결론은 이것이다. '사이가 좋으려면 사이가 있어야 한다' 책은 그 '사이'의 지혜를 담아낸 예방백신이자 주치의다.

_송길원
하이패밀리 대표, 청란교회 담임목사,
『죽음이 배꼽을 잡다』의 저자

역시 게리 토마스다! 오랜 사역 현장에서 길어 올린 지혜에 또 한 번 감탄하게 된다. 그는 독이 되는 인간관계와 그 파괴적인 영향력을 예리하게 짚어주면서 하나님 안에서 우리의 정체성과 사명을 지켜가는 법에 대해 성경적으로 잘 안내해준다. 지혜롭고 민첩하게 악에 대항하며 동시에 우직하게 하나님만 바라보도록 격려한다.

_유은정
자존감심리치료센터·서초좋은의원 원장,
『혼자 잘해주고 상처받지 마라』의 저자

독이 되는 사람들은 우리 삶의 즐거움과 활력을 앗아가고 그보다 더 심각한 피해를 주기도 한다. 그러나 안타깝게도 우리 대부분은 이런 사람들을 효과적으로 대처할 기술을 거의 모른다. 사랑하고 용서하고 인내해야 한다는 건 알지만 그것만이 하나님이 주신 유일한 해결책은 아니다. 게리 토마스는 언제, 어떤 방법으로 그들을 맞서야 하는지, 어떻게 마음을 지킬 수 있는지 그리고 무엇보다 언제 그들을 떠나야 하는지 효과적으로 보여준다. 어떤 사람이나 상황에서 여러 차례 벗어나고자 하셨던 예수님의 경우를 차용한 그의 종합적인 처방은 제대로 사랑하고, 제대로 진실하며, 제대로 행동하는 법을 배우는 데 엄청난 격려가 된다. 강력 추천한다!

_존 타운센드(John Townsend)
〈뉴욕타임스〉 베스트셀러 작가, 『No라고 말할 줄 아는 그리스도인』 시리즈와 *People Fuel* 저자, 타운센드 리더십 상담 연구소 설립자

게리 토마스가 또다시 해냈다. 그는 성경에 기반한 건강한 삶(특히 인간관계에서)의 길을 우리에게 안내해왔다. 『고통스런 관계 떠나기』에서 그는 독이 되는 사람들과 어떤 식으로 관계를 맺어야 하는지 단계적으로 알려준다. 고무적이고 실용적이며 절대적으로 필요한 책이다. 당신의 인생을 뒤바꿀 이 메시지를 놓치지 말라!

_레스와 레슬리 패로트(Drs. Les & Leslie Parrot)
『결혼: 남편과 아내 이렇게 사랑하라』 저자

이 책은 반드시 읽어야 한다. 우리 모두에게 이보다 혼란스럽거나 긴급한 문제는 없기 때문이다. 게리 토마스는 목회자답게 훌륭하고 세심하게 우리의

나아갈 바를 알려준다. 나는 이 고마운 책을 열 권 구입해서 주변 사람들에게 나눠주려 한다!

_제퍼슨 베스키(Jefferson Bethke)
〈뉴욕타임스〉 베스트셀러 작가, 『종교는 싫지만 예수님은 사랑하는 이유』와 *To Hell with the Hustle* 저자

은혜와 용서는 그리스도인의 생활에서 매우 중요한 요소다. 그러나 성경은 우리 개인은 물론 하나님 나라 일에 해로운 사람을 맞닥뜨린 경우에 대해 가르침을 준다. 바로 '떠나라'는 것이다. 이는 가장 현명한 방법이다. 게리 토마스는 독이 되는 사람의 파괴적인 영향력에서 벗어나려 애쓰는 사람들에게 확실하고 성경적인 충고를 해준다.

_짐 데일리(Jim Daly)
포커스온더패밀리(Focus on the Family) 대표

독이 되는 사람들은 엄청난 해를 입힐 수 있는 강력하고 파괴적인 힘을 갖기도 한다. 나는 정신건강 전문가로서 이 책의 갈피마다 공들여 빚어놓은 지혜에 감사한다. 이 책에서 당신은 당신의 건강을 지켜줄 뿐 아니라 당신이 통제 행위 피해자가 되지 않도록 보호해줄, 특별한 전략으로 무장된 성경적 진리를 발견하게 될 것이다. 『고통스런 관계 떠나기』를 강력히 추천한다. 이 책을 통해 독자들은 위로와 희망을 얻게 될 것이다.

_그레고리 얀츠(Gregory L. Jantz)
섭식장애 상담 전문가, The Center · A Place of HOPE 설립자

하나님은 우리에게 조건 없이 사랑하라는 소명을 주셨다. 하지만 독이 되고 위험하며 영혼을 갉아먹는 관계를 견디라고 요구하시지는 않는다. 이는 특히 불행한 결혼 생활을 하는 사람들에게 희소식이다. 이 책에서 독이 되는 결혼 생활을 다룬 17장은, 예수님 때문에 힘겨운 관계를 간신히 버텨가는 사람들을 격려한다며 성경 구절을 잘못 인용하곤 하는 선의를 가진 사람들에게도 매우 유용하다. 하나님은 결혼의 신성함보다 그런 결혼 생활을 하는 사람들의 안전과 온전함을 더욱 귀히 여기신다.

_레슬리 버닉(Leslie Vernick)
강연자, 관계 코치이자 베스트셀러 *Emotionally Destructive Relationship* 저자

그리스도인 여성인 나는 착하게 살아야 한다는 염려에 시달리곤 한다. 게리 토마스는 다른 사람들이 원하는 게 아니라 하나님이 원하시는 게 무엇인지 보여준다. 당신을 향한 하나님의 목적에 다른 사람들이 걸림돌 되게 하지 말라! 토마스 박사의 말처럼, 때로 우리는 하나님이 진정 원하시는 것으로 나아가기 위해 다른 무언가를 떠나야 한다.

_실라 레이 그레고어(Sheila Wray Gregoire)
결혼과 성 전문 블로그(ToLoveHonorandVacuum.com) 운영자

들어가는 글

"어떤 친구는 형제보다 친밀하니라"(잠 18:24).

독이 되는 인간관계에 대해 글을 쓰다보면
특히, 사역할 때 제 자신이 우쭐하지 않도록
지켜주는 건전한 인간관계가 떠오릅니다.
하나님은 지혜와 경험이 풍부한
사역 지향적인 '전우들'을 보내주셔서
삶과 사역 속에서 하나님이 주신
최고의 것을 추구하도록 은혜를 베푸셨습니다.
네 전우에게 이 책을 드립니다.
마이크 디트먼 박사(Dr. Mike Dittman),
스티브 윌케 박사(Dr. Steve Wilke),
마이크 우드러프(Mike Woodruff),
케빈 하니(Kevin Harney).
스티브, 이름을 나열한 순서에는
별다른 이유가 없으니
기분 상하지 마세요.

목차

추천의 글   04
들어가는 글   09

▪1장   가장 교묘한 공격   15
교묘한 공격 | 로드맵   *요점 정리

▪2장   예수님은 어떻게 하셨는가   27
제발 떠나주세요 | 독성의 영향을 거부하라 | 스스로 피해 떠나신 예수님
*요점 정리

▪3장   살의   40
'독성 레이더'를 가동하라 | 독성의 최종 목표, 살인 | 사역을 무너뜨리다 | 살의로 가득한 세상에 생명을!   *요점 정리

▪4장   통제   58
선택권을 주시는 하나님 | 주권과 자유의지 | 새로운 결혼 생활을 위해 필요한 것, 자유   *요점 정리

▪5장   증오   73
독성에 맞서기 | 증오를 즐기는 사람들 상대하기 | 혐오하는 것에 감염되지 않기 | 독이 되는 사람들의 경향성 | 독성은 수프가 아니라 스튜다   *요점 정리

- **6장 낭비할 시간이 없다** 87

    사명을 멈추지 말라 | 열매 맺는 삶 | 주 안에서 헛되지 않은 수고 | 방어가 목적은 아니다 | 마지막 경고 *요점 정리

- **7장 우선순위를 생각하라** 103

    예수님의 충성된 사람들 | 투자할 만한 사람을 알아보라 *요점 정리

- **8장 돼지에게 진주를 던지지 말라** 115

    "거룩한 것을 개에게 주지 말라" | "진주를 돼지 앞에 던지지 말라" | 열매 탓이 아니다 | 자기방어 *요점 정리

- **9장 '독'이라는 꼬리표 달기** 131

    꼬리표를 사용하신 예수님 | 꼬리표 달기는 인신공격이 아니다 | 중상모략이라는 죄 *요점 정리

- **10장 느헤미야에게서 배우는 교훈** 143

    성벽 재건의 사명 | 사명을 최우선으로! | 거짓과 협박에 말리지 않았다 | 사명 완수 | 오직 하나님 한 분의 통제 | 또 한 번의 시도 | 최종 결과 *요점 정리

- **11장 가룟 유다를 다루신 예수님** 163

    예수님과 유다 *요점 정리

- **12장 세상이 너희를 미워하거든** 178

    종교적 언어로 가장한 공격 | 독이 되는 공격에 대응하는 세 단계 | 최종 판단은 하나님께 *요점 정리

- **13장 악의 현실을 인식하고 대면하라**   193

    창조-타락-구속 | 악의 현실을 망각하는 것은 곧 죄된 본성을 망각하는 것이다 | 불가피한 희생 | 민첩하게 악을 대면하라 | 유일한 절대 권위 ＊요점 정리

- **14장 역기능적 반응을 강화하지 말라**   208

    그들을 건강한 사람처럼 대하라 | 독성에 맞서는 이들을 보호하시는 하나님 ＊요점 정리

- **15장 가장 잔인한 공격**   218

    5퍼센트의 가능성을 경계하라 | 가스라이팅에 넘어가지 말라 | '그리스도인답게'라는 무기 | 당신은 관여할 필요가 없다 ＊요점 정리

- **16장 독이 되는 부모**   230

    어느 중산층 부모의 끔찍한 악 | 옛것을 버리고, 새것을 받아들이라 | 적당한 선 긋기 | 괜찮은 척은 이제 그만 ＊요점 정리

- **17장 힘든 결혼 vs. 독이 되는 결혼**   249

    힘든 것과 독이 되는 것은 전혀 다르다 | 이혼이 유일한 선택 | 방종의 무기 vs. 은혜의 선물 | 그들은 회개하지 않았다. 그저 멈추기 싫을 뿐이다 | 제도보다 사람이 먼저다 | 이혼은 가장 먼저 던질 질문이 아니다 | 부르심을 받고, 사랑을 얻고, 지키심을 받은 자 ＊요점 정리

- **18장** 이혼하지 않고 독성에서 벗어나는 법   271

 불화 | 오해와 불만 | 독에 독으로 맞서기 | 남편이 달라지기 시작하다 | 아내도 달라지기 시작하다 | 같은 사람, 달라진 결혼 생활 | 하나님이 이기신다 ✽요점 정리

- **19장** 독이 되는 자녀   287

 한발 물러나도 좋다. 하나님이 앞서 가신다 | 부모이기 전에 그리스도인 | 무책임한 자들에 선을 그으라 | 자녀를 바로잡으시는 분은 하나님 ✽요점 정리

- **20장** 독을 애정으로 바꾸는 법   301

 독에 독으로 반응하지 않을 수 있는 비결 | 자신의 독성 해결하기 | '올바른 삶'보다 '예수님 닮는 삶' 추구하기 | 영적 뇌수막염 | 독성을 제거한 후 얻게 된 것들 ✽요점 정리

- **21장** 자신에게 독이 되지 말라   319

 추함을 삼키는 아름다움 | 영적인 건강 ✽요점 정리

나가는 글   330
감사의 글   334
부록   338
주   346

When to walk away
: Finding freedom from toxic people

1장
가장 교묘한 공격

그렉은 몹시 혼란스러웠다.

직장 동료가 스스로 그리스도인이라 공언하면서도 다른 사람들을 공격하는 것을 좋아했기 때문이다. 직장 동료들과 사무실 외부 사람들에게 불쾌한 별명을 붙이는 것이 그의 특기였다. 그는 사무실 전체는 물론이고 자기 부하 직원이 아닌 사람들까지 감시하면서, 자기가 통과시키려고 로비했던 정책을 사람들이 지키도록 확실히 단속했다. 그는 사적인 비밀을 들추어 흥미진진한 가십거리로 만드는 데 명탐정이었다. 그는 동료들의 말과 행동에 대해 노골적인 거짓말로 두 사람 사이를 이간질하여 양쪽 모두에 '위로하며 편들어주는' 역할을 했다.

참다못한 어떤 직원이 그에게 따지자 그는 사장을 설득해 그 직원을 해고하게 했고, 이는 그에게 맞서려는 사람들을 향한 무서운 보호벽이 됐다.

그러나 같은 사무실의 모든 사람에게 독을 내뿜던 그는 사장에게는 다른 얼굴을 보이고 있었다. 그는 자신이 진심으로 충성을 다하는 유일한 직원이며, 나머지 직원 모두가 자신을 못 잡아먹어 안달이 났다고 사장을 이해시켰다. 사장이 총애하는 점심 짝꿍이 되기 위해 비뚤어진 유머 감각을 발휘하기도 했다.

그렉은 무력감이 들었다. 독이 되는 근무 환경이 그의 신체 건강과 정신 상태, 가족 관계, 수면에까지 영향을 미쳤기 때문이다. 그렉은 일을 해야 했지만 그와 함께하는 일터는 고통스러운 곳이었다. 상황이 얼마나 끔찍했던지 그렉은 퇴근해서도 그에게서 자유로울 수 없었다. 집에 돌아와서도 늦은 밤까지 그가 뇌리에 맴돌았기 때문이다.

아침이면 회사에 출근하는 것이 두려웠다. 저녁에 귀가하면 아내나 아이들이 다가와 말을 걸었지만 그 소리가 들리지 않았다. 마음은 여전히 사무실에 남아 있었고, 말도 안 되는 상황을 어떻게든 이해해보기 위해 자기가 한 말과 행동을 곱씹었다.

"그는 왜 만사를 통제하려고 할까요?"

그렉이 나에게 물었다.

"어떻게 그런 행동을 하면서 즐거워할 수 있죠? 누군가에 대한 험담을 퍼뜨리고, 사람들이 서로 증오하도록 거짓말하는 데 무슨 기쁨이 있나요? 다른 사람의 인생을 생지옥처럼 느끼게 만들면서 어떻게 자신이 그리스도인이라고 말할 수 있을까요?"

슬프게도 내가 그렉에게 해줄 수 있는 유일한 역할은 '공감만 해주는 순진해 빠진' 듣는 자의 역할이었다. 그때만 하더라도 나는 독이 되는 사람들을 다스리는 방법을 알지 못했다. 모범을 보이라는 둥, 그를 위해 기도하라는 둥, 다른 쪽 뺨을 돌려대라는 둥 내가 그에게 해준 경건한 충고는 분명 부끄러운 수준이었다.

그러다 이후에 내가 실제로 '독이 되는 사람들의 표적'이 되고 나서야 비로소 나는 그들이 어떤 존재인지 깨달았다. 그들은 경건함에 대한 그리스도인들의 그릇된 해석을 자양분으로 삼고, 그릇된 기독교적 죄책감을 이용하여 자신들의 공격을 널리 퍼뜨리는 사람들이었다.

이런 순진함은 수십 년 동안 이어졌다. 훨씬 더 나이가 들고 나서, 허를 찔리는 경험을 했다. 처음에 그 여성은 내가 교회에서 너무 오랫동안 외면해왔던 주제에 대해 목소리를 내주었다면서 반기는 듯했다. 그러고는 고맙다는 글을 보내더니 더 많은 정보를 얻을 수 있도록 자신의 저서와 다른 사람의 책을 읽어보라고 권했다.

나는 그 여성에게 솔직하고 싶었기에 "한번 읽어보겠다"는 인사치레는 하지 않았다. 대신 블로그에 일회성으로 게시한 글이며, 이 문제를 다루는 게 내 인생의 중요한 소명은 아니므로 그 주제와 관련한 책을 두 권 모두 읽겠다는 약속을 할 수는 없을 것 같다고 했다. 사적인 감정이 있어서가 아니라 그저 시간이 부족했을 뿐이다.

여성은 굉장히 불쾌해하더니 살벌한 공격을 시작했다. 그녀에게 나는 더 이상 친구가 아니라 적이었다. 그녀 입장에서 볼 때 나는 내가 언급했던 문제를 도리어 일으킨 장본인이나 마찬가지였고, 그 여성에게 동의하는 것 같았던 블로그 게시물조차 나의 무지와 악한 행동에 대한 눈가림에 불과했다. 그녀에 따르면, 사람들은 내 책을 절판하라고 요구하고 그 여자의 책을 사서 읽어야 했다.

나는 독이 되는 사람을 달래느라 너무 많은 시간을 낭비하고, 너무 많은 집중력을 잃고, 너무 많은 에너지를 쏟았다. 내 바람은 글쓰기와 강연을 통해 사람들을 격려하고, 도전하고, 지지하는 것이었다. 하지만 이 사건을 겪으면서 나는 내 무지함으로 인한 엄청난 혼란과 분노를 맞닥뜨려야 했다. 성인이 되고 목회를 하는 동안 나는 줄곧 공격수 역할에만 집중해왔다. 아무도 내게 영적으로 방어하는 법을 가르쳐주지 않았다. 방어는 왠지 '기독교적이지 않은 것'처럼 보였다.

여기서 나는 '전문' 목회를 이야기하려는 것이 아니다. 은행이든, 빵집이든, 야구장이든 우리가 살고 일하는 곳 어디서건 사람들에게 하나님의 사랑과 진리를 전파하는 소명의 현장을 말하는 것이다. 하나님의 일은 다양하고 교묘한 방법으로 공격당할 것이다. 방어하는 법을 배우지 못하면, 우리는 잘못된 죄책감과 혼란의 매듭에 속박될 것이다. 그리고 그런 속박으로 인해 곁길로 빠지게 되면, 우리는 사람들을 사랑하고 섬길 기회를 놓치게 되고 불필요한 비극을 우리 삶에 불러들이게 될 것이다.

나는 이런 생각을 하곤 했다.

'내가 조금만 더 경건하고, 조금만 더 지혜롭고, 조금만 더 사랑이 많고, 조금만 더 참을성 있고, 성경을 조금 더 많이 알고, 성령님을 조금 더 의지할 수 있다면, 모든 사람이 내 안에 있는 '예수님을 보고' 하나님이 하시는 말씀을 듣기 위해 줄을 설 텐데.'

상대방이 반응이 없거나 거부감을 보이면 이렇게 생각했다.

'뭔가 나를 미적거리게 만드는 것이 있나? 내 말투에 품위가 없나? 내가 하나님 말씀을 제대로 듣지 못했을까?'

그래서 나는 공격수 역할에 대해 집중적으로 이야기하고 글을 썼다. 결혼과 부모 역할에 대해 글을 쓸 때면 좋은 공격수의 역할인 사랑과 봉사, 희생, 애정을 강조했다. 그러나 어떤 사람들에게는 수비수 역할이 조금은 필요하다는 점을 (슬프게도) 충분히 강조하지 않았다.

내가 또 다른 지독한 공격을 견뎌내며 고통스러워하는 것을 알아차린 친구 스티브 윌케(Steve Wilke) 박사는 수비수 역할이 때로 필요하다는 사실을 가르쳐주기 시작했다.

"게리, 누가복음을 읽어봐. 예수님은 매우 여러 차례 사람들과 떨어져 계셨어."

지나가듯 던진 윌케 박사의 말에 나는 완전히 새로운 목회의 차원, **방어**에 눈뜨게 됐다. 나는 이 새로운 눈으로, 예수님이 자신을 겨냥한 박해를 피해 **자주** 떠나신 것을 봤다. 바울과 베드로, 심지어 '사랑의 사도' 요한마저도 독이 되는 사람들을 경계하라고 초대교회 신자들에게 경고한 것을 읽었다. 공격수 역할에 집중하는 것은 지혜롭고 사랑스러운 일이지만, 방어 없이 공격만 하는 것은 불필요하게 우리 자신을 상처받기 쉽게 만들고 우리 영향력을 심각하게 감소시킨다.

공격이 뛰어나면 훌륭한 수비는 불필요하다고 생각했던 순진함과 부족한 방어력은 30여 년에 걸친 내 목회를 저해했다. 나는 독이 되는 사람들에게 너무 많은 시간을 허비했고, 그들 가운데 더 나아진 사람은 아무도 없었다. 나는 심술궂은 사람들을 달래는 데 시간을 보내느라, 그 시간에 함께할 수 있었던 믿음직한 좋은 이들에게 충분한 관심을 쏟지 못했다. 이제 그런 시절은 끝났다. 나는 지난날을 후회한다.

나는 가능한 최고의 공격을 하고 싶다. 성경 말씀을 속속들이 알고, 성령님의 인도하심을 따르고, 하나님의 인정과 예수님의 은혜 가운데 살며, 다른 사람들을 헌신적이고 열정적으로 사랑하고 싶다.

하지만 그와 더불어, 방어하는 법을 조금 더 배운다면 앞으로의 목회가 훨씬 더 풍성해지리라 생각한다.

당신이 사람들의 비위를 맞추는 타입이 아니라면, 이 모든 것이 다소 쉬워 보일 수 있다. 다른 사람들을 쉽사리 무시할 수 있다면, 당신은 당연하다는 듯 이렇게 말할지도 모른다.

"게리, 어른들 세상이란 다 그런 거예요."

하지만 인간관계나 목회 상황이 왜 당신을 미칠 지경으로 몰아가는지 알아내려 애쓰면서 내가 그랬듯 죄책감과 그릇된 '동정심' 때문에 곤경에 빠져본 적이 있다면, 이 책이 당신에게 무척 도움이 될 것이다.

몇 년 전에 그렉의 전화를 받았다. 과거 문제의 그 직장 동료에게서 15년 만에 이메일로 연락이 왔다고 했다. 그는 그렉에게 변호사를 고용하는 게 좋을 거라고 경고하면서 그를 고소할 것이라고 말했다(확실히 해 두자면, 그는 실제 소송을 제기하지는 않았다).

독이 되는 사람이 정말로 존재하는지 그리고 그들이 대개 통제권을 넘기거나 공격을 포기하는 법이 없다는 것이 의심스러우면 주변에 물어보라.

우리의 진을 빼고, 우리의 품위를 훼손하고, 우리의 건전한 인간관계를 방해하는 사람들은 분명 존재한다. 그들이 떠나고 난 후에도 우리는 여전히 마음속에서 그들과 싸우며 그들을 마음속에서 쫓아내려 애쓴다. 그들 때문에 잠을 설친다. 우리 안에 있던 즐거움과 평화를 빼앗긴다. 그들은 (솔직히 말하자면) 영적으로 우리를 더 연약하게 만들고, 심지어 예배 시간을 침범하여 예배를 근심과 걱정의 시간으로 바꿔버린다.

그들은 독과 같은 존재이며, 우리는 그 사실을 잘 안다. 어쩌면 평생을 함께한 친구나 친척 혹은 직장 동료 중에도 독과 같은 존재가 있을지 모른다. 그런데 골칫덩어리라고 해서 전부 피할 순 없지 않은가? 오히려 그리스도인은 까다로운 사람들에게 더 다가가야 한다고 배우지 않는가? 예수님이 우리에게 죄인들을 찾으라고 말씀하시지 않았는가? 그러므로 그들과 지속적으로 관계를 맺고 난관에 부딪히면서, 시종일관 주님의 일을 하고 있다고 생각해야 하지 않는가?

하지만 만약에 … 그게 주님의 일이 아니라면? 독이 되는 사람들을 어떻게 다뤄야 하는지에 대한 또 다른 관점이 있다면 어떨까? 그리스도의 방법과 사역이 너무나 강력하고, 너무나 긴급하며, 너무나 중요해서 독이 되는 사람들 때문에 우리가 진퇴양난에 빠지는 것이 하나님에 대한 섬김이 아니라 오히려 하나님에 대한 범죄가 된다면?

'**유독성**'(toxic)이라는 말은 오늘날 심리학의 유행어가 되어버렸지만 성경은 이 문제에 대한 접근법을 매우 깊이 다루고 있다. 실제로, 나는 이 책에서 이전 저작보다 더 많이 성경을 인용했다. 수십 번 성경을 읽는 동안 방어에 대한 이 진리의 말씀은 내 눈앞에 똑똑히 있었지만, 내 눈이 너무 어두워 미처 보지 못했다. 군중으로부터 수도 없이 떠나가신 예수님의 행동이 삶과 목회와 섬김에 대한 내 관점을 바꾸어놓았다.

교묘한 공격

그는 하나님이 본래 창조하신 뜻대로 살아가는 데 방해가 되는 사람인가? 하나님께 받은 소명을 좌절시키는 사람인가? 그렇다면 그는 당신에게 독이 되는 사람이다. 하나님이 창조하신 뜻에 합당한 사람이 되고

자 하는 것은 이기적인 일이 아니며, 하나님께 받은 소명을 실천하는 것은 이기적인 일이 아니다. 그러므로 독이 되는 사람들을 어떻게 경계할지 배우는 것은 중요하다. 경계한다는 것은 그들을 당신 삶에서 떼어내거나 별다른 뾰족한 수가 없을 땐 그들과의 만남을 최소한으로 줄인다는 뜻이다.

오늘날 하나님의 교회를 향한 가장 교묘한 공격은 독이 되는 사람들을 대처하는 우리의 죄책감에 집중된다. 사탄은 하나님의 사람들이 사랑하고 보살피는 일을 멈추게 할 수 없다는 것을 알고 있다. 왜냐하면 성령님께서 그렇게 하도록 하나님의 사람들을 인도하시기 때문이다. 그러나 사탄은 하나님의 사람들로 하여금 그들에게 주어진 사랑과 선의의 대부분을, 그것을 불쾌하게 여기고 은혜에 절대 반응하지 않을 사람들에게 쏟아부으라고 재촉할 수 있다. 사탄은 우리를 통해 흐르는 하나님의 맑은 물을 멈추게 할 수 없지만, 우리를 유혹해서 그 물을 배수관으로 흘려보내 누구의 목도 축이지 못하고 아무 열매도 맺지 못하게 만들 수 있다.

하나님의 사람들은 이런 함정을 피해 자유를 얻어야 한다. 시작에 앞서 주의 사항이 있다. 어떤 사람들은 까다롭거나 나와 다르거나 상처를 주는 사람들을 회피하기 위한 핑곗거리로 '**독**'이라는 꼬리표를 두루뭉술하게 사용한다. 그렇게는 하지 말자. 3-5장에서 살펴보겠지만 독과 동일한 맥락을 지닌 별칭들로는 살의, 통제 대장, 증오를 사랑하는 사람들 등이 있다. 우리는 이 명칭들을 통해 독을 분별하고 적절히 다룰 수 있다. 그러나 그 어떤 독성도 경계하지 않는 순진한 그리스도인들이 있는데, 그들은 나중에 자신들이 거의 이해하지 못하고 정체도 모를 무언가에 압도당하여 미쳐가는 것을 깨닫게 된다.

어쩌면 정말 '독이 되는' 사람들은 생각보다 극소수일지 모르지만, 그들을 다루기 위해 책 한 권이 필요한 까닭은 그들의 부정적인 공격이 지나치게 효과적이기 때문이다. 7세기 수도자 요한 클리마쿠스(John Climacus)의 명언에 이런 말이 있다.

"악마의 도움을 받게 된다면 늑대 한 마리가 양 떼 전체를 괴롭힐 수 있다."1)

요즘 말로 독이 되는 사람 한 명을 가려내지 못하면 견고한 중형 교회 하나쯤은 얼마든지 텅 비게 만들 수 있다는 것이다. 독이 되는 사람들은 가족 모임을 망친다. 우정을 공격하고 일터를 망가뜨린다. 수가 상대적으로 적을지 몰라도, 불행히도 그들의 영향력은 그렇지 않다. 그들은 목회를 망친다. 성도들의 기쁨과 평화를 빼앗고, 때로는 우리의 온전한 정신을 의심하게 만든다.

이제 그들을 가려낼 때다. 하나님이 우리에게 주신 한 번뿐인 삶을 최대한 활용할 때다. 그 말인즉, 우리가 약간의 수비법을 배워야 한다는 뜻이다. 독이 되는 사람들이 당신을 넘어뜨리거나 혼란스럽게 만들도록 허용하지 않겠다고 오늘 결심하라. 그렇게 허용하기에는 당신의 사명이 너무나 중요하다.

로드맵

여기서는 이 책의 목적과 논의 주제를 소개하려 한다. 이 책은 여러 차례 사람들을 떠나셨던(혹은 사람들을 떠나게 하셨던) 예수님의 삶을 살펴보는 데 초점을 맞춘다. 예수님의 수비 방법을 이해하면, 사랑하고 섬기라 (공격 방법)는 우리의 소명을 어떻게 유지할 수 있는지 알 수 있다. 2장에서는 예수님이 수비하신 방법을 자세히 들여다볼 것이다.

3-5장에서는 독이 되는 사람을 정의할 것이다. 독이 되는 사람은 여러 가지 의미에서 독이 될 수 있지만, 중요한 특징을 몇 가지 보여줄 것이다.

그리고 나서 (이것이 핵심인데) 6장('낭비할 시간이 없다')과 7장('우선순위를 생각하라')에서는 공격에 집중해야 하는 경우를 설명할 것이다. 마태복음 6장 33절과 디모데후서 2장 2절은 충성된 종이 되는 게 얼마나 중요한지 그리고 우리가 섬길 때 어디에 집중해야 하는지를 말해준다. 이 책은 독이 되는 사람들에게서 우리 자신을 보호하는 것보다 독이 되는 공격에서 우리 사명을 보호하는 것을 다룬다.

8장에서는 돼지에게 진주를 주지 말라고 경고하시는 예수님의 유명한 말씀을 탐구한다. 9장에서는 꼬리표를 붙이는 것과 이름을 부르는 것의 차이점을 살펴본다. 누군가를 '독이 되는 사람'이라고 여기는 게 심하다고 생각한다면 이 장에서 특별히 도움을 받게 될 것이다. 10장 '느헤미야에게서 배우는 교훈'에서는 독이 되는 수많은 공격 앞에서 자신의 사명을 고수했던 사람들 중에 훌륭한 본보기로 느헤미야를 보여준다.

독이 되는 사람들을 항상 피할 수 있는 것은 아니기에 11장에서는 '가롯 유다를 다루신 예수님'의 방법을 탐구하고, 뒤이어 12장에서는 하나님 앞에서 우리의 사명을 지키기 위해 그 사명이 우리를 혼란이나 파괴로 내몰지 않도록 유념하면서 미움받는 적절한 방법을 배워야 한다는, 슬프지만 본질적인 현실을 가르친다.

13장은 하나님이 창조하신 이 땅의 모든 좋은 것이 악에 의해 어떻게 오염되는지를 성경적 관점에서 이야기하는데, 이는 14장을 더 깊이 이해하도록 돕는다. 14장에서 예수님은 그분의 영적 가족에 대한 우리의 충성이 본래 우리의 혈연 가족에 대한 충성보다 우선해야 한다고 말씀하신다. 15장은 가족 구성원들에게서 받는 흔하고도 잔인한 공격("어쩜 그렇게 그리스도인답지 못하게 행동할 수 있어?")을 피할 수 있게 도와준다.

16-19장에서는 우리가 배운 모든 내용을 부모, 배우자, 자녀와의 가족 관계에 적용해본다. 20장은 독이 되는 삶의 방식에서 벗어난 한 남자의 강력한 사례를 보여주고, 21장은 우리 자신을 덜 독하게 대하는 법을 가르쳐준다. 나가는 글에서는 독이 되는 행위로 상처를 입은 사람들에게 목회자로서 마지막 한 마디를 전한다.

이 책을 처음 집필할 당시에는 최종본의 절반쯤 되는 소책자 분량을 예상했다. 그런데 성경을 펼치자 마치 빙하가 녹고 댐이 넘치는 것 같아서 끝까지 강물을 따라 흘러갈 수밖에 없었다. 독자들이 이 여정을 즐기며 많은 것을 배우기 바란다.

요점 정리

- 독이 되는 사람들은 분명 존재하므로 우리는 방어법을 배워야 한다. 공격에만 집중하는 것은 순진한 생각이며 우리의 영향력을 현격하게 떨어뜨린다.

- 사람들에게서 떠나가시거나 혹은 사람들에게 떠나라고 하시는 예수님의 모습은 우리 각자의 삶에서 생각해볼 만한 본보기를 제시한다.

- 독이 되는 사람들은 우리의 즐거움과 에너지, 평화를 빼앗는다.

- 사탄의 가장 교묘한 공격 중 하나는 우리가 베푸는 선의와 은혜를 불쾌하게 여기고 그 은혜에 절대 반응하지 않을 사람들에게 우리의 시간과 에너지를 쏟게 함으로써, 우리가 실제로 사랑하고 섬길 수 있는 사람들에게 집중하지 못하고 그들과 좀처럼 함께하지 못하도록 하는 것이다.

- 독이 되는 사람들이 수적으로는 많지 않을 수 있다. 하지만 그들은 가족과 교회, 인간관계, 목회에 지나치게 부정적인 영향을 끼치는 경향이 있으므로 경계해야 한다.

2장
예수님은 어떻게 하셨는가

　예수님은 우리 가운데 거하려고 하늘에서 오셨으므로 그리스도인들은 누군가를 피하거나 누군가를 진리에서 떠나게 하는 것을 실패라고 생각하기 쉽다. 하지만 예수님은 실제로 사람들을 떠나거나 떠나보내셨다. 그것도 **'아주 많이.'**

　윌케 박사와 이야기를 나눈 후, 나는 사복음서를 다시 읽으면서 예수님이 일부러 사람들을 떠나신 경우를 모두 세어봤다. 예수님이 이해하기 어려운 진리를 말씀하실 때면 사람들은 종종 예수님을 떠나갔고 혹은 그분의 말씀에 감동받은 사람들이 예수님께 머물러주시길 간청했지만 예수님이 다른 곳으로 발길을 돌리기도 하셨다. 나는 사복음서 전체에서 총 마흔한 개의 사례를 찾아냈다(뒤에 나온 '부록'을 참고하라). 마흔한 개라니! 그중 일부는 동일한 만남을 묘사한 본문이지만, 중복된 부분을 제외해도 예수님이 사람들을 떠나거나 떠나보내시는 모습은 스물네 번 이상 된다.

이런 경우가 늘 갈등 때문만은 아니었다. 때로 예수님은 그분을 더 원하는 사람들도 떠나셨다. 기분 전환과 회복 또는 안전을 위해 물러나시는 경우도 있었다. 핵심은, 하늘 아버지로부터의 사명을 수행하는 데 있어서 예수님은 다른 사람들의 필요나 간청, 공격, 무반응 때문에 방해받지 않으셨다는 점이다.

사람들이 떠나갈 때 그 뒤를 쫓아가는 예수님의 모습은 보기 힘들다. 예수님은 능력 있고 지혜롭고 순수하며 하나님께 철저히 복종하셨지만, 그분과 소통한 모든 사람들이 변하거나 회개하거나 그분께 동의한 것은 아니었다. 여기서 나온 원칙은 이렇다. **때로 예수님의 발자취를 따른다는 것은 다른 사람들을 떠나거나 떠나보내는 것이다.**

예를 들어, 부유한 젊은 관원 이야기를 보자. 예수님은 이 젊은이의 마음과 인생의 핵심 문제(그는 돈을 사랑했다)를 간파하셨다. 이 성실한 젊은이는 돈을 떠날 수 없어서 예수님을 떠나기로 한다. 그러나 주님은 그의 뒤를 쫓지 않으셨다. 이 점을 주목하라. 예수님은 "기다려! 100퍼센트를 포기하라는 요구가 무리라는 것은 안다. 네가 절반만 포기한다면 가능할 것도 같은데. 나는 제자가 필요하니 흥정해보자꾸나!"라고 말씀하지 않으셨다.

예수님은 제자들(7장에서 디모데후서 2장 2절을 논하며 그 영적인 의미를 설명하기 전까지 '충성된 사람들'이라는 문구를 여러 번 접하게 될 것이다)에게 가셔서 조금 전에 무슨 일이 일어났는지, 부유한 젊은이가 그들과 함께하는 것이 왜 어려운지를 설명하셨다. 이 사건은 마음이 닫힌 사람을 훈련하는 데 많은 시간을 투자하기보다 충성된 사람들을 훈련하는 데 시간을 투자하기로 선택하신 예수님을 보여주는 단적인 예다. '독이 된다'는 표현은 이 젊은이의 특징에 맞지 않는 듯 보이지만 원칙은 분명하다. 마음을 닫고 진리를 거부하는 사람이라면 그에게 한 번 더 생각해달라고 애걸하기보다 진리를 받아들일 사람들에게 시간을 투자하라.

또 다른 사례를 보자. 예수님은 그분의 살과 피를 먹고 마시라는 어려운 말씀을 가르치고 나서는 이전까지 열성적이었던 제자들을 **'많이'** 잃으셨다.

> 그 때부터 그의 제자 중에서 많은 사람이 떠나가고 다시 그와 함께 다니지 아니하더라 예수께서 열두 제자에게 이르시되 너희도 가려느냐
> (요 6:66-67).

동일한 패턴에 주목하라. 한 사람이 아니라 **많은 사람이** 떠나갔다. 더군다나 이들은 단순한 구경꾼이 아니라 예수님의 '제자'로 불린 사람들이었다. 예수님은 그들을 뒤쫓아 가서 자신을 오해하지 말고 제발 돌아와달라고 애걸하지 않으셨다. 대신 충성된 사람들, 곧 열두 제자에게 가서 이렇게 말씀하셨다.

"그래, 너희는 어떠하냐?"

예수님의 자신감이 그분의 메시지에 얼마나 큰 권위를 더하는지 주목하라. 예수님은 사람들이 동의하지 않는 상황에 기분이 상하거나 절박하지 않으셨다. 사람을 교묘히 조작하거나 통제하지도 않으셨다. 그분은 뼛속까지 속속들이 사명에 집중하고 타인 중심적인 분이다.

또한 예수님은 헤롯처럼 독이 되는 사람들을 다루어야 할 때면 종종

'말 그대로' 떠나야 할 필요가 있음을 보여주신다. 헤롯과 언쟁을 벌여 자신을 정당화하기보다 침묵을 지키셨다.

[헤롯이] 여러 말로 물으나 아무 말도 대답하지 아니하시니(눅 23:9).

예수님은 빌라도와 종교 지도자들에게도 똑같은 방법을 적용하셨다.

대제사장들과 장로들에게 고발을 당하되 아무 대답도 아니하시는지라 이에 빌라도가 이르되 그들이 너를 쳐서 얼마나 많은 것으로 증언하는지 듣지 못하느냐 하되 한 마디도 대답하지 아니하시니 총독이 크게 놀라워하더라(마 27:12-14).

우리는 언쟁할 필요가 없다. 독이 되는 사람이 당신을 공격할 때 거기에 관여할 필요가 없다. 특히나 그래봐야 달라지는 게 없음을 알고 있을 때는, 증오에 가득 찬 폭력에 맞서기보다는 하늘에 계신 사랑하는 아버지를 예배하고 알아가는 데 시간을 쓰는 편이 낫다.

우리는 최후의 만찬에서, 예수님이 다른 사람을 떠나보내신 생생한 사례를 볼 수 있다. 예수님은 유다의 배신을 예상하셨음에도 그를 뒤쫓지 않고 그가 방에서 떠나도록 내버려두셨다. 그의 마음을 바꾸려고 시간을 낭비하지 않으셨다. 오히려 체포되는 순간까지 마지막 시간을 충성되고 신실한 제자들을 위해 기도하는 데 사용하셨다.

독이 되는 사람을 예수님이 어떻게 다루셨는지 알고 싶은가? 그 답은 이렇다. "예수님은 그 사람들을 뒤쫓지 않으셨다!"

제발 떠나주세요

예수님이 돼지 떼를 비탈 아래로 굴러떨어지게 하며 그분의 능력을 보여주셨던 대목을 살펴보자. 예수님을 만난 그 동네 농부들은 사람의 몸을 입고 오신 하나님의 말씀을 직접 들었기에 세계 역사상 가장 복 받은 사람이 됐다. 그러나 예수님이 그들의 돼지 농사를 망치자 그들은 자신들에게 손해를 입힌 예수님을 더 이상 영광스러운 분으로 여기지 않았다. 노골적으로 말하자면 그들은 구원 대신 돼지고기를 선택한 것이다. "온 시내가 예수를 만나려고 나가서 보고 그 지방에서 떠나시기를 간구하더라"(마 8:34).

온 마을 사람들이 예수님(우리가 사랑하는 메시아, 얼굴을 맞대고 이야기하고 싶은 분, 연봉을 전부 내고서라도 1시간 동안 개인적인 만남을 가지고 싶은 분)을 보고는 "**떠나달라**"고 간청하는 모습이 상상되는가? 그렇지만 예수님은 언쟁하지 않으셨다. 성경은 "예수께서 배에 오르사 건너가 본 동네에 이르시니"(마 9:1)라고 말한다. 예수님은 걸어서(혹은 이 경우에는 배를 타고) 떠나셨다.

많은 사람들에게는 끔찍한 메시아 콤플렉스가 있어서 자신이 조금만 더 똑똑하거나 경건하다면, 조금만 더 금식하고 기도한다면, 자신이 전하는 진리를 모든 사람이 동의하고 마음속에 하나님을 받아들일 거라 생각한다.

그러나 '**진짜**' 메시아께 그런 일은 없었으며 우리에게도 그런 일은 분명 일어나지 않을 것이다. 사람들이 진리를 거부한다면 그 자리를 떠나도 좋다. 그리고 그들을 떠나보내도 상관없다.

예수님의 제자들은 이런 사실을 이해하는 데 시간이 좀 걸렸다. 그들은 예수님의 진리보다 사람들의 반응에 마음을 빼앗길 때가 더 많았다. 예를 들어 예수님이 하나님의 계명보다 인간적인 전통을 앞세우는 바리새인들에게 도전하셨을 때 제자들은 그분께 '주의'를 주었다.

"바리새파 사람들이 이 말씀을 듣고 분개하고 있다는 것을 아십니까?"(마 15:12, 새번역)

예수님의 대답을 들어보자.

"심은 것마다 내 하늘 아버지께서 심으시지 않은 것은 뽑힐 것이니 **그냥 두라** 그들은 맹인이 되어 맹인을 인도하는 자로다"(마 15:13-14).

그냥 두라.

진리의 말씀에 화를 내는 비이성적인 사람들과는 말싸움을 할 필요가 없다.

독자들 중에는 누군가를 거부하거나, 누군가를 떠나보내는 게 여전히 상상할 수 없는 사람들이 있을 것이다. 그 관계가 독이 되는 한이 있더라도 말이다. 구세주께는 그런 문제가 없으시다.

그 날에 많은 사람이 나더러 이르되 주여 주여 우리가 주의 이름으로 선지자 노릇 하며 주의 이름으로 귀신을 쫓아 내며 주의 이름으로 많은 권능을 행하지 아니하였나이까 하리니 그 때에 내가 그들에게 밝히 말하되 내가 너희를 도무지 알지 못하니 불법을 행하는 자들아 내게서 떠나가라 하리라(마 7:22-23).

예수님은 정말로 이 사람들을 '**돌려보내셨다**.' 진리를 말씀하면서 동시에 사람들의 선택을 존중하셨다. 이 책의 뒷부분에서 살펴보겠지만,

다른 사람들을 통제하는 것은 사역 방법이 아니라 독성의 주요 특징이다. 예수님은 절박함을 드러내며 자신이 한 말씀의 격을 떨어뜨리지 않으셨다. 오히려 정반대 방법을 취하셨다. "이것이 진리니 받아들이든지 말든지 맘대로 해라." 예수님의 그런 확신이 초대교회를 세웠다.

독성의 영향을 거부하라

예수님은 독이 되는 사람들을 그냥 떠나신 게 아니라 사역의 효율성과 전략을 염두에 두고 적극적으로 떠나셨다. 그분은 누가 그분과 함께 시간을 보낼 것인지 지시하려는 다른 사람들의 욕구를 용납하지 않으셨다. 예수님은 놀라운 능력을 나타낸 후 록스타 같은 존재가 되셨고 큰 무리가 그분 곁에 있고 싶어 했다. 예수님은 아침 일찍 일어나 기도하려 하셨지만, 제자들이 악착같이 그분을 찾아내어 이렇게 말했다.
"모두 선생님을 찾고 있습니다!"
예수님의 대답을 들어보자.
"우리가 다른 가까운 마을들로 가자 거기서도 전도하리니 내가 이를 위하여 왔노라"(막 1:38).
사람들이 예수님을 가장 원하던 바로 그때, 예수님은 떠나곤 하셨다.

예수께서 무리가 자기를 에워싸는 것을 보시고 건너편으로 가기를 명하시니라(마 8:18).

예수님은 기립 박수에도, 야유에도 흔들리지 않으셨다. 예수님은 자기 삶의 진정한 주인이셨다. 우리도 다른 사람들의 결핍이나 독성으로 인해 '우리가 언제, 어디서, 어떻게 시간을 사용할지' 결정되도록 해서는 안 된다. 결핍은 독성의 또 다른 미묘한 형태일 수 있다. 누군가 우리를 강하게 공격하면 우리의 영적 레이더가 높이 올라가지만, 수동적 공격성을 띠는 결핍은 우리가 모르는 사이에 슬며시 숨어들어와 노골적인 공격보다 훨씬 효과적으로 우리의 주의를 빼앗기도 한다.

누군가 당신을 통제하려 한다면 바로 그것이 독이다. 그들이 무력을 사용하건 죄책감을 사용하건, 직접 공격하건 부당한 결핍을 사용하건 ("나를 도와줄 사람은 너밖에 없는데, 바로 지금 도와줘야 해"), 중요한 것은 통제다. 누군가를 통제하는 것(또는 누군가의 통제를 허용하는 것)은 잘못된 것이다.

목회 경험이 풍부한 어느 목사님이 언젠가 나에게 이렇게 말씀하셨다. 예수님이 제자들을 선택하신 것처럼 우리도 그래야 한다는 것이다. 예수님은 일정 관리의 본보기만 보여주신 것이 아니라 제자들에게도 그렇게 하라고 구체적으로 가르치셨다.

> 누구든지 너희를 영접하지도 아니하고 너희 말을 듣지도 아니하거든 그 집이나 성에서 나가 너희 발의 먼지를 떨어 버리라(마 10:14).

> 동네에서 너희를 박해하거든 저 동네로 피하라(마 10:23).

예수님은 제자들에게 "그곳을 떠나지 말고 그들이 공격하게 내버려두라. 그러면 언젠가는 결국 그들이 이성을 되찾을지도 모른다"라고 말씀하지 않으셨다. 도리어 상처를 주는 이들에게서 달아나 다른 데로 가라고 허락(을 넘어서 명령)하셨다. "예수님은 다른 쪽 뺨을 돌려대라고 말씀하시지 않았습니까?"라고 반문하고 싶다면 부록에 수록한 성경 말씀을 참고하라.[1] 예수님은 보다 균형 있는 삶을 위해 때로 사역을 내려놓고 재충전을 하러 떠나셨다.

> 그러나 예수님의 소문은 더욱 널리 퍼져서 많은 사람들이 예수님의 말씀도 듣고 병도 고치려고 모여들었다. 그러나 예수님은 **자주** 조용한 곳으로 가서서 기도하셨다(눅 5:15-16, 현대인의 성경).

연료통이 텅 비었는데 사역을 하려고 애쓰는 것은 백해무익한 일이 될지도 모른다. 우리는 예수님의 본보기를 따라 우선 하늘 아버지의 발아래에 앉아 그분의 사랑과 보살핌을 받아야 하고 그 전까지는 다른 사람들을 거절하는 것에 죄책감을 느끼지 말아야 한다. 우리는 새로운 열정을 품고 다시 공격 자세를 취하기 위해 이따금 방어법도 사용해야 한다.

스스로 피해 떠나신 예수님

예수님은 이유 없는 고난을 받고 순교자의 죽음을 맞이하셨지만, 이 땅에 사는 동안에는 끈질기고 집요한 공격이 계속되도록 용납하지 않으셨다. 예수님은 고문과 십자가 죽음을 '단 한 번' 허용하셨을 뿐 그 이전에는 자신을 해치려는 사람들에게서 '여러 번 빠져나가셨다.' 요한복음에 나오는 세 가지 사례를 소개한다.

그들이 돌을 들어 치려 하거늘 예수께서 숨어 성전에서 나가시니라(요 8:59).

그들이 다시 예수를 잡고자 하였으나 그 손에서 벗어나 나가시니라 다시 요단 강 저편 요한이 처음으로 세례 베풀던 곳에 가사 거기 거하시니(요 10:39-40).

이 날부터는 그들이 예수를 죽이려고 모의하니라 그러므로 예수께서 다시 유대인 가운데 드러나게 다니지 아니하시고 거기를 떠나 빈 들 가까운 곳인 에브라임이라는 동네에 가서 제자들과 함께 거기 머무르시니라(요 11:53-54).

다음은 마태복음에 나오는 사례다.

바리새인들이 나가서 어떻게 하여 예수를 죽일까 의논하거늘 예수께서 아시고 거기를 떠나가시니(마 12:14-15).

현대를 사는 우리는 돌팔매질 같은 박해는 아니더라도 정서적인 수치심, 명예훼손, 가스라이팅*(Gaslighting) 등을 당할 수 있다. 언젠가 예수님은 어느 관리의 집에 들어가서 죽은 소녀를 고치려 하셨다. 사람들의 반응과 그다음에 일어난 일을 나란히 서술한 점에 주목하라.

---

* 자신에게 도전했다는 이유로 당신을 미치게 만들어서 자신의 비난받을 만한 행동을 옹호하려는 사람들을 설명할 때 사용하는 용어다. 그들은 당신이 진리라고 믿는 것을 부정하면서, 당신이 혼란과 수치심을 느껴 그 문제에 대해 왈가왈부하지 못하도록 한다.

그들이 비웃더라 **무리를 내보낸 후에** 예수께서 들어가사 소녀의 손을 잡으시매 일어나는지라(마 9:24-25).

예수님은 무리와 언쟁하지 않으셨다. 가만히 서서 비웃음을 당하지도 않으셨다. 예수님은 무리를 '내보내셨다.' **그러고 나서** 자신이 할 일을 하셨다.

사무실이든 축구장이든 혹은 학교든 우리가 하나님을 섬기며 그분 나라의 일을 할 때에는 박해를 당하는 게 불가피하다. 하나님 나라를 찾는 데 열심인 그리스도인의 숫자만큼이나 하나님 나라의 진리에 반발하고 도전하는 사람들이 존재하는 것 같다. 지구를 떠나지 않는 한 이런 반발을 피할 수는 없지만, 우리는 적절한 때에 하나님이 이끄시는 대로 그 자리를 뜨는 법을 배울 수 있다(이 책이 가르쳐주려는 내용이 바로 이것이다). 우리는 '그런 사람들을 내보내고' 우리 일을 계속할 수 있다.

내가 깨달은 바는 이렇다. 학대받는 것이 언제나 거룩한 선택이라고 생각하면 안 된다. 잠언 22장 3절은 "슬기로운 자는 재앙을 보면 **숨어 피하여도** 어리석은 자는 나가다가 해를 받느니라"고 말한다. 잠언 기자는 위험 앞에서 한 걸음 물러서는 게 지극히 '지혜롭다'고 말한다. 물러서지 않으면 대가를 치르게 될 수도 있는데, 이는 순종에서 비롯된 희생이 아니다. '순진함'이 고통을 초래한 것이다.

예수님을 따르는 것이 그리스도인의 삶이라면, 우리는 때때로 박해와 위험을 피해 떠나셨던 예수님을 본받아야 한다. 예수님은 자기 삶의 통제권을 그 누구에게도 넘기지 않으셨다. 예수님은 제자들에게 말씀하시기를, 그분의 죽음은 적의 선택이 아니라 **자신의** 선택이라고 하셨다.

내가 내 목숨을 버리는 것은 그것을 내가 다시 얻기 위함이니 이로 말미암아 아버지께서 나를 사랑하시느니라 이를 내게서 빼앗는 자가 있는 것이 아니라 내가 스스로 버리노라 나는 버릴 권세도 있고 다시 얻을 권세도 있으니(요 10:17-18).

그러니까 예수님은 말씀과 실천을 통해 어떻게 사람들을 떠나고 떠나보내야 하는지, 어떻게 우리 자신의 일정을 주체적으로 지킬 수 있는지 (어느 정도는, 불필요한 공격을 차단하면서) 본을 보이셨다. 예수님의 발자취를 따르라. 독이 되는 사람들을 과감하게 떠나서, 투자할 가치가 있는 충성된 사람을 찾으라(7장을 보라).

우리는 이 책 전체에서 이를 어떻게 적용할 것인지 탐색할 것이다. '언제 자리를 떠나야 할까? 훌륭한 공격과 적절한 수비의 균형을 어떻게 찾을 것인가?' 등에 대한 해답을 얻기에 앞서 우리는 '독이 된다'는 말의 명확한 정의를 전반부 몇 장에 걸쳐 살펴볼 것이다.

요점 정리

- 예수님은 사복음서에서 스물네 번 이상 다른 사람들을 떠나셨다(혹은 사람들을 떠나보내셨다).

- 때때로 사람들이 예수님을 어리석은 논쟁이나 대화에 끌어들이려고 괴롭힐 때면 예수님은 말 그대로 침묵을 지키셨다.

- 사람들이 예수님께 떠나달라고 요구할 때 예수님은 대부분 받아들이셨다.

- 예수님은 공생애 동안 사람들을 떠나보내셨을 뿐 아니라 최후의 심판 날에도 "너희를 도무지 알지 못하니 내게서 떠나가라"고 말씀하실 것이다. 우리는 우리가 만나는 모든 사람과 관계를 맺거나 그들에게 영향을 미칠 수는 없다.

- 때로 예수님은 개인적인 회복이나 기도의 시간을 확보하고자 혹은 다른 사람들을 만나기 위해 그 자리를 떠나셨다.

- 예수님은 순교자로 죽으러 오셨지만 공생애 사역 내내 이어진 공격과 폭력으로부터는 반복적으로 피하셨다. 마찬가지로 우리도 언어적·감정적·신체적 폭력으로부터 피하는 게 현명할 수 있다.

3장
살의

독이 되는 사람들은 그저 까다롭기만 한 사람들이 아니다. '구제 불능'도 아니다. 단순히 불쾌한 사람들도 아니다. 이 책에서 말하는 독이 되는 사람들은 기본적으로 당신을 무너뜨리고 당신의 사명을 파괴하는 그런 사람들이다.

그들은 당신의 열정을 꺾고, 미쳐버릴 것만 같은 기분이 들게 만들며 (그럼으로써 당신이 다른 사람들에게 할 말이 없는 것처럼 느끼게 한다) 수치심과 죄책감과 좌절감을 불러일으키는 데 아주 능통하다. 문제는 독이 되는 사람을 하나의 완벽한 개념으로 정의할 수 없다는 것이다.

일반적인 특성이 있긴 하다.

그들은 대개 자기중심성과 악의에 사로잡혀 있다. 대체로 남을 격려하기보다는 진을 빼고, 상대방을 사랑하기보다 이용한다. 그들은 독선과 성급한 비판이 몸에 밴 듯 보여서 사람들과 즐기며 감사하는 대신 걸핏하면 싸운다. 어쩌면 그들은 건강한 사람들의 평화와 가족과 우정을 질투하여 기쁨과 격려로 다른 사람들을 축복하기보다는 사람들을 자기들과 같은 수준의 비참함으로 끌어내리기 위해 시간과 노력을 쏟는지도 모른다. 그들은 당신을 통제하기 원하는 경우가 많으며 이는 마치 **당신이 당신 본래의 모습으로 살아가지 못하도록 방해하는 것**처럼 보인다.

다음 세 장에서는 독이 되는 사람들의 세 가지 공통 요소, 즉 살의, 통제 본성, 증오심을 살펴볼 것이다. 독이 되는 사람들은 대개 이 세 요소를 동시에 모두 드러내지는 않지만 최소한 한 분야에 능통하다. 이 장에서는 살의에 중점을 둘 것이다.

나는 '죄인들'을 멀리해야 한다고 말하는 것이 아님을 분명히 하고 싶다. 우리는 모두 죄인이기에 죄인들에게 손을 내밀어야 한다. 그러나 독성은 그와 다르다. 독이 되는 사람들은 교회 안팎에 존재하며 **당신을 쓰러뜨리려** 애쓴다.

(직접 만나든, 전화 통화를 하든, 페이스북에서 교류하든) 그들과 30분만 이야기하고 나면, 회복 기간이 일주일은 필요하다. 그들에게 들었던 말이 끊임없이 떠오르고 극심한 불안에 휩싸이게 된다. 그들이 눈앞에 없을 때도 그들과 싸우고 있는 자신을 발견하게 되며, 그 생각을 하지 않으려고 애를 써도 그들이 끊임없이 떠오른다.

명심하라. 당신도 알다시피 그것은 건강한 반응이 아니다. 누군가를 생각하며 초조해하는 것은 풍성한 삶의 요소가 아니다. 믿음의 사람이라고 해서 이런 상황을 반드시 참아야 하는 건 아니다. 떠나기로 선택하는 것은 이런 상황을 반드시 참을 필요가 없다는 것을 인정한다는 뜻이다.

'독성 레이더'를 가동하라

룸메이트인 안드레아와 그레이스가 묵고 있던 숙소에 낯선 한 명이 합류했다. 학교에서 사만다를 그들 방에 배정한 것이다. 얼마 지나지 않아 안드레아와 그레이스는 사만다를 아침에 깨웠다간 그녀와 갈등을 빚게 된다는 것을 알았다. 그들은 잠에서 깨어난 사만다가 화를 낼 때면 자신들이 경솔하게 행동했다며 흔쾌히 사과했다. 반대로 잠을 자도록 내버려두면 사만다는 "왜 그렇게 무신경하냐"며 짜증을 냈고 두 사람은 이에 대해서도 사과를 해야 했다. 사만다는 거의 매일같이 누군가가 하거나 하지 않은 일을 놓고 큰소리로 불평했다. 안드레아는 대학교에서 사만다와 2주 동안 겪은 갈등이, 그간 스무 해 평생을 살며 겪은 갈등보다 더 많은 것을 알아챘다.

안드레아와 그레이스가 둘이서만 밥을 먹으러 가기라도 하면, 사만다는 두 사람이 얼마나 이기적인지 설교를 한바탕 늘어놓았다. 또 누군가로부터 굉장히 무례한 대우를 받았다고 울분을 토할 때 두 사람이 공부라도 할라치면 "사람보다 일이 더 중요하냐"는 잔소리를 늘어놓았다. 예수님은 이 문제를 어떻게 보실까?

안드레아는 모든 사람과 화목하게 지내야 한다고 가르치는 점잖은 기독교 가정에서 자랐다. 남을 잘 대하는 게 중요하다고 생각했기에 늘 사람들 눈치를 본다.

"누군가 내게 화내는 걸 견딜 수가 없어요."

그래서 그녀는 사만다의 맹렬한 분노를 달래려고 무리하게 애를 썼고, 사만다는 그 약점을 겨냥했다. 그레이스보다는 안드레아가 사만다와 잘 지내보려는 의지가 강했으므로 무의식중에 안드레아가 사만다의 공격을 더 '재미있게' 만들었고 사만다의 격한 공격을 집중적으로 받았다(그렇다고 사만다가 그레이스를 그냥 내버려두지도 않았다).

안드레아의 선의에도 사만다는 악착같이 그녀를 괴롭혔다. 사만다는 안드레아가 자기 물건을 정리하기 좋아한다는 것을 알고는 공용 공간과 욕실에 있는 모든 물건의 위치를 바꾸어놓았다. 안드레아와 그레이스는 사만다에게 "네 물건은 얼마든지 원하는 곳에 두어도 괜찮지만 우리 물건은 옮기지 말아달라"고 이야기했다. 그러자 사만다는 (멍청이 같은 룸메이트들이 그들을 대신해서 애를 쓴 자신에게 감사하지 않아서 매우 화가 난 것을 티 내느라) 자리를 박차고 방을 나가면서 문을 세게 닫았다. 얇은 벽 때문에 방음이 되지 않는 것을 알고 있던 사만다는 옆방으로 가서 안드레아와 그레이스가 자신을 함부로 대한다고 친구들에게 말했다.

안드레아는 화해하려 했다. 신실한 기독교 신자인 그녀는 이런 관계를 한 번도 경험해보지 못했다. 안드레아는 자신이 잘못하지도 않은 일에 대해 쉽게 사과하고 책임지려 했다. 사만다는 그런 약점을 알아차리고는, 걸핏하면 이를 언급하며 '안드레아의 문제들'을 해결해주기 위한 자기 나름의 방법을 제안하기 시작했다. 사만다에게는 고향에서 자주 대화를 나누던 상담사가 있었다. 전화로 모든 사연을 상담사에게 전달한 사만다는 치유와 화해에 대한 자신의 아이디어를 들고 안드레아를 찾아왔다.

"내 상담사가 그러는데 네 속에 악령이 있는 게 확실하대. 하지만 나랑 같이 그 사람을 만나러 가면 그 사람이 악령을 쫓아줄 거야."

안드레아는 그런 일은 하고 싶지 않다고 말했지만 그것은 안드레아가 악마 때문에 무척 곤란한 지경에 빠졌음을 사만다에게 더욱 확신시켜줄 뿐이었다. 악령을 쫓아내주겠다는데 지금 이대로도 괜찮다고 고집하는 사람이라면 분명 제정신이 아니라고 생각하지 않겠는가?

안드레아의 피부에 발진이 일어나기 시작했다. 룸메이트와의 이런 갈등은 대학 새내기에게 무척 큰일로 느껴졌을 것이다. 울먹이며 부모님과 통화하는 시간이 길어지고, 사만다를 피해 밤늦게 귀가했다가 아침이면 새벽같이 일어났다. 물론 그것은 안드레아가 끝없이 피로감을 느끼며 수업 시간에 졸고 친구들 사이에서 무기력하게 지낸다는 뜻이다.

안드레아는 기숙사 학생 대표에게 이야기했지만, 그는 서로 잘 지내는 법을 배워야 하는 두 젊은이의 일이라 생각하며 그리스도인의 용서, 인내, 겸손, 은혜에 대해 진부한 조언을 두어 마디 건넸을 뿐이다. 안드레아는 자신의 건강과 안녕을 걱정한 엄마에게서 용기를 얻은 후 결국 기숙사 학생 대표 윗선을 찾아갔고, 추수감사절 방학이 끝난 후에 새로운 방을 배정받았다.

그레이스는 자기만 버리고 간 안드레아에게 처음에는 화가 났지만(독이 되는 사람들은 주변 사람들을 서로 등 돌리게 하는 데 선수다), 안드레아가 떠나고 나자 사만다는 모든 화력을 그레이스에게 쏟아부었다. 그레이스는 크리스마스 방학 때 그 방에서 나왔다.

기숙사 학생 대표는 다른 학생을 무작위로 그 방에 배정했는데, 부활절 방학이 되자 그 학생도 그 방에서 나가게 해달라고 통사정을 했다. 방학은 사만다에게 잔인한 계절인 것 같았다. 안드레아의 기숙사 학생 대표는 그것이 잘 지내라고 몇 마디 조언할 문제가 아님을 마침내 깨달았다. 사만다는 정말 독이 되는 사람이었고 그에 합당한 처분을 받아야 했다.

내게 대학 시절은 중요한 형성기였다. 내가 진정한 우정이라고 생각한 관계들이 그때 생겨났고 대학 시절 내내 이어졌다. 기독교 제자 훈련이 활발한 때였고, 그 4년 동안 아내를 만나 결혼했다. 인생에서 가장 충만하게 보내고 싶은 시기를 꼽으라면 대학 시절일 것이다. 그런데 안드레아는 사만다의 독성을 해결하고 거기서 도망치느라 대학 첫해를 잃어버리고 말았다. 사만다가 그 시절을 거의 죽인 셈이나 다름없었다. 실제로 수년이 지난 지금도 당신이 안드레아 앞에서 사만다의 이름을 입에 올린다면 안드레아는 이렇게 말할 것이다.

"아직도 배 속 깊은 곳에서 바로 토할 것만 같은 느낌이 올라와요."

안드레아는 사만다에게 너무나 집중한 나머지 새로운 사람들을 만날 기회를 놓쳤던 것을 아쉬워한다. 안드레아가 사만다와 어울리기로 했을 때, 다른 사람들은 그 즉시 사만다가 품은 독성을 감지하고 안드레아를 판단하기 시작했다.

"안드레아가 저런 애랑 어울리고 싶어 한다면, 안드레아와도 거리를 두는 편이 좋겠어."

안드레아는 사만다가 사람들과 잘 어울리도록 돕고 싶었지만 당연히 실패했다. 야생 곰을 유치원으로 데려가 아이들의 열정과 순진함이 곰의 악랄한 본성을 달래주기를 기대해서는 안 된다.

안드레아에게 사만다를 떼어낸다는 생각은 너무나 '그리스도인답지 않은' 일이었을 것이다. 예수님은 사랑할 수 없는 사람들을 사랑하라고 말씀하셨다. 그렇지 않은가? 하지만 안드레아의 희생은 사만다에게 아무 도움이 되지 않았고, 안드레아의 신입생 시절에 상당한 피해를 주었다.

나도 독이 되는 사람들과 그런 경험을 한 적 있었다. 그중에 한 사람도 돕지 못했다. 터무니없는 상황을 이해하려 애쓰느라 엄청난 시간과 집중력을 낭비했을 뿐이다.

이제는 이렇게 생각한다. 나는 의사가 아니다. 누가 팔이 부러졌다면 그 고통에 공감을 표할 수는 있지만, 내가 그들을 고칠 수 있다고 생각하는 것은 무책임한 일일 것이다. 내가 받은 훈련과 경험으로는 그런 도움을 줄 수 없기에 내가 지나치게 관여한다면 상황은 악화될 뿐이다. 대부분의 평범한 사람들은 독이 되는 사람을 감당하기가 매우 버거울 것이다.

물론 당신은 원하는 모든 것을 시도해볼 수 있다. 하지만 당신이야말로 문제를 해결할 수 있는 그 사람이라고 생각하는 것은, 그들을 변화시키기보다 당신을 초라하게 만들 가능성이 크다. 굳이 내 말을 믿으려고 애쓸 필요는 없다. 시간이 지나면 인생이 자연히 당신에게 알려줄 테니 말이다.

독이 되는 사람들은 살인자와 같다. 그들은 사람들로 하여금 서로 등을 돌리게 하며 관계를 죽인다. 성도들의 모임을 예배나 봉사 대신 거대한 싸움판으로 만들어 교회를 죽인다. 생산성을 파괴하여 직장을 죽인다. 잘 쌓아온 명성을 죽인다. 그들은 당신의 기쁨과 평화를 죽이고, 그것도 모자라 당신의 온전한 정신을 위협할 것이다.

누군가가 개인 혹은 집단을 무너뜨리기 위해 존재한다고 느껴질 때면 내 안에서는 '독성 레이더'가 작동하기 시작한다. 신약성경에 소개되는 방법들은 하나님의 본성에 기초한 것으로, 기적과 같은 관용과 구원의 소망을 늘 담고 있으며, 하나님의 아름다움과 탁월함을 드러내고 말씀과 본보기로 사람들을 설득한다.

이에 반해 사탄의 작업 방식은 은혜도 구원도 없이, 수치심과 조롱과 악의로 사람들을 침묵시키고 죽인다. 나는, 사탄의 방법을 사용하는 것 같은데도 자신이 하나님의 일을 하고 있다고 주장하는 사람들을 많이 보았다.

독성의 최종 목표, 살인

하나님은 생명을 만드신 창조주요, 생명을 불어넣으시는 분이다. 생명이 있는 곳마다 그 기원의 배후에 하나님이 계신다. 하나님은 그분이 만드신 피조물과 연결된 어떤 영향력을 가지고 계신다(요 1:3-4).

예수님은 사탄을 죽음에 사로잡힌 살인자라고 말씀하셨다(요 8:44). 살인은 단순히 누군가의 폐 기능을 멈추게 하는 것이 아니다. 사역이나 비전, 명성, 행복, 평화 등에도 죽음이라는 단어를 사용할 수 있다. 마태복음 5장 21-22절에서 예수님은 악의까지 포함하며 살인의 정의를 확장하신다.

당신이 악을 저지른 누군가에게 동조하지 않는다면, 대부분의 경우 그는 '단지 의견 차이일 뿐'이라며 거기서 멈추지 않는다. 어떤 이들은 자신의 죄를 지적했다는 이유만으로 당신을 죽이고 싶을 정도로 미워할 것이다. "이는 요한이 헤롯에게 말하되 동생의 아내를 취한 것이 옳지 않다 하였음이라 헤로디아가 요한을 원수로 여겨 **죽이고자 하였으되**"(막 6:18-19).

독이 되는 사람은 "의견 차이를 서로 인정합시다"라고 말하는 것에 만족하지 않는다. 당신의 신념이 그들에게 죄책감을 느끼게 한다면, 그들은 당신의 목소리와 영향력을 제거하려 할 것이다. **당신 자체**를 제거하는 한이 있더라도 말이다.

우리는 헤롯과 비슷한 정신이 오늘날에도 흐르고 있음을 보게 된다. 상당수 사람들이 그리스도인들은 자신의 특정한 견해(그중 다수는 교회가 억압해왔다)를 말해서는 안 된다고 생각한다. 그들은 그리스도인들이 사라져버리거나 완전히 입 다물기를 바란다. 그리고 수치심이든 법이든 그 어떤 방법이라도 매우 악랄하게 동원할 것이다.

입막음에 가장 효과적인 방법은 사회적 살인이다. 건강한 사람이라면 견해차를 인정하고 떠날 수 있다. 그러나 독이 되는 사람들은 최소한 당신의 명예를 완전히 짓밟고 입을 닫아버리기를 바란다는 의미에서 살의를 품는다. 사도 바울은 이렇게 경고했다. "그 형제를 미워하는 자마다 살인하는 자니 살인하는 자마다 영생이 그 속에 거하지 아니하는 것을 너희가 아는 바라"(요일 3:15).

사도행전을 읽어보면, 초대교회 이야기는 율법, 학대, 조롱, 수치, 욕설, 살인 등 수단과 방법을 가리지 않고 그들을 입막음하려는 반대 세력의 이야기다. 초대교회를 반대하던 자들의 동기를 살펴보면 일부는 순수한 종교적 이견 때문이었고 일부는 수입이 줄어든 데 대한 분노 때문이었다(사도행전 16장 16-18절에서 바울과 실라가 점치는 여종에게 '선물'을 전해주었을 때처럼). 때로는 마귀의 반대처럼 보이기도 한다. 그러나 이 독성의 최종 목표는 언제나 한결같았다.

"멈춰! 입 다물어. 네 행동과 말을 죽이지 않으면 우리가 널 죽이고 말겠어!"

사역을 무너뜨리다

알렉스는 마흔 살에 처음 바람을 피웠다. 아내 앨리스는 그를 용서했고, 결혼 생활을 더 잘해보고 싶다고 말했다. 앨리스는 남편이 회사에서 출세의 사다리를 오를 때 그리고 승진한 남편이 전근 발령을 받았을 때도(덕분에 앨리스는 상담 실습을 처음부터 다시 시작해야 했다) 변함없이 그를 지지했다. 알렉스는 '범죄 현장'에서 벗어나면 가족 화합에 도움이 될 것이라고 생각했다.

10년이 지나는 동안, 앨리스는 자기도취에 빠진 남편 때문에 고통을 겪었다. 알렉스는 불륜을 저질러놓고도, 아내가 공사를 막론하고 자신을 최고의 남편이라고 말해주길 기대했다. 교회에서 알렉스에게 집사직을 제안했을 때(앨리스에게는 아무 사역도 요청하지 않았다) 앨리스는 남편에게 조용히 물었다.

"당신이 바람피운 걸 모르나 봐요, 그렇죠?"

"도대체 언제까지 날 협박할 셈이야? 당신은 진심으로 날 용서하지 않을 거야, 그렇지?"

알렉스의 자신감에는 카리스마가 있어서 앨리스는 운이 좋은 여자라는 말을 자주 듣곤 했다. 그런 칭찬을 우연히 듣게 된 알렉스는 그 이야기를 끊임없이 입에 올렸다.

"얼마나 많은 여자가 자기 남편이 조금이라도 나와 같기를 바라는지 당신도 알지?"

알렉스는 주말과 휴가에는 취미 생활에 바빴고, 평일 저녁에는 업무 일정이 꽉 잡혀 있었다. 앨리스는 남편 일정에 맞추느라 약속을 다시 잡앉고, 자기 옷 사는 것을 줄이면서 남편의 무절제한 소비에 맞추려고 애썼다. 한번은 남편의 회사 파티에 참석할 때였다. 앨리스는 남편이 황홀한 눈빛으로 아름다운 동료의 모습을 바라보고 있는 것을 지켜보았다. 그런 아내의 시선을 느꼈는지 남편은 고개를 돌렸고, 앨리스와 눈이 마주치자마자 성가시다는 듯 눈살을 찌푸리다가 무덤덤한 표정을 지어버렸다. 앨리스는 이미 그런 경험이 한 번 있었으므로 조심스레 말을 꺼냈다.

"여보, 혹시 누군가 당신과 저 사람이 함께 있는 걸 본다면, 업무 관계로 보진 않을 것 같아요."

알렉스가 기분 나빠하며 버럭 화를 냈기 때문에 앨리스는 둘이 **단순한 업무 관계가 아니라**는 것을 알았다. 그냥 알 수 있었다.

"당신을 한 번 용서했어요. 하지만 두 번은 못 참아요."

알렉스는 불륜과 이혼을 곱게 보지 않을 시선을 생각하며 아내와의 결혼 생활이 얼마나 지옥 같았는지 회사와 교회 사람들에게 하소연하기 시작했다. 그는 정신 질환으로 고통받고 있을지도 모르는 부정적인 아내를 위해 목사님들에게 '도움'을 청했다. 그와 결혼한 것이 얼마나 큰 행운인지 앨리스가 깨닫지 못한다면, 그녀는 정신적으로 아파야만 했다.

앨리스에게는 앞날이 불 보듯 뻔했다. 알렉스가 이혼하고 직장 동료와 결혼하고 나서도 회사와 교회에서 지위를 유지할 수 있으려면 앨리스의 명예를 죽이는 방법밖에 없었다. 알렉스는 사람들에게 기도를 부탁한다는 식으로 말을 건네며 성공의 기틀을 마련했다. 앨리스는 남편이 자신의 상태와 근황을 사람들에게 '꾸준히 알려왔다'는 사실을 알게 됐다.

꽤 시간이 지나고 나서 알렉스는 '마지못해' 이혼 소송을 걸었다. 그러고는 몇 달이 채 되지 않아, 그는 위기의 시간을 겪는 동안 자신을 도와준 여자 동료(파티에서 예쁜 드레스를 입고 있던 바로 그 여자)가 얼마나 위로가 됐는지 공공연히 '하나님께 감사했다.'

스캇 펙 박사(Dr. M. Scott Peck)는 독이 되는 사람들은 남에게 책임을 전가하고 자신이 초래한 혼란에 대해 타인을 비난하기 좋아한다고 경고한다.

내가 악하다고 말하는 사람들의 두드러진 행동 특성은 책임 전가다. 그들은 속으로는 스스로 나무랄 데가 없다고 여기기 때문에 자신을 비난하는 사람들을 몰아세운다. 이들은 완벽한 자아상을 유지하기 위해 타인을 희생시킨다.[1]

"당신이 내 죄를 뒤집어썼으면 좋겠어"라는 책임 전가는 살인의 또 다른 표현이다. 알렉스는 남편에게 그리고 남편을 위해 거짓말을 하지 않는, 영적으로 건강한 아내에게 위협을 느꼈다. 그는 자신에게 그런 은혜를 보여준 아내를 떠났고, 예상대로 아내에 관한 비열한 거짓말을 퍼뜨렸다. 정신적으로 온전하지 못해서 사역에 적합하지 않은 악한 사람은 바로 **아내**였다고 암시하면서 말이다.

펙 박사는 "다른 사람을 악하다고 비난하는 게 '진짜' 악한 사람들의 특징이다. 그들은 자신의 불완전함을 인정할 수 없으므로 남을 비난함으로써 자신의 결점을 해명한다"[2]고 말한다.

악하다는 말이 가혹하고 위험한 단어이긴 하지만, 하나님께 받은 은사로 사람들에게 진정한 치유와 통찰을 전하며 그분께 귀히 쓰임받고 있는 여자를 철저히 모욕한 남자에 대해 달리 어떤 표현을 쓸 수 있겠는가? 그는 지금도 그녀에 대한 거짓말을 퍼뜨리고 그녀의 인격을 모욕하여 그녀의 사역을 망가뜨리려 한다. 이처럼 앨리스를 맹렬히 공격한다는 건, 자신을 방어하기 위해 사람들에게 다음과 같이 말하는 셈이다.

"나는 아내 몰래 바람을 피우며 그녀를 버렸습니다. 그러니 당신도 제 아내 앨리스에게서 돌아서세요. 당신이 그렇게 내게 동조해주지 않으면 난 내가 저지른 짓에 죄책감을 느끼고 내가 독약 같은 존재라는 끔찍한 진실을 마주해야 할 테니까요."

두 번이나 바람을 피워서 앨리스의 자존감을 죽였듯이, 먼 지역에서 조금이라도 유리한 제안이 들어오면 아내에게 기존 사역을 포기하고 자신을 따라오라고 주장하며 앨리스의 소명을 죽였듯이, 갑작스러운 자신의 약속에 맞추기 위해 아내의 원래 일정을 무조건 취소하라고 강요하며 앨리스의 사교 관계를 죽였듯이, 이혼을 밀어붙여 앨리스와 자녀들의 가정을 죽였듯이, 이제 그는 아내의 사역을 죽여서 자신의 외도와 이혼을 정당화하려 한다.

책의 뒷부분에서 살펴보겠지만, 독이 되는 사람들을 적절하게 다루는 것이 중요한 까닭은 하나님 앞에서 우리의 사명을 지켜야 하기 때문이다. 예수님은 우리에게 **더 많은** 일꾼을 포도밭으로 보내달라고 하나님께 기도하라고 말씀하셨고, 따라서 소위 '동료 신자들'끼리 다른 일꾼의 일을 망치려 하는 것은 가장 사악한 일이다.

나는 앨리스로부터 지혜로운 충고와 가르침을 듣지 못할 성도들을 생각하면, 그리고 그녀로부터 목회적 돌봄을 받지 못할 가정들을 떠올리면 참으로 안타깝다. 불륜을 저지른 이기적인 남자가 이혼을 요구하고 뒤이어 곧장 재혼하는 것을 정당화할 수 있는 모든 상황들에 마음이 아프다.

안타깝게도 상황은 더 악화됐다. 그리스도 안에 있는 사랑스러운 이 자매는 이혼으로 '더럽혀졌기' 때문에 교회 신도들의 입방아에 올랐다. 사람들은 "자기 가정이 깨졌는데 어떻게 다른 가정을 치유할 수 있겠어요?"라고 수군대기 시작했다. 그런 단순한 생각은 독이 되는 남편이 그야말로 바라던 바로, 그의 계획에 딱 들어맞았다.

알렉스가 (제한된 의미에서) 성공할 수 있었던 이유는 상황을 제대로 알지 못하던 '순박한' 교회 사람들이 그에게 협조했기 때문이다. 내가 만약 앨리스가 이혼했다는 이유만으로 그녀를 고용하지 않은 담임목사라면, 나 또한 앨리스의 사역을 죽인 공범일 것이다.

재혼한 알렉스는 새 아내를 '알렉스 부인'이라 부르면서 '행복한' 결혼식 사진들을 페이스북에 올렸다. 그건 마치 디지털 방식으로 앨리스를 **죽이고 아내가 사용하던 이름을 써서** 아내를 '대체'해버린 것과 같았다. 상처를 주려고 의도된 디지털 단검이었다.

알렉스의 세 자녀는 아버지가 어머니에게 저지른 짓에 충격을 받고 아버지에게서 자연히 마음을 돌렸다. 그러나 이혼이 최종 결정되자마자 곧이어 약혼한 알렉스는 큰딸에게 만남을 강요했다. 딸이 일 년이 넘도록 만남을 거부했음에도 그는 용서를 구하거나 안부를 묻지 않았다. 도리어 자기가 저질렀고 또 저지르고 있는 일들을 정당화하기 위해 그것이 자신에게 어떤 영향을 미쳤는지를 구구절절 늘어놓았다.

"좋아 보이지 않니? 지금껏 이렇게 건강하고 행복하게 보인 적이 없었잖니? 그렇지? 너도 아빠의 이런 모습에 행복하지?"

가정을 죽여놓고 행복하다고?

엄마 몰래 바람을 피우고 엄마의 사역을 공격해놓고 행복하다고?

자녀들과 일 년 넘게 만나지 못했으면서도 그런 큰 기쁨을 누려 행복하다고? 행복? 진심으로?

그러나 이것이 독이 되는 사람들의 사고방식이다. 그들 안에 있는 살의는 공감의 마지막 흔적까지 모조리 파괴하다가 결국 자기밖에 모르는 쇳덩이 무기가 되어버린다. 그들이 누리는 행복의 대가는 다른 사람들이 지불해야 한다.

살의로 가득한 세상에 생명을!

바울이 점치는 여종에게 있던 더러운 귀신을 쫓아냈을 때, 그 여종의 주인들은 군중을 선동하여 바울과 실라를 정치 지도자들 앞에 데려가 매질을 당하게 했다. 억눌려 있던 소녀의 영혼을 해방한 바울의 선의에 살기 어린 반응이 돌아왔다는 점에 주목하라.

여종의 주인들은 정치적 혐의를 제기하고 종교적 반대를 일으켰을 뿐 아니라, 바울과 실라의 옷을 벗기고(두 사람의 품위를 죽였다), 그들을 옥에 집어넣어(두 사람의 자유를 죽였다), 매질했다(두 사람의 건강을 죽였다).

죽이고 죽이고 또 죽이고… 이 모두가 바울이 선하고 거룩하고 정당한 일을 했기 때문이다. 하지만 이 이야기는 여기서 끝나지 않는다. 놀랍고 희망적이고 굉장히 감동적인 본문이 이어지며 당신은 이 대목에서 하나님을 찬양하게 될 것이다.

한밤중이다.

바울과 실라는 '깊은 옥'에 있고 발에는 차꼬가 채워져 있다. 이들은 하나님께 기도와 찬양을 올려드리며 이 소리가 다른 죄수들의 귓가에 가닿는다. 절망과 어둠의 공간에 바울과 실라는 빛과 생명을 가져온다. 그러던 중 지진이 나서 감옥 문이 **다** 열리고 **모든 사람**의 사슬이 풀린다. 바울과 실라만 그런 것이 아니다(행 16:23-28).

간수는 일어나 무슨 일이 벌어졌는지 알고는 칼을 뽑아 자살하려 한다. 로마인들에게 책임을 추궁당하며 결국 죽게 될 것이 뻔했기 때문이다. 선한 일, 거룩한 일, 친절한 일을 했다는 이유로 부당하게 바울을 옥에 가둔 이가 바로 그 사람이었다. 그렇다. 간수는 반대파 사람들의 도구, 어찌 보면 그들의 조력자라 볼 수 있었다. 옥문이 열리자 바울은 그가 마땅히 받아야 할 벌을 받는다고 생각하고픈 유혹을 느꼈을지 모른다. 그런데 바울은 어떻게 하는가? 그가 소리 지른다.

"네 몸을 상하지 말라 우리가 다 여기 있노라"(행 16:28).

하나님의 사람들은 언제나 살인이 멈추기를 바란다.

바울은 간수와 다른 죄수들에게 어떻게 구원(생명)을 얻는지 이야기해 주었고, 간수는 바울을 집에 데려와 가족 모두 구원받게 한다. "그와 온 집안이 하나님을 믿으므로 크게 기뻐하니라"(행 16:34).

살의로 가득 찬 세상에서 우리는 기쁨과 빛, 생명과 희망을 가져오는 사람이 되는 특권과 축복을 받았다. 우리는 침묵하지 않고 설득한다. 살의에 저항하며 구원을 가져오기 위해 살아간다.

살의에 휩싸인 사람들에 관해 읽다보면 당신의 가슴에도 증오와 살의가 생겨날 수 있다. 바울과 실라처럼, 살기를 품고 있는 사람들 틈에서 기도하고 찬송하고 창조와 생명의 하나님께 우리 두 눈을 고정하자. 그렇게 해서 우리는 구원과 희망을 가져오는 삶을 살게 된다.

독이 되는 사람들의 존재를 인정하고 그들에게 저항하되 그들처럼 되어서는 안 된다. 그리스도 안에 있는 삶의 아름다움은 악에 대한 부정적인 반응으로 만들어지거나 강화되지 않는다. 그것은 하나님의 아름다우심에 반응함으로써 길러지고 유지된다.

요점 정리

- 독이 되는 사람들은 단순히 '까다롭거나 죄가 많은' 사람이 아니다. 그들은 일정한 특성을 보인다.

- 독성의 한 유형으로 '살의'를 들 수 있다. 살기를 가진 사람들의 특징은 다음과 같다.
  - 다른 사람들과의 관계에서 끊임없이 혼란을 초래한다.
  - 무언가에 찬성하기보다 반대하기로 더 유명하다.
  - 단지 당신 견해에 동의하기를 싫어하는 것이며, 어떻게든 당신을 입막음하려 한다.
  - 하나님이 맡겨주신 소명을 당신이 하지 못하게 방해한다.
  - 당신의 기력을 쇠하게 하고 당신의 건강을 공격한다.
  - 타인에게 책임을 전가하기 일쑤이며 자신의 과오는 그다지 나빠 보이지 않게 한다.

- 예수님과 초대교회는 이런 살의를 가진 사람들과 자주 대면했으며, 우리도 그렇게 될 것을 예상해야 한다.

- 바울과 실라처럼 우리는 생명과 구원을 가져오기 원하는 사람들이 되어 살의에 대응해야 한다.

4장
통제

배리는 아내 레이첼이 이혼을 요구하자 나에게 도움을 청했다. 레이첼은 자기 삶의 모든 부분이 통제당하고 있는 기분이라며, 그것이 결혼 생활을 그만두고 싶은 이유라고 내게 말했다.

"남편은 좋은 사람이지만 직업이 엔지니어라서 그런지 만사를 통제하려고만 해요."

"예를 하나만 들어주신다면요?"

"열 개도 넘게 들 수 있어요. 일주일에 여섯 번은 멕시코 식당에서 식사해야 해요. 남편은 제가 집에서 요리를 못 하게 하고, 저는 좋아하지도 않는 멕시코 음식에 신물이 나요. 교회는 주일 아침이 아니라 토요일 저녁에 가야 하죠.

저는 남편 심부름꾼이에요. 아침부터 밤까지 중요한 건 남편의 일과 일정뿐이에요. 텔레비전을 켜면 오로지 운동경기만 봐요. 드라마나 요리 채널은 꿈도 못 꿔요. 제가 아프기라도 하면 자기 관리를 제대로 못한다며 화를 내고는 저를 혼자 내버려둡니다. 남편은 워낙 융통성이 없는 사람이라 주말에도 일어나는 시간, 운동하는 시간, 식사하는 시간을 꼭 정해놓고 지켜요.

저는 제 나름의 계획을 세울 수가 없죠. 우리가 밖에서 만나는 유일한 사람은 남편의 단골 멕시코 식당 직원들뿐이라니까요. 숨이 막혀서 계속 이런 식으로는 못 살겠어요."

그리고 더 놀라운 이야기!

"저는 줄곧 남편에게 충실했음에도 불구하고 남편이 절 의심하기 시작했어요. 제 휴대전화에 추적 장치를 넣어두고 저더러 일과를 초 단위로 설명하라고 합니다."

이 밖에도 예는 무궁무진했다. 배리는 변명도 하지 않고 조용히 앉아 있었다. 그 모습이 나에게는 좀 인상적이었다.

"전부 사실인가요, 배리?"

내가 물었다.

"아내가 말한 모든 내용은 100퍼센트 사실입니다."

배리는 절대 그것을 '통제' 행위로 보지 않고, 오히려 자기 자신을 이렇게 생각했다.

"저는 빈틈이 없고, 좋게 말해서 확고하고 신념이 넘치는 편입니다. 엔지니어란 자고로 모든 걸 바로잡아야 하거든요. 시스템이 제대로 돌아간다면 왜 바꾸겠습니까?"

레이첼은 숨이 막힐 것 같았다. 이혼 서류를 준비했지만 아직 제출하지는 않았다. 이 경우에 나는 두 사람의 유일한 희망이 별거라고 생각했다. 레이첼이 한숨 돌리고, 배리가 자기 행동의 심각성을 느낄 수 있도록 말이다. 레이첼은 이미 따로 살 아파트까지 구해놓았지만, 나는 배리에게 말했다.

"이건 당신이 초래한 일이니 되돌리길 원한다면 당신이 아파트로 나가고 레이첼이 지금 집에 사는 게 좋겠습니다."

배리는 결혼을 지키고 싶었기에 치미는 화를 억누르며 그렇게 하기로 했다. 나는 그에게 "더 힘든 일인 걸 알지만 모든 통제를 끊으라"고도 주문했다.

"레이첼이 연락하지 않으면 당신은 레이첼에게 연락할 수 없습니다. 레이첼은 휴식이 필요해요. 당신이 성경 구절을 문자 메시지로 보내는 것도 아내에게는 압박으로 느껴질 것입니다. 아내가 전화를 걸어오면 하고 싶은 말을 다 하세요. 아내가 문자 메시지를 보내오면 회신할 수 있습니다. 하지만 집에는 나타나지 마시고 아내가 준비될 때까지 아내와 접촉하지 마십시오."

만사를 통제하는 데 익숙했던 배리는 지난날을 돌아보면서 이렇게 말했다.

"저에게 하라고 말씀하신 것들이 지금껏 살아온 제 인생에서 가장 어려운 일이로군요."

나는 레이첼에게는 이혼 서류 보내는 것을 조금 보류해달라고 말하면서 이렇게 설득했다.

"통제받던 삶으로 다시 돌아가라고 말씀드리는 게 아닙니다. 다만 이전과 달라진 결혼 생활, 이전과 달라진 남편에게로 돌아갈 의지가 있는지 고민해달라고 부탁드리는 겁니다. 남편은 자신의 과거를 고백했어요. 잘못을 바로잡으려는 의지가 있습니다. 남편에게 그 기회를 주실 수 있겠습니까?"

레이첼은 배리를 사랑했다. 이 책에는 배리의 부정적인 면모만 언급했지만 그에게는 레이첼이 아끼는 다정한 성격(재치, 온정, 하나님을 향한 사랑)도 많았다. 레이첼은 기다려보겠다고 대답했다.

나는 "이혼 서류를 아직 찢지는 말라"고 덧붙였다. 아직은 아니었다. 나는 레이첼이 그 이혼 서류를 언제라도 제출할 수 있도록 사무실 책상 서랍에 보관해놓고 있음을 배리가 알아야 한다고 생각했다. 배리가 그렇게 크게 변하는 것은 쉬운 일이 아닐 테니 말이다.

나중에 나는 배리에게 조용히 말했다. '통제를 주고받는 상황이 지속된다면 차라리 아내가 돌아오지 않은 편이 낫다'라고 생각하게 될 때 그가 비로소 자신의 마음이 변화된 것을 알게 될 것이라고 말이다.

"사랑이란 자신에게 가장 좋은 것을 원하는 것 이상으로 아내에게 가장 좋은 것을 원하는 것입니다. 당신이 '내가 달라졌다는 것을 스스로 깨달아야 레이첼이 돌아올 것 같아'라고 말할 수 있을 정도가 되면 결혼 생활을 회복할 수 있을 겁니다."

상담을 마친 후 사무실을 나서며 배리가 레이첼에게 말했다.

"음, 어디 가서 커피 한 잔 하며 방금 들은 이야기를 의논해봅시다."

레이첼이 배리를 쳐다보았다.

"선생님이 방금 한 말을 듣기는 한 거예요? 난 내 차 타고 갈게요."

레이첼은 그래야 했다. 숨통을 터야 했다. 마음 아프지만, 배리는 아내를 보내주어야 했다. 통제 행동은 **독이 되는 행동**이라는 것을 배리는 배워야 했다.

선택권을 주시는 하나님

하나님은 능력과 주권이 있지만 절대 통제하지 않으신다. 구약과 신약 모두에서, 자기 백성을 향한 사랑의 부르심과 초대는 **선택**에 기반한다. 구약성경에서 가장 유명한 구절 가운데 하나는 여호수아가 이스라엘에게 "너희가 섬길 자를 오늘 **택하라**"(수 24:15)고 선포하는 내용이다. 여호수아는 이것을 자신의 멘토 모세에게 배웠는데, 모세는 이렇게 말했다.

내가 오늘 하늘과 땅을 불러 너희에게 증거를 삼노라 내가 생명과 사망과 복과 저주를 네 앞에 두었은즉 너와 네 자손이 살기 위하여 생명을 택하고 네 하나님 여호와를 사랑하고 그의 말씀을 청종하며 또 그를 의지하라(신 30:19-20).

신약에서는 갈라디아서 5장 13절("형제들아 너희가 자유를 위하여 부르심을 입었으나 그러나 그 자유로 육체의 기회를 삼지 말고"), 요한복음 7장 17절("사람이 하나님의 뜻을 행하려 하면 이 교훈이 하나님께로부터 왔는지 내가 스스로 말함인지 알리라")이 있다. 물론 요한계시록 3장 20절("볼지어다 내가 문 밖에 서서 두드리노니 누구든지 내 음성을 듣고 문을 열면 내가 그에게로 들어가 그와 더불어 먹고 그는 나와 더불어 먹으리라")도 묵상해보라.

앞 장에서 살펴보았듯이, 예수님은 이 땅에서 사역하는 내내 사람들을 전혀 통제하시지 않은 듯 보인다. 그분은 수없이 많은 사람들을 떠나보내거나 그들로부터 떠나셨다. 진리를 말씀하면서도 사람들이 자기가 원하는 대로 반응하게 하셨다.

하나님은 사탄과 악령들이 사악한 행동을 계속하도록 내버려두기도 하신다. 많은 학자들이 다소 모호한 성경 본문(이사야 14장과 요한계시록 12장) 두 군데를 근거로 삼아, 천사의 3분의 1이 하나님을 반역하고 사탄을 따랐다고 추측한다(별로 확실하지는 않다). 성경은 자세히 말해주지 않고, 논란의 근원을 추측해봐야 별로 얻을 게 없다. 우리가 더 알아야 했다면, 성경은 더 많이 이야기해주었을 것이다.

하지만 분명한 건 하나님이 그들의 입을 **충분히 막을 수 있었음에도 불구하고 그렇게 하시지 않았다**는 사실이다. 멋지지 않은가? 하나님은 얼마든지 막을 수 있지만 지금 당장은 사탄이 자기주장을 펼치고 심지어는 사람들을 속여 유혹하도록 내버려두신다.

하나님은 진리를 주장하시고, 사자들을 보내시고, 나아가 하나님의 은혜를 받고자 하는 이들에게 은혜를 주시지만 아무도 소유하지 않으신다. 신약을 살펴보면 악령에 사로잡힌 사람들의 이야기가 나오는 반면 하나님께 사로잡힌 사람들 이야기는 없다.** 성령님이 우리를 감동시키고, 우리에게 영감을 주고, 우리를 충만하게 하고, 우리를 준비시키지만, 사도 바울은 다음과 같이 단호하게 말한다.

"예언하는 자들의 영은 예언하는 자들에게 제재를 받나니"(고전 14:32).

만약 악령에 사로잡혔다고 말하는 것과 똑같은 방식으로 우리가 성령

** 악령에 사로잡힘이나 그와 비슷한 형태는 마 9:32-33, 12:22, 17:18; 막 5:1-20, 7:26; 눅 4:33-36 등에 언급되어 있다. 헬라어 eis peripoiēsin을 때로 '하나님의 소유'로 번역하는 벧전 2:9에 의문을 품는 사람들을 위해 말하자면, 해당 문맥은 하나님이 누군가를 그분의 사람으로 받아들이신다는 뜻이지, 악령에 사로잡힘을 가장 흔히 이해하는 방식으로 누군가를 통제하신다는 뜻이 아니다. 여기에 쓰인 사로잡힘은 동사가 아니라 명사다. 나는 내 아들과 딸을 '내 소유'로 받아들이지, 자녀들의 마음을 침범하거나 그들의 행동을 통제하려 하지 않는다.

님께 '사로잡혀' 있다면, 성령님을 근심하게 하지 말라는 경고는 필요 없을 것이다(엡 4:30). 성령님은 악령처럼 우리를 '사로잡는' 분이 아니다. 우리가 성령님을 근심케 할 수 있다는 것은 우리가 통제권을 발휘한다는 것, 즉 성령님 안에 머물거나 그분에게서 벗어나기로 선택할 수 있다는 것을 전제로 한다. 루이스(C. S. Lewis)는 스크루테이프의 입을 빌려서 '사로잡힘'에 대한 이런 악령의 성향을 다음과 같은 끔찍한 용어로 설명한다.

"짐승한테 흡수란 잡아먹는 것이고, 우리(악령)한테 흡수란 강한 자아가 약한 자아의 의지와 자유를 빨아들이는 것이다."[1)]

중독의 유해성 가운데 하나는 우리가 차츰 통제력을 상실한다는 것이다. 절제는 성령의 아홉 가지 열매에도 포함되어 있다. 중독, 곧 통제력의 부족은 지옥에서 자라나는 열매다. 우리를 만드신 창조주 하나님은 우리를 존중하며 가능한 최고의 삶으로 우리를 부르신다. 하지만 동시에 그분은 우리가 그분을 거절하고 그 결과로 고통받게도 내버려두실 것이다.

신학적 정확성을 위해 덧붙이자면 하나님은 설득을 초월하시는 분이다. 하나님은 역사에 영향을 미치신다. 기적을 행하셨고, 지금도 행하고 계신다. 사람의 마음을 완악하게도 만들고 부드럽게도 만드는 데 관여하신다. 그러나 성경은 이를 하나님과 우리의 상호작용 일부로 제시한다. 하나님은 바로의 마음을 완악하게 만드셨지만(출 7:3), 바로 스스로 마음을 완악하게도 했다(출 8:15). 나는 여기서 완벽한 신관을 구축하려는 것이 아니다. 하나님은 설득하고 사건을 결정하시는 분이지만, 그분의 본성을 보면 우리는 이렇게 결론을 내릴 수밖에 없다.

"인간이 다른 인간을 통제하는 것은 하나님의 속성과 그분의 부르심을 반영하기보다는 독과 같은 행동에 가깝다!"

주권과 자유의지

하나님이 만사를 통제하는 분이라는 관점을 가지고 성장한 사람은 인간의 책임보다 하나님의 주권을 강조하는 교리만 가르치는 전통에서 성장한 게 틀림없다. 칼빈주의자들(대체로 하나님의 주권에 집중하며 자유의지를 부인하는 사람들)과 비칼빈주의자들은 이 주제에 다르게 접근하겠지만, 제대로 이해하기만 한다면 어느 쪽도 하나님을 강압적이라고 말하지 않는다. 존 칼빈(John Calvin) 자신도 이렇게 썼다.

"우리는 인간에게 선택권이 있고 그것이 자기 결정권이기에, 그가 악행을 저지르면 그것이 그와 그의 자발적인 선택에 귀속되어야 한다고 인정한다. 강요와 무력은 의지와 본성과 모순되고 또 의지와 공존할 수 없으므로 우리는 그것을 그만둔다."[2]

칼빈은 우리의 의지가 방해받고 있다고 믿으면서도 이렇게 덧붙인다.

"속박이 자발적인지 강요됐는지에 따라 큰 차이가 있다. 우리는 의지의 타락에서 죄를 짓게 된다는 필연성을 정확히 발견하는데, 이는 본인이 결정한 것이다."[3]

칼빈주의자들과 비칼빈주의자들은 '자유의지'라는 표현이 적절한지에 대해 이견이 있을지도 모른다. 그러나 하나님의 주권을 어떻게 이해하건 간에, 주권과 궁극적인 권위는 **오직 하나님만이** 행사하신다는 사실을 양쪽 모두 동의한다. 우리는 절대 하나님이 아니다. **그러므로 다른 사람을 통제하려는 사람은 하나님께만 향해야 할 권위와 숭배를 불경스**

럽게 빼앗는 것이다.

독재가 악랄하고 노예제도가 끔찍한 것은 이런 까닭이다. 자녀를 양육하면서 어떤 특정한 행동을 못하게 하거나 난폭한 사람들을 감옥에 가두는 것처럼(그들이 사람을 해치려고 작정했다는 전제하에) 권위를 행사하는 것이 적절한 경우도 있지만, 그런 특정한 제한을 인정한다고 하더라도 전면적인 통제는 악한 것이다.

최고의 삶은 모든 사람과 모든 사물보다 하나님께 항복하는 삶이다. 누군가가 **나를** 기쁘게 하는 데 집중해주면 좋겠다고 생각한다면 그것은 하나님께 반대하는 적그리스도처럼 행동하는 셈이다. 하나님께만 해야 할 반응을 나에게 하라고 요구하는 것이기 때문이다. 예수님은 통제 행위를 강요하지 않고 오히려 자리를 뜨는 모범을 보이셨다. 그렇다면 우리는 어떻게 행동해야 하겠는가?

인기 작가이자 강연자, 목사인 잭 디어(Jack Deere)는 아내가 알코올중독자라는 사실을 알게 된 후 고통스러운 과정을 거쳐 진리를 깨닫게 됐다. 그는 간청으로 아내를 '바꾸지' 못하자 아내를 통제하려 했다. 디어는 겸손한 마음으로 지난날을 회상하며 자신의 잘못을 인정한다.

"아내에게 자신을 위해 술을 끊으라고 말해놓고는 그 결심을 강요했습니다. 아내를 아이처럼 대하면서 어른답게 결정하길 바랐던 거죠."[4]

하나님은 우리가 죄 가운데 있더라도 우리를 '통제하지' 않으신다. 그러므로 우리는 다른 이들을 통제할 수도 없고, 해서도 안 된다. 통제하려는 남편이나 아내, 권한을 위임하지 않고 조직을 통제하려고만 하는 지도자, 가족 모임을 훼방하며 반항과 폭력을 행사하는 자녀, 동료를 험담하고 비난하고 분열을 조장하여 사무실을 통제하려는 직원… 이들은 바로 독이 되는 사람들이다.

누군가를 통제하기 시작할 때, 우리는 하나님의 형상에서 벗어나 사탄이 선호하는 독성으로 나아가게 된다. 하나님의 영감을 받은 사역은 다른 사람들의 선택을 존중하면서도 담대하게 진리를 선포한다. 교묘한 조작과 통제를 보인다면 우리는 그것이 기독교 신앙의 진정한 표현이 아니라 이단 종교일 수 있음을 의심해볼 필요가 있다.

새로운 결혼 생활을 위해 필요한 것, 자유

되돌아보면 레이첼은 남편이 오랜 세월 통제 행위를 하도록 자신이 허용했다는 생각이 든다. 남편에게는 자신이 사랑하는 모습도 아주 많았기 때문이다. 더 나쁜 상황에 있는 아내들도 많은 것 같았다.

"남편은 날 때린 적이 한 번도 없어요. 언어폭력도 없었고요. 남을 통제하려는 성격만 빼면 남편은 정말 다정한 사람이에요."

그러나 극도의 통제를 견디던 레이첼은 당연히 한계 상황에 다다랐다. 별거하는 동안 남편의 존재에서 자유로워지자 레이첼은 다시 숨을 쉴 수 있을 것 같았다. 부부는 레이첼이 배리에게 하트 모양 이모티콘을 보내면 배리가 자유롭게 회신 문자를 보낼 수 있는 시스템을 만들었다. 하트 이모티콘은 배리의 삶의 이유가 됐다.

얼마 안 있어 레이첼은 남편이 보고 싶어졌다.

"사랑스럽고 다정한 남편 모습이 떠올라요. 남편은 가장 좋은 친구죠. 우린 무슨 이야기든 할 수 있어요. 그런 동료애가 그리워요. 남편 목소리를 듣지 못하거나 얼굴을 보지 못하면 더 그리워집니다. 하지만 알코올중독자가 다시 술에 손을 대듯이, 만약 우리가 곧바로 재결합한다면 남편의 통제 행위가 또다시 시작될까봐 두려웠어요."

배리는 별거에 대해 이렇게 말했다.

"끔찍하고 무척 외로웠습니다. 산더미 같은 후회에 짓눌려 무기력했죠. 그리고 홀로 긴 시간을 보내면서 그 후회가 마침내 뉘우침과 예수님과의 화해로 바뀌었어요. 밤이면 침대에 누워 아내가 나에게 정당하게 따져 물었던 일들을 떠올렸어요. 한밤중에 세 시간 동안 예수님 앞에서 목 놓아 울었습니다."

배리는 기진맥진한 채로 하나님이 그의 마음에 하시는 말씀을 들었다.

"내 아들아, 너는 용서받았다. 내가 너를 사랑한다."

"저는 예수님과 다시 사랑에 빠졌습니다. 제 인생이 달라질 거란 걸 알았죠. 하지만 아내에게 제 신용도는 바닥이었기에 앞으로 어떻게 될지 알 수 없었어요."

레이첼의 마음이 누그러지면서, 배리는 하트 모양 이모티콘을 한 개 더 받았다. 마치 그를 정신 차리게 하는 약 같았다. 그는 퍼뜩 정신을 차리고 재빨리 문자 메시지를 보냈다. 레이첼이 회신 중이라고 알리는 점들이 깜빡거리자 그는 가슴이 뛰었다. 그러다가 갑자기 그 점들이 죽은 듯 멈춰버리자 배리의 심장도 멈춰버렸다. 레이첼은 여전히 신중했다.

내 조언에 따라 두 사람은 다시 만나기 시작했는데, 레이첼이 원할 때면 언제든 떠날 수 있도록 각자 차를 타고 왔다.

"남편은 다른 사람 같았어요. 물론 그 모습이 얼마나 지속될지 확신이 없었어요. 배리는 무척 다정하고 사랑스러웠지만, 우리가 맨 처음 데이트를 시작했을 때에도 그랬거든요. 하지만 남편이 **뭔가** 달라졌다는 건 알 수 있었어요. 예수님 앞에서도 흠잡을 데 없는 사람이었죠. 한번 무너지고 나서는 하나님께 더 온순해진 것 같아요. 달라진 결혼 생활을 할 수 있는 남자라고나 할까요."

배리는 몇 주간 조그만 아파트로 퇴근해 흔들의자에 앉아 성경을 읽고 묵상하는 시간을 가졌다. 텔레비전은 아예 보지 않았다. 과거에는 음란물을 본 적도 있었지만, 이제 그런 건 유혹거리가 되지 않았다. 하나님이 방 안을 가득 채우고 계신 것만 같아서, 예전에 힘들 때 의지하곤 하던 것들에 흥미를 잃었다.

시간이 꽤 흘렀다. 레이첼은 만남의 빈도를 차츰 늘려갔다. 그러다 레이첼이 배리를 집으로 초대하자 그는 사랑에 홀딱 빠진 십대가 된 느낌이었다. 더 중요한 것은, 그가 행동으로 이를 뒷받침했다는 것이다.

이제 레이첼은 얼굴에서 빛이 난다.

"남편과 다시 합친 뒤로 침대 정리를 해본 적이 없어요. 장 보러도 안 가요. 제 차에 기름이 얼마 없으면 남편이 가득 주유를 해줘요. 남편은 장 보러 갈 때 토요일마다 장미를 사 와요. 제가 우간다로 단기 선교를 갔을 땐 토요일에 꽃 사진을 보내왔어요."

배리는 최근까지 아내를 통제하는 데 사용했던 바로 그 꼼꼼한 성격을 이제 아내를 섬기고 축복하는 데 사용한다. 우간다에 간 것 자체가 레이첼에게는 큰 변화였다. 5년 전이었다면 남편이 '허락하지' 않았을 것이다. 배리는 이렇게 인정한다.

"마치 내가 허락해야만 아내가 갈 수 있다는 식으로 말했던 걸 이제는 생각조차 하기 싫습니다. 하지만 우리의 결혼 생활이 그랬죠. 지금은 서로 대화합니다. 결혼 생활이 정말 달라졌어요."

배리는 결혼 생활뿐만 아니라 자신에게도 더욱 만족하게 됐다.

"저는 통제하기를 좋아합니다. 제가 다시 통제 행위를 하려 하면 아내가 정말 잘 도와줍니다. 그런 행동을 고치고 그만두는 건 제게 달려 있죠. 예수님 곁을 떠나지 않는다면, 그분이 저를 도우실 겁니다."

우리 교회 사무실에 처음 왔을 때 레이첼은 몹시 지쳐 보였던 터라, 몇 달이 지난 후에 다시 찾아왔을 때 몇몇 사람들은 레이첼을 알아보지 못했다. 새로운 삶과 새로운 기쁨, 새로운 아름다움이 있었다. 레이첼은 정말 다른 사람처럼 보였다. 독이 되는 행동을 견딘다는 것은 마치 생명을 쥐어짜는 듯한 고통이므로, 이를 대수롭지 않게 여겨서는 안 된다. 두어 해가 지난 지금, 레이첼은 활기 넘치는 사람이 됐다.

"결혼 생활이 전반적으로 좋아졌어요. 성적 친밀감이 최고인 건 두말할 것도 없고요. 우린 다양한 것들을 함께 경험했습니다. 평온함과 완전함을 더 많이 느껴요. 남편에 대한 사랑도 상상 이상으로 커졌고요. 예수님이 남편에게 이루어놓으신 변화를 보았어요. 2년 정도 지났으니 이제 남편이 말로만 변한 게 아님이 증명된 거죠. 남편은 다른 사람들과의 관계에서도 달라졌어요. 전과 달리, 제가 하는 부동산 사업도 적극 지원해준답니다."

그러나 두 사람 모두 통제 행위가 배리에게 언제나 유혹이 될 것이라고 입을 모은다. 이따금 레이첼이 남편에게 그 사실을 일깨워주면, 배리는 믿음직하게 겸손함과 회개하는 마음을 유지한다. 둘의 과거를 완곡하게 상기시키는 방법으로, 레이첼은 가끔 남편에게 하트 이모티콘을 보낼 것이다. 남편을 정말로 흥분시키고 싶을 때면, 열 개가 넘는 하트가 줄지어 늘어선 문자 메시지를 보낼 것이다.

독이 되는 통제가 그들의 결혼 생활을 끝장내려던 찰나에 예수님이 구원하셨다. 통제당하는 삶은 지옥처럼 느껴진다. 자유로이 사랑하는 것은 부부가 이 세상에서 천국에 가장 가까이 가는 방법이다.

요점 정리

- 구약과 신약에서 하나님은 선택을 존중하고 허락하는 하나님으로 자신을 계시하신다.

- 악령에 사로잡힌 것과 같은 극단적인 통제는 사탄이 사용하는 것으로, 하나님의 방법이 아니다.

- 한 사람이 다른 사람을 통제하려는 것은 독이 되는 악행이다.

- 우리는 다른 사람들이 우리를 기쁘게 하거나 우리 편을 들어주기 위해 존재하는 것이 아님을 기억하고 그들이 하나님께 가장 충성하며 살도록 격려하는 데 집중해야 한다.

- 배리와 레이첼 부부는 배리의 통제 문제를 해결함으로써 훨씬 풍요롭고 새로운 결혼 생활로 나아갔다.

5장
증오

　나는 태생적으로 고수를 혐오하는 몇 안 되는 사람 중 하나다. 도저히 참을 수가 없다. 나는 고수를 중2병에 걸린 허브라고 부른다. 마치 "나 좀 봐요, 나 좀 봐달라고요, 나 좀 보라니까!"라고 말하는 것 같다.
　혀 맛봉오리에 고수가 아주 조금만 닿아도 한 끼 식사를 망칠 것 같다. 나는 하나님이 실수하시는 분이라 생각하지 않지만, 고수를 향신료로 사용하지 않는다면 세상은 훨씬 더 살 만한 곳이 되리라 확신한다. 수많은 요리사, 특히 (내가 사랑하는) 살사를 만드는 요리사들은 고수가 들어가야 모든 음식이 더 맛있어진다고 생각하는 것 같다.
　놀랍게도 많은 사람들, 사실 **대부분의** 사람들은 태생적으로 고수를 좋아하게 되어 있다. 이해할 수가 없다. 앞으로도 절대 이해하지 못할 것이다. 하지만 당신이 그들 중 한 사람이라면, 나를 위해서 요리는 하지 않았으면 좋겠다.

마찬가지로 우리 그리스도인은 영적으로 긍휼, 자비, 겸손, 온유, 오래 참음과 사랑(골 3:12, 14)을 원하게 되어 있다. 이러한 성품들은 우리 입맛에 달콤해야 한다. 이런 것들을 입었을 때 우리 몸에 '딱 맞는' 느낌이 들어야 한다. 그것들을 존중하고, 갈망하고, 드러낼 때 넘치는 생기를 느껴야 한다. 긍휼을 실천하고, 자비를 보여주며, 겸손하게 행동하고, 다른 이들을 온유와 오래 참음으로 대하고, 다른 사람들을 사랑할 기회를 가능한 한 많이 가진다면 그날은 좋은 하루일 것이다.

하지만 안타깝게도, 완전히 다른 종류의 맛을 지닌 또 다른 영적 기질이 있다. 이런 유형의 독이 되는 사람은 분함, 노여움, 악의, 비방, 부끄러운 말, 거짓말(골 3:8-9)을 가장 편하게 느낀다. 악의에 차서 누군가의 명예를 죽이고, 끔찍한 말을 하고, 사람들을 속일 때 '활기를 띠는' 사람이 있다는 것을 우리는 이해하기 힘들다. 우리는 죽어도 이해할 수 없지만, 독이 되는 사람들은 이해한다. 이것이 그들의 '고수'다.

독성에 맞서기

조나단 비어드(Jonathan Byrd)는 PGA 투어에서 다섯 차례나 우승했다. 그는 주말마다 매번 다른 남자들과 골프를 치는데, 그러다 보니 자신이 감당하기 벅찬 '성격들'을 마주치게 됐다. 앞으로 '골퍼 X'로 지칭할 어떤 동료 골프 선수는 자원봉사자들과 팬, 캐디, 동료 선수들, 경기 진행 요원들을 괴롭히는 성마름과 고약한 말투로 악명이 높았다. 실제로도 그는 늘 분노와 악의에 가득 차 있었고 부끄러운 말을 늘어놓았다. 골로새서 3장 8-9절에 나오는 나쁜 예를 몸소 보여준다고나 할까.

조나단은 이제껏 내가 만난 사람 중에서도 굉장히 상냥한 성격이었다. 그는 정말로 호감이 가는 사람 중 하나였고, 자원봉사자들의 역할을 높이 평가하며 이렇게 말했다.

"자원봉사자들은 직업이 아닙니다. 대부분은 1년에 한 경기 정도 참여하죠. 자원봉사자들에게 대가를 지불해야 한다면, 우리 수입은 반 토막 날 겁니다. 그분들은 투어에서 매우 소중한 분들이지만, 선수들은 변덕스럽게 굴기 십상이에요."

실제로 선수들은 변덕스러울 뿐 아니라 때때로 독이 되기도 한다. 조나단과 골퍼 X는 일요일에 결승전을 치르고 있었다. 둘 다 우승이나 토너먼트 상위권과는 거리가 멀었다. 그보다는 경기를 마치고 귀가하는 편이 더 빠를 것이었다. 그 사실이 골퍼 X의 기분을 최악으로 만든 것 같았다. 그는 팬과 자원봉사자들에게 딱딱하게 굴었다. 다섯 번째 홀에서 골퍼 X와 조나단은 블라인드 티샷 쪽으로 걸어갔다. 홀은커녕 페어웨이도 보이지 않았다. 골퍼 X는 티에 공을 올려두고 스윙 연습을 시작했다. 경기 진행 요원이 미안해하며 이렇게 말했다.

"X씨, 앞 팀이 아직 페어웨이에 있습니다."

골퍼 X는 진행 요원의 말을 비웃으며 이렇게 조롱했다.

"아이고, 명탐정 나셨구먼."

진행 요원은 물러서며 말했다.

"죄송합니다. 도움이 되고 싶었을 뿐입니다."

조나단은 진절머리가 났다. 그리고 골퍼 X를 향해 말했다.

"저분에게 사과해요."

"뭘 사과하라는 거야?"

"멍청이처럼 군 것에 대해서요(솔직히 말하면, 정말로 '멍청이'라고 말하지는 않았다). 저분은 그저 자기 할 일을 하는 거라고요."

길고 불편한 침묵이 이어졌다. 경기가 시작되자 골퍼 X는 경기장 밖으로 날아가는 37미터짜리 슬라이스를 쳤고 마지막 홀을 더블 보기로 마감했다.

"나머지 경기 시간은 어떻게 됐죠?"

내가 웃으며 조나단에게 물었다.

"우린 나머지 열세 개 홀을 입 한 번 뻥끗하지 않고 치렀어요."

중요한 건 골퍼 X가 다른 모든 사람에게도 침묵했다는 것이다. 그는 자신이 뿜어댄 독성에 대가를 치렀지만, 그날은 아무에게도 욕설을 하지 않았으므로 조나단의 대립은 한 사람을 화나게 했을지언정 여러 사람을 구한 셈이었다.

조나단이 조금 더 약한 사람들, 말하자면 자원봉사자들 같은 이들을 보호하기 위해 프로 선수로서 자신의 영향력과 입지를 활용한 점이 마음에 들었다. 경기 진행 요원이 선수와 싸우게 되면, 진행 요원이 질 것이다. 조나단은 팬들과 자원봉사자들을 위해 세상의 독을 조금이라도 줄이고자 자신의 신조를 사용하기로 마음먹었다.

당신이 일터에서 독이 되는 사람 '밑에서' 일한다면, 당신의 선택지는 그 사람을 피하거나 그들이 당신을 괴롭히지 않도록 하는 방법을 배우는 것에 제한될 것이다. 다른 사람들에 대한 증오를 즐기는 것처럼 보이는 사람들이 있다. 하지만 분연히 일어나서 보호자 역할을 떠맡는 사람만이 독이 되는 사람들에게 영향력을 끼칠 수 있다.

증오를 즐기는 사람들 상대하기

오랫동안 상담가로 일한 댄 알랜더(Dan Allender)와 성경학자 트렘퍼 롱맨 3세(Tremper Longman III)는 증오를 좋아하는 사람들의 영적 기질에 대해 이야기한다. 두 사람이 제기한 동기의 차이가 내게는 굉장히 도움이 됐다. 30여 년 전 알랜더와 롱맨은 **독**이라는 말 대신 **악**이라는 단어를 사용하지만, 우리는 근본적으로 똑같은 것을 논의하고 있다.

악은 양심이 없다. 도덕적 경계도 부족하여 원하는 것이 모두 정당하다. 무감각한 양심은 도움을 구하는 외침에 자비로운 마음으로 대답하지 않으며, 수치심의 위협에도 멈추지 않는다.[1]

이것이 중요하다. **당신이 독이 되는 사람과의 갈등에 '일반적인' 해결 방법을 사용한다면, 효과가 없을 것이다.** 독이 되는 사람들은 공감에 반응하지 않으며, 수치심을 두려워하지 않는다. 그들의 동기와 두려움은 '평범한' 사람들과는 다르다. 당신이 독이 되는 상사에게 "방금 하신 말씀은 저에게 깊은 상처가 되네요"라고 말하는 것은 코뿔소에게 입 냄새가 심하다고 말하는 것과 같다. 그는 신경도 쓰지 않는다. 기억하지도 않는다. 당신이 "지금 하는 행동은 부끄러운 짓이에요"라고 말한다면, 그들이 수치심을 느낄 만한 사람이라고 착각하는 것이다.

독이 되는 사람들은 악의, 오만, 조롱으로 인한 수치심에 면역되어 있다. 스스로 상대보다 자신이 낫다고 생각하는 사람에게 당신은 수치심을 일으킬 수 없다. 당신의 의견은 그들에게 아무 의미도 없다.

고수 이야기로 돌아가보자. 다른 이들에게 상처를 주는 것은 당신에겐 분명 심각한 문제다. 당신은 수치스러움을 피하고 싶다. 그러나 당신이 혐오하는 행동과 비난을 독이 되는 사람들은 좋아할 수도 있다. 그런 상황에서는 그저 당신 일을 하는 것이 최선이며, 사적인 감정을 개입시키지 않도록 한다. 가능한 한 그들과의 접촉을 최소화하고, 평상시에 해왔던 일을 그대로 하면 된다. 바로 그들의 배우자와 자녀들을 위해 기도하는 것이다![2]

혐오하는 것에 감염되지 않기

상담가인 헨리 클라우드(Henry Cloud) 박사와 존 타운센드(John Townsend) 박사는 '주도적인'(proactive) 사람들과 '반응적인'(reactive) 사람들의 차이점을 설명하는데, 반응적인 사람들에 대한 묘사는 우리가 여기서 **'독소 같다, 독이 된다'**는 단어를 사용하는 경우와 매우 유사하다.

주도적인 사람들은 자신이 사랑하는 것, 자신이 원하는 것, 자신이 의도하는 것, 자신이 옹호하는 것을 보여줍니다. 이들은 자신이 증오하는 것, 자신이 좋아하지 않는 것, 자신이 반대하는 것, 자신이 하지 않을 행동으로 대변되는 사람들과는 무척 다릅니다.[3]

나는 반응적인 사람이 모두 독소 같다고는 하지 않겠지만(당신이 상처를 입었거나 학대를 당한 적이 있다면, 초기 반응성은 매우 중요한 치유 단계다), 내가 만난 독이 되는 사람은 모두 반응적인 사람의 특성에 **빠져 있는** 듯하다. 그들은 절대 거기서 빠져나오지 않는다. 그들은 자신이 사랑하는 대상보다는 자신이 싫어하고 반대하는 대상으로 대변된다. 따라서 그들은 당신을 성장시키고 치유하며 용기를 북돋우는 대신, 부정적이고 해로운 영향을 끼친다.

때로는 '올바른' 대의명분을 가진 사람들이 이 점에서는 최악이 되기도 한다. 그들은 끝없이 악행을 저지르는 다른 이들을 무너뜨리는 데 너무 골몰한 나머지, 악으로 악을 대적한다. 성경은 우리에게 그래서는 안 된다고 촉구한다. "악을 악으로, 욕을 욕으로 갚지 말고"(벧전 3:9).

예수님이 나병 환자들과 교감하시는 모습을 묵상하는 것은 대단히 흥미롭다(나병 환자들이 독이 되는 사람들이라는 의미는 물론 아니다. 이것은 비유일 뿐이다). 사람들은 예수님이 나병 환자들을 만지시고도 나병에 걸리지 않는 것을 보고 깜짝 놀랐다. 단순히 나병 환자들이 나은 게 기적이 아니다. 예수님이 나병에 걸리지 않았다는 것 또한 기적이다.

독이 되는 사람들과 상호작용할 때 '감염되지' 않는 것은 중요한 관심사가 되어야 한다. 이는 쉬운 일이 아니다. 처음으로 죄의 피해자가 됐을 때 가장 죄를 짓기 쉽다. 증오심을 배제하면서 우리가 싫어하는 사람과 소통할 수 있을까? 상대를 학대하지 않으면서 우리에 대한 학대를 견뎌낼 수 있을까? 우리를 통제하려는 사람들을 통제하지 않으면서 그들에게 저항할 수 있을까? 살기등등한 사람을 사회적으로 '살인하지' 않으면서 그와 맞설 수 있을까? 우리는 독선적으로 악에 맞서는 것보다 악을 행하는 것이 더 정당하다고는 생각하지 않는다.

그리스도인들은 프란치스코 드 살(Francis de Sales)이 '성급한 판단'이라고 표현한 것에 특히 감사해야 할 것이다.[4] 우리는 정의와 시비에 대한 높은 의식을 가지고 살아가지만, 우리가 이 통찰에 은혜와 공감의 '세례를 주지 않는다면' 그것은 우리를 가르치지 못하고 도리어 유혹이 될 수 있다. 프란치스코 드 살은 성급한 판단을 '거기에 감염된 사람들의 눈에는 모든 것이 악으로 보이는 영적 황달'에 비유했다.[5] 그는 이렇게 강조한다. "교만, 시기, 야망, 증오에 취한 사람들은 자신이 보는 모든 것을 악과 비난거리로 생각한다."[6]

문제는 교만, 시기, 야망, 증오에 가장 많이 빠진 사람들이 자신 안에 있는 그것들을 볼 가능성이 가장 낮다는 것이다. 우리는 간음, 술 취함, 살인이 죄라고 알고 있지만 이러한 행위의 죄에 감염되는 순간 영적인 시력을 잃게 된다. 우리는 이웃에게서 나는 고약한 냄새 때문에 우리 자신의 악취를 맡을 능력을 상실한다고 생각한다.

조금 전에 언급했듯이, 이는 특히 우리가 처음으로 죄의 피해자가 됐을 때 그러하다. 그것이 '성급한 판단'으로 재빨리 넘어가는 문턱이다. 권력의 학대를 당한 적이 있다면, 당신은 건전한 권위의 행사를 '권력 장악'이라 생각할 것이다.

성희롱을 당한 적이 있다면, 모든 칭찬을 성적 유혹으로 해석하려는 마음이 들 것이다. 예전에 다닌 교회의 가르침이 형편없다고 깨달았다면, 새로운 교회에서는 확신에 마음을 열기보다는 숨어 있는 잘못을 찾는 데 더 많은 시간을 할애할지도 모른다. 그리고 당신은 미래의 모든 관계에 대해 자비 대신 '성급한 판단'으로 반응하고 싶은 강한 유혹을 느낄 것이다.

나는 지금 피해자들의 관심 문제를 말하려는 게 아니라 우리 모두가 인간관계에서 진리와 사랑을 추구할 때 자기 경험의 포로가 되지 않도록 이 이야기를 하는 것이다. 신자들은 다른 이들을 **자비**로 대하도록 부름을 받았다. 성급한 판단은 자비의 반대말이다. 독이 되는 사람들은 자신이 저지른 행위를 지적받아 마땅하다.

하지만 우리가 누군가를 언급할 때 그들의 행위 자체가 아니라, 과거에 다른 이들이 우리에게 어떻게 죄를 지었는지의 관점에서 그들의 행위를 **해석하여** 불필요하게 성급한 판단을 내린다면 우리 자신이 독이 될 수 있다. 누군가에게 잘못이 있다고 속단하고, 그에게 개인적으로 다가가기보다 그 잘못을 폭로하기 위해 공공의 복수를 불러일으키는 성급한 판단을 내릴 때 우리 자신은 독이 될 수 있다.

독이 되는 사람들의 경향성

중요한 핵심을 강조하려고 이 장 첫머리에서 고수 이야기를 꺼냈다. 분명 우리는 모두 이따금 분노, 악의, 비방, 기만이 깃든 행동을 했을 것이다. 우리는 모두 다른 사람을 통제하려 해본 적이 있다. 마약에 빠져드는 아들을 둔 어머니는 아들을 몹시도 통제하고 싶어 한다. 그러나 이 어머니의 동기는 독이 아니라 걱정이다. 우리는 모두 누군가의 업무나 명성에서 소위 생명을 빼앗는 '살인'을 해본 적도 있다. 한두 번의 개별 행동이 독이 되는 사람을 만들지는 않는다.

독이 되는 사람이란 그러한 행동을 편안하게 느끼고 그러한 행동에서 힘을 얻는 사람, 그러한 행동을 자신의 인간관계에 대한 일반적인 접근 방식으로 삼는 사람을 뜻한다. 성경적인 상담가 브래드 햄브릭(Brad Hambrick)은 자신이 상담하는 이들에게 이렇게 경고한다.

"우리는 최악의 상태에서 최고의 기분을 느끼고 싶어 하지 않습니다."

유대감보다 갈등에 더 흥분되는 것은 나쁜 징조다. 다른 이들을 격려할 때보다 그들과 대립할 때 기운이 난다면 좋지 않은 징조다.

나는 고수를 무척 싫어하지만 종종 먹을 때가 있다. 즐겨 찾는 멕시코 식당에서 거의 모든 음식에 고수를 넣기 때문이다. 고수가 든 걸 알면서 그리고 그 맛을 꽤 싫어하지만 나는 고수와 함께 나온 음식을 너무 먹고 싶어서 참고 견딘다.

마찬가지로 우리도 때로는 사랑하는 사람을 염려하는 마음에 그를 통제하려 들기도 한다. 뜬소문에 대해 앙갚음을 하려고도 하고, 악의에 슬며시 빠져들기도 한다. 하지만 닷새를 독감으로 고생하다가 회복하기 시작한 사람처럼 우리는 최대한 빨리 샤워실로 뛰어 들어가 악취를 씻고 싶어 한다.

반면에 독이 되는 사람들은 악취를 마냥 좋아한다. 그것을 악취로 인지하지 못한다. 자신의 냄새를 향기롭다고 생각하고 좋아한다. 아니, 사랑한다. 더 원한다.

독성은 수프가 아니라 스튜다

숙련된 도보 여행자가 옻나무와 덩굴옻나무, 쐐기풀을 건드리지 않으려면 그 생김새를 알아야 하는 것처럼, 하나님의 종들은 영석인 공격을 피할 수 있도록 독이 되는 사람들에 대해 알아야 한다. 당신이 정말로 독이 되는 사람이나 그런 관계를 상대하고 있는지 알려면 다음 질문들을 곰곰이 생각해보라.

- 그들과 접촉하고 나면 거기서 회복하는 데 오랜 시간이 필요한가?
- 그들과의 관계가 당신의 평온함, 즐거움, 용기, 희망을 파괴하는가?
- 그들이 다른 건전한 인간관계에 대한 당신의 여력과 참여를 방해하는가?
- 그들은 살의를 드러내는가?
- 그들은 통제하는가? 그들에게 조종당하는 기분이 드는가?
- 그들 때문에 위축되는 기분이 드는가?
- 그 사람은 분함과 노여움과 악의를 드러내고, 비방과 부끄러운 말과 거짓말을 할 때 활기를 띠는가?

독이 되는 사람이 **모두** 통제적인 것은 아니다. 독이 되는 사람이 **모두** 살의를 띠지는 않는다. 독이 되는 사람이 **모두** 증오를 사랑하지는 않는다. 독성은 더하거나 뺄 수 있는 개별 재료로 만들어진 스튜와 같다. 모든 재료가 뒤섞인 수프와는 다르다.

앞 질문들은 독이 되는 사람들이 모두 갖춰야 할 필수 사항이 아니다. 두세 개 정도가 **빠졌다고** 해서, 그 사람을 독이 되는 사람이 아니라고 간주해서는 안 된다. 독이 되는 행동은 다양한 얼굴과 다양한 조합을 갖는다.

또한 기억해야 할 점은, 어떤 사람들은 정말 하나부터 열까지 독이 되지만 모든 사람이 모든 사람에게 같은 방식으로 독이 되지는 않는다는 것이다. 브래드 햄브릭은 이렇게 지적한다.

"독성은 대개 가정이나 직장처럼 높은 헌신과 사생활을 요구하는 관계에서 나타납니다. 독성이 사회 전반에 더 널리 퍼지면, 대단히 높은 수준의 도덕적 부패가 일어납니다."[7)]

배우자나 동료, 친구에게서 독성이 매우 강한 누군가의 이야기를 들었다고 하자. 하지만 정작 당신은 그 사람에게서 독이 되는 모습을 본 적이 없다면, 그것은 당신이 그의 독이 되는 행동을 경험하지 않았거나 그와 관계를 맺은 적이 없었기 때문일 것이다. 그런 사정을 잘 모르는 목회자들은 다음과 같은 반응으로 수많은 교회 신도에게 상처를 준다.

"짐(혹은 제인)은 저와 이야기할 때면 언제나 기분이 좋아 보이는걸요. 그럴 리가 없어요!"

처음부터 피해자가 정신이 나갔거나 말을 지어낸다고 전제하여 그에게 고통을 더하지 말라. 당신과 내가 본 적이 없다고 해서, 그런 일이 없었다는 의미는 아니니 말이다.

친절은 우리에게 누군가가 독소가 강한 사람들의 먹잇감이 되고 있음을 본다면 그에게 경고하라고 말한다. **겸손**은 우리에게 독이 되는 것이 다른 사람들에게는 독이 아닐 수도 있음을 깨달으라고 말한다. 누군가로 인해 좌절하고 낙심하는, 독이 되는 경험을 한 적 있다면, 곧 늦은 밤에 그날 나눈 대화가 떠오르고, 혈압이 오르고, 특히나 독이 되는 사람과 접촉하고 나서 오랜 시간이 지난 뒤에도 그 일로 인해 사랑하는 사람들에게 마음을 주기가 어렵다면, 당신에게 그 관계는 해롭다. 하지만 나는 절대적인 의미에서 섣부르게 '독'이라는 꼬리표를 붙이는 것에 마음이 내키지 않는다.

어떤 의미에서 **나는 사실 나 자신을 판단하고 있다**. 나는 이 사람들과 건전한 방법으로 상호작용을 할 수 없다고 인정하는 것이다. 내가 문제이거나 그 사람들이 문제일 수 있다. 어쩌면 양쪽 다 문제일지도 모른다. 하지만 하나님은 다른 누군가를 통해 그들에게 손을 내미실 것이다. 나는 그들에게 아무것도 배울 수 없고, 그들도 나에게 아무것도 배울 수 없다. 따라서 그냥 각자의 길을 가면 된다. 대부분의 사람은 누군가의 정신 건강을 진단할 능력을 갖춘 전문 상담가가 아니다.

이 책을 미리 읽어준 어느 박사는 내가 언제부터 정신 질환 진단에 관심을 갖게 됐는지 궁금해했는데, 우리 대부분이 그러하듯 그것은 내 능력 밖의 일이다. 내가 사랑하는 사람들에게 그냥 피하라고 말할 정도로 진짜 독이 되는 사람들이 있다. 어떤 관계에서 엄청난 곤란을 겪고 있는데 이유는 모르지만 독이 되는 것처럼 느껴진다면, 나는 더는 진단하려 애쓰지 않고(어쨌거나 나는 그럴 자격이 없다) 한 걸음 뒤로 물러서고 싶을 것 같다. 누군가가 우리에게 개인적으로 영향을 미치고 있음을 깨달았다면, 우리가 알아야 할 것은 다 알게 된 셈이다.

모든 사람에게는 각자의 독특한 과거와 독특한 개성과 독특한 관용이 있다. 이 지구에서 모든 사람에게 최선으로 다가갈 수 있는 사람은 아무도 없다. 그래서 하나님은 교회를 세우셨다. 독이 되는 누군가에게 내가 다가갈 수 없다고 해서 그 사람에게 다가갈 만한 다른 사람이 하나님께 없다는 의미는 아니다. 그 특정인과 상호작용하는 것이 나에게는 시간 낭비일 수 있지만, 하나님께는 영혼에 해를 입지 않으면서 그와 훨씬 더 효과적이고 생산적으로 시간을 보낼 수 있는 수많은 종이 있다.

이제 우리가 모든 사람에게 다가갈 수 없다는 것을 인정하고 그럼으로써 우리의 시간을 우리가 **다가갈 수 있는** 충성된 사람들에게 투자하자. 누가 **우리에게** 독이 되는지 찾아보고 피할 방법을 마련하자. 그리고 그들을 하나님께 맡기자.

요점 정리

- 영적으로 건강한 사람들은 긍휼, 자비, 겸손, 온유, 오래 참음, 사랑을 좋아하고 드러낸다. 독이 되는 많은 사람들은 분함, 노여움, 악의, 비방, 부끄러운 말, 거짓말을 좋아하고 드러낸다.

- 직장에서 누군가 독이 되는 행동을 한다면 그와 동등한 지위에 있는 사람이 맞서는 편이 더 쉽다. 이런 상황에서 침묵만 흐른다면 자신을 대변할 힘이 없는 사람들은 영원히 희생당한다.

- 독이 되는 사람들은 대개 공감과 수치심이 부족하다. 이런 경우에 일반적인 호소는 통하지 않는다.

- 독이 되는 사람들은 주로 자신이 싫어하는 것과 반대하는 것에 지나치게 집중하여 자신이 사랑하는 것과 위하는 것을 간과한다.

- 우리는 예수님의 발자취를 따라 나병에 걸리지 않고도 '나병 환자들'과 상호작용하는 방법을 배워야 한다. '성급한 판단'을 경계해야 한다.

- 우리는 증오를 사랑하는 대신 자비를 사랑하라는 초대를 받았다.

- 독이 되는 행동이 늘 똑같은 특징으로 나타나지는 않는다. 어떤 사람은 통제는 하지만 살의는 없다. 독성에는 다양한 형태가 있다. 또한 모든 재료가 뒤섞인 수프와 달리 개별 재료를 더하거나 뺄 수 있는 스튜에 가깝다.

- 우리 대부분은 어떤 사람이 독이 되는지 전문적으로 진단하거나 정신 건강 여부를 판단할 자격이 없다. 그러나 그들과의 상호작용이 독처럼 느껴진다면, 그것은 다른 사람이 그들을 상대할 수 있도록 우리가 그 자리를 피해줄 충분한 이유가 된다.

6장
낭비할 시간이 없다

스튜어트(J. E. B. Stuart) 장군에게 격분하는 리(R. E. Lee) 장군의 모습이 나온 다음 에피소드가 할리우드식 각본으로 얼마나 각색됐는지는 모르겠지만 영화 〈게티스버그〉(Gettysburg, 1993)를 보면 펜실베이니아에서 벌어진 남북전쟁 초창기에 스튜어트 장군이 정찰 보고서를 제출하지 않은 채 자신의 기병대를 이끌고 떠나는 바람에 남군을 눈뜬장님으로 만들어 버린 사건이 나온다. 마침내 스튜어트가 귀환했을 때, 리는 많은 장교들이 스튜어트로 인해 큰 절망에 빠진 것 같다고 엄중히 말하며 꾸짖는다. 스튜어트는 그 장교들의 이름을 알려달라고 요구한다.

그러자 리는 단호한 목소리로 "그럴 시간이 없소"라고 대답한다. 그는 남군 전체가 북군의 위치를 파악할 수 없게 만든 데 대해 기병대 장교를 꾸짖으며 자신의 뜻을 분명히 말했다.

"다시는 이런 일이 있어서는 안 되네."

스튜어트는 리의 날 선 발언에 움찔하여 모자를 내려놓더니 사의의 표시로 자신의 칼을 뽑는다.

"장군의 신임을 잃었으니…."

리는 책상을 주먹으로 내리치며 소리 지른다.

"그럴 시간이 없다고 말했을 텐데! 시간이 없다고!"

그들의 군대는 격렬한 전투 중이었다. 말 그대로 사람들이 죽어가고 있었다. 두 사람이 말하는 그 순간에도 어느 사람이, 몇 명이나 죽느냐가 이들의 결정에 달려 있었다. 사적인 다툼이나 자존심 따위를 염려할 시간이 없었다. 모든 에너지를 눈앞의 과업에 집중해야만 했다.

그럴 시간이 없다!

전쟁 중의 이러한 절박함과 집중은 영적 전쟁과 사명으로 부름받은 하나님 백성의 절박함, 집중과 크게 다르지 않다. 예수님은 물론 바울, 베드로, 야고보, 요한, 유다는 한결같이 절박한 표현을 사용하여 하나님 앞에서 받은 우리의 사명이 얼마나 중대하고 긴급한지 이해하도록 도와준다.

예수님_ 때가 아직 낮이매 나를 보내신 이의 일을 우리가 하여야 하리라 밤이 오리니 그 때는 아무도 일할 수 없느니라(요 9:4).

바울_ 형제들아 내가 이 말을 하노니 그 때가 단축하여진 고로 … 이 세상의 외형은 지나감이니라(고전 7:29, 31).

야고보_ 그러므로 사람이 선을 행할 줄 알고도 행하지 아니하면 죄니라(약 4:17).

베드로_ 거룩한 행실과 경건함으로 하나님의 날이 임하기를 바라보고 간절히 사모하라(벧후 3:11-12).

요한_ 그가 우리를 위하여 목숨을 버리셨으니 우리가 이로써 사랑을 알고 우리도 형제들을 위하여 목숨을 버리는 것이 마땅하니라 … 자녀들아 우리가 말과 혀로만 사랑하지 말고 행함과 진실함으로 하자(요일 3:16, 18).

유다_ 성도에게 단번에 주신 믿음의 도를 위하여 힘써 싸우라는 편지로 너희를 권하여야 할 필요를 느꼈노니(유 1:3).

당신이 그리스도 안에 있다면, 그저 구원만 받은 것이 아니라 '**그분의 군대로 소집된 것**'이다. 당신은 굉장히 중요한 임무(긴급한 일)에 부름받았기에 낭비할 시간이 없다.

경기 당일 아침, 마당 잔디에 신경 쓰는 축구 선수는 없다.
시트콤을 보겠다고 본인 결혼식에 불참하는 신부는 없다.
건물이 폭발하고 있는데 샌드위치를 끝까지 먹고 있는 소방관은 없다.
왜일까?
이들에게는 더 긴급한 일이 있기 때문이다.
우리도 하나님 나라에서 이런 자세가 필요하다. 믿는 사람의 행동은 지극히 중요하다. 우리가 전하는 메시지는 매우 귀하고, 우리 안의 성령님은 능력이 크시며, 하나님 나라를 건설하는 일은 매우 절실하기에 우리에겐 허비할 시간이 없다. 예수님은 제자들에게 "아버지께서 나를 보내신 것 같이 나도 너희를 보내노라"(요 20:21)고 말씀하셨다. 기독교 고

전 작가 앤드류 머리(Andrew Murray)는 이렇게 썼다.

주 예수님은 그분의 일을 성취하기 위해 자신을 온전히 주셨고 그 하나만을 위해 사셨다. … 우리도 마찬가지다. **그리스도의 사명은 우리가 이 세상에 존재하는 유일한 이유다.** … 이를 믿고 주님처럼 나 자신을 주님의 사명에 온전히 헌신할 때, 나는 진정으로 주님을 기쁘시게 할 수 있을 것이다.[1]

구원이 개인의 평안과 확신, 행복, 안전 같은 개인적인 것에 국한된다고 생각하는 사람이 너무 많다. 요즘 교회에서 가장 필요한 것이 더 많은 일꾼이다. 단지 믿는 사람이나 예배에 참석하는 사람, 심지어 십일조 내는 사람이 아니라 **일꾼** 말이다. 일꾼은 "구원받은 자라면 천국을 기다리는 게 아니라, 그리스도의 대사로서 천국의 존재와 권위를 지금 이곳으로 가져오기 위해 바삐 일해야 한다"는 것을 아는 사람이다.

사명을 멈추지 말라

산상수훈의 핵심 부분에서 예수님은 후회 없는 충만한 삶으로 향하는 가장 확실한 길을 선포하신다. 그것은 우리 외부에 있는 무언가에 전적으로 기반한 삶이다.

너희는 먼저 그의 나라와 그의 의를 구하라 그리하면 이 모든 것을 너희에게 더하시리라(마 6:33).

하나님 나라는 하나님의 통치이자 권세요, 그분의 임재가 우리 삶과 사회의 모든 틈새로 파고들며 확장되는 것을 말한다. 하나님은 믿는 자들이 그분의 정의와 자비와 진리를 선포하고 실천할 수 있도록 성령님의 권능을 부어주신다. 이를 헬라어 표현으로 보면 '**지속적인 과업**'을 의미한다.

"하나님 나라를 '**계속해서**' 구하라!"

그리스도인은 절대 이 과업을 그만두지 않는다. 그리스도인이 된다는 것은 무엇보다도 하나님 나라를 계속해서 찾는 것이다. 이 말씀은 현실에서 무슨 뜻일까? 이는 당신과 내가 아침에 눈을 떴을 때 우리 계획보다 하나님의 계획이 더 중요하며, 그렇게 될 때까지 감히 기도를 멈출 수 없다는 뜻이다. 우리는 단순히 우리의 영원한 운명에 대한 염려에서 벗어나 안도감을 느끼기 위해 구원받은 것이 아니다. 물론 이것도 사실이고 소중하지만 우리는 '지금 여기서' 하나님 나라의 일을 받아들이기 위해 구원받은 것이다.

> 그(그리스도)가 모든 사람을 대신하여 죽으심은 살아 있는 자들로 하여금 다시는 그들 자신을 위하여 살지 않고 오직 그들을 대신하여 죽었다가 다시 살아나신 이를 위하여 살게 하려 함이라(고후 5:15).

그리스도가 당신과 나를 위해 죽으셨기 때문에 우리는 자신을 위해 살지 않고 그리스도를 위해 살기 시작한다. 우리의 시간이나 재능 혹은 보물을 소유하지 않는다. 우리는 하나님 나라의 건설에 참여하기 위해 우리 자신과 우리가 가진 모든 것을 쏟아부어야 한다. 하나님이 우리를 어떤 직장, 어떤 가정, 어떤 공동체에 두셨든지, 당신이 건강하든 건강하지 않든, 넉넉하든 근근이 살아가든, 고독하든 지나치게 사교 활동이 많든 간에, 매일 매 순간을 하나님 앞에 기도로 올려드릴 때 삶은 가장 풍성하다.

"하나님의 사랑을 받아 그 사랑을 저들에게 쏟아붓게 하셔서 제가 매일 매 순간 하나님을 드러내게 하옵소서."

초대교회는 설교나 찬송으로 정의되지 않았으며 모든 신자가 받아들인 그 사명을 통해 확대됐다.

열매 맺는 삶

많은 사람들이 금지나 제한을 강조하는 '부정적' 믿음과 함께 성장했다. 교회에서 이런저런 것은 하지 말라거나, 이런저런 말은 하지 말라거나, 그런 곳은 가지 말라거나, 그런 생각은 하지 말라는 말을 들었다. 다시 말해 우리는 죄짓기를 원하지 않는다. 그러나 계속해서 무언가를 **하지 않는** 데만 집중한다면 우리는 인생이 끝나도록 **아무것도** 해내지 못할 것이다. 마치 산송장처럼 이 땅에서 사는 동안 아무것도 보여주지 못하는 신세가 될 것이다. 시신은 '죄'를 짓지 않는다. 그렇다면 시신이 하나님의 영광을 드러내는가?

예수님은 **열매 맺는 삶**을 **신실함**의 필수 요소로 정의하신다.

이에 (예수님이) 비유로 말씀하시되 한 사람이 포도원에 무화과나무를 심은 것이 있더니 와서 그 열매를 구하였으나 얻지 못한지라 포도원지기에게 이르되 내가 삼 년을 와서 이 무화과나무에서 열매를 구하되 얻지 못하니 찍어버리라 어찌 땅만 버리게 하겠느냐 대답하여 이르되 주인이여 금년에도 그대로 두소서 내가 두루 파고 거름을 주리니 이 후에 만일 열매가 열면 좋거니와 그렇지 않으면 찍어버리소서 하였다 하시니라(눅 13:6-9).

당신은 이렇게 물을지도 모른다.
"이게 독이 되는 사람들과 무슨 상관이람?"
전부 다 상관이 있다.

내가 가장 하고 싶었던 말이 바로 이 장의 내용이다. 이 장을 1장으로 하고 싶었지만, 편집자는 여기까지 기다려야 한다고 지혜롭게 조언했다. 이 책은 독이 되는 사람들에 대처하는 방법을 심리학적 관점이 아닌 영적 관점에서 설명한다. 이것은 당신을 독이 되는 사람들로부터 보호하는 것이 아니라(그것도 타당한 목표이긴 하다), 당신의 사명을 독이 되는 공격으로부터 보호하는 것에 더 가깝다.

우리 삶의 목적은 구체적인 과업을 성취하는 것이며, 구체적인 과업이란 '순종'과 '올바른 일'을 성취한다는 뜻이다. 하나님의 나라를 구하고, 하나님의 이름 안에서 열매를 맺고, 디도서 3장 14절의 표현처럼 '좋은 일'에 힘쓰는 것이다.

내가 만약 직원을 주유소에 보내면서 회사 차에 기름을 넣으라고 했는데, 그가 사무실에 돌아와 이렇게 말했다고 치자.
"○○씨와 재미있는 이야기를 했어요. 자동차 앞 유리도 닦았고요. 주차장에 있던 쓰레기도 주웠죠. 사무실 직원들에게 주려고 도넛까지 사왔어요."

하지만 그가 기름을 넣지 않았다면 진정으로 순종한 것일까? 그가 훌륭하고 고상한 행동을 했는지는 몰라도 그런 행동들이 가장 중요한 일을 방해했다. 그가 이런 말까지 한다면 설상가상이다.

"그러니 저를 자랑스럽게 생각하셔야 해요. 저는 도둑질도 하지 않고, 자동차로 누굴 치지도 않고, 누구를 험담하지도 않고, 거짓말도 하지 않았거든요."

"좋아, 그런데 자네, 주유는 했나? 그러라고 자네를 보냈거든."

하나님 나라를 먼저 구하라는 명령은 독이 되는 사람들에 대한 성경적 대응법의 기초다. 그리스도인이 아닌 사람들에게는 이 책이 실망스러울지도 모른다. 이 책은 하나님 백성이 하나님의 방식으로 하나님의 일을 성취하도록 돕는 데 중점을 두고 있기 때문이다. 이러한 관점에서 본다면, 독이 되는 사람들에 대한 대처법을 배우는 가장 중요한 목적은 우리의 기쁨이나 평안, 명예나 온전한 정신을 보호하는 것이 아니다(물론 이런 것들도 훌륭한 목표다). 우리의 **사명**을 보호하는 것이 가장 중요하다.

우리는 열매를 맺기 위해 구원받았고, 크고 거룩한 일을 위해 군대로 소집됐다. 형편없는 명분으로 우리의 모든 에너지와 수고를 빨아들이는 영악한 사람들 때문에 방해받을 시간이 없다. 독이 되는 사람들에게 우리 자신을 쏟아붓는 것은 마치 밑 빠진 독에 물 붓는 것과 같다. 열매 맺는 일을 방해하는 시간 낭비인 셈이다.

당신에게 주어진 하나님 나라의 사역은 매우 중요하다. 독이 되는 공격으로부터 스스로를 제대로 보호하기 위해 당신은 이 사실을 알고, 이 사실을 느끼고, 이 사실대로 살아야 한다. 당신이 하나님의 일꾼이라는 사실을 많은 사람들이 알지 못한다고 하더라도, 전쟁의 승리 배후에는 무명용사들의 알려지지 않은 희생이 있듯이 하나님 나라도 묵묵히 충성하는 종들의 기초 위에 세워진다.

우리 아들이 보스턴 컨설팅 그룹에서 근무했을 당시에, 고작 20대 중반 젊은이였던 그 아이는 합병 중인 두 군데 대기업 경영진과 매일같이 일했다. 한번은 아들이 집에 들렀을 때, 아내의 부탁으로 우리 부자는 그 잠재적 합병과 관련된 상점 중 한 곳에 물건을 사러 갔다. 아들과 함께 상점에 들어서자 이런 생각이 들었다.

'여기 점장이나 점원들은 우리 아들이 앞으로 자신들의 직장 생활에 얼마나 큰 영향을 미칠지 전혀 모르겠구나.'

아들이 한몫한 결정들이 머지않아 그들의 일상에 직접 영향을 주게 되겠지만, 아들은 배후에서 일하고 있었을 뿐 아니라 그렇게 큰 영향력을 미친 사람으로 보기에 너무 어렸다. 하지만 실제로 아들의 영향력은 대단했다.

포트 브랙(Fort Bragg, 미국 노스캐롤라이나 주에 있는 군사 기지. 여기에 소속된 이들은 대부분 특수부대에서 근무한다.-역주) 군인 부부들에게 강연해달라는 요청을 받았을 때 나는 조금 불안했다. 그들 중 누구라도 마음만 먹으면 말 그대로 10초 안에 맨손으로 나를 죽일 수도 있겠다는 생각이 들었기 때문이다. 게다가 강연이 시작되기 직전에 군목이 이렇게 말했다.

"여기 있는 사람들이 전부 신자라고 생각하시면 안 됩니다. 저 사람들은 신자가 아니지만 박사님이 신자라는 건 다 알죠. 그래서 한번 시도해보고 결과가 어떨지 지켜보기로 했습니다."

그 군인들을 다른 일상의 공간에서 사복 차림으로 보았다면 나는 그들 덕에 내가 얼마나 안전하게 보호받고 있는지 알 수 없었을 것이다. 우리의 자유를 수호하기 위해 그들과 그 가족들이 감내하는 희생과 인내는 우리의 상상을 초월한다. 그들 업무의 많은 부분은 공개되어서도 안 되고 공개될 수도 없으므로, 그들은 충분한 감사를 받을 수 없을 것이다(확실히 그들이 받는 급여 수준으로는 충분하지 않다). 그러나 그들의 사명은 우리 정부의 미래에 매우 중요하다. 하나님 나라의 종들은 내 아들이나 특수부대 요원들과 같다. 그들(당신)은 이 세상 그 누가 알아차릴 수 있는 것보다도 훨씬 더 큰 영향력과 권위를 행사한다.

선출직 공무원이 아닌 단순한 '보좌관'임에도 형편없는 입법 한 건을 저지하거나 현명한 입법 한 건을 통과시키는 데 중요한 역할을 할 때… 일자리가 절실하게 필요한 젊은이에게 기회를 줄 때… 하나님을 사랑하고 공경하고 섬기는 가정을 충실하게 꾸릴 때… 오랜 투병 생활을 하는 누군가의 곁을 지켜줄 때… 파괴적인 행동을 한 사람이 자신의 행동에 책임을 지고 은혜를 의지하도록 도우며, 그를 공동체로 초대하여 그릇된 행동을 부추기는 수치심과 자기혐오를 극복하도록 이끌 때… 우리의 신앙과 그 믿음의 이유를 누군가에게 조용히 겸손하게 공유할 때… **우리는 하나님 나라를 앞당기고 있는 것이다. 천국에 영광을 더하고 있는 것이다. 영원히 전해질 이야기를 쓰고 있는 것이다.**

우리의 '보이지 않는' 일이 얼마나 중대한지는 하나님만이 아시지만, 예수님이 "나중 된 자로서 먼저 되고 먼저 된 자로서 나중 되리라"(마 20:16)고 분명히 말씀하셨기에 우리는 죽고 나서 누가 가장 유명한지 비교할 때 뜻밖의 일을 기대할 수 있다.

주 안에서 헛되지 않은 수고

이 세상은 하나님 앞에 있는 당신의 사명에 보상하지 않을 것이다. 오히려 그 반대일 가능성이 크다. 실제로 모든 선행은 독이 되는 공격에 포위되곤 한다. 중요한 일일수록 더 많은 공격을 예상할 수 있다. 그러므로 당신의 일을 완수하기 위해서는 그런 공격을 인지하거나 무력화하거나 거기서 물러나는 법을 배워야 한다. 즉, 수비하는 방법을 배워야 한다.

에이브러햄 링컨(Abraham Lincoln)은 끊임없는 인신공격을 마주하면서 늘 큰 긴박감을 가지고 살았다. 링컨이 개인적으로 쓴 글들을 보면 그가 하나님 앞에 놓인 자신의 운명이 민주주의라는 비교적 새로운 실험을 지키는 것이라고 믿었음을 분명히 알 수 있다. 그 당시 미국은 독립을 선언했고 그 어떤 진정한 민주주의도 존재하지 않았다. 미국은 무언가 새로운 것을 시도하고 있었지만 쉽지는 않았다.[***] 링컨은 세계 최대의 민주주의 국가를 온전히 지키기 위한 싸움이 가치 있다고 믿었지만, 그 갈등의 대가(수십만의 군인이 전사했다)는 너무 커서 그는 온갖 비난과 조롱과 도전을 받았고 거의 그만두라는 이야기를 들을 정도였다. 하지만 그는 이렇게 반응했다.

"나에게 쏟아지는 모든 공격을 내가 이해하려 한다면, 하물며 거기에 대답하려 한다면, 이 가게는 문을 닫고 다른 장사를 하는 편이 낫다. 나는 내가 아는 한 최선, 내가 할 수 있는 바로 그 최선을 다한다. 그리고

[***] 나는 미국을 진정한 민주주의 국가보다는 공화국으로 설명하는 것이 좀 더 정확하다고 인정한다. 하지만 우리 정부의 시스템은 최악의 민주주의 성향으로부터 보호하기 위해 노력하는 한편, 최고의 민주주의 원리에 기반한다.

마지막까지 쭉 그렇게 할 것이다."²⁾

오늘날에는 전 세계 192개 국가 중 123개 국가가 민주주의라고 주장한다(물론 실제로 그러한지 아닌지는 논쟁의 여지가 있다). 에이브러햄 링컨은 독이 되는 사람들에게서 끔찍한 대접을 받았지만 그가 후세에 남긴 유산, 그가 이룬 업적, 국민이 서로 격렬히 반목하는 상황에서도 민주주의를 하나로 응집하는 것이 가능함을 보여준 그의 능력은 극적으로 세계 역사를 형성했다.

당신의 사명은 눈에 잘 띄지 않을 수도 있다. 어딘가에 기록되거나 평가되지도 않을 것이다. 그러나 하나님이 보시기에는 매우 긴급하고 가치 있는 일이다. "그러므로 내 사랑하는 형제들아 견실하며 흔들리지 말고 항상 주의 일에 더욱 힘쓰는 자들이 되라 이는 너희 수고가 주 안에서 헛되지 않은 줄 앎이라"(고전 15:58).

방어가 목적은 아니다

에이브러햄 링컨이 그랬던 것처럼 당신도 하나님이 주신 사명을 시작할 때 반대 세력, 즉 독이 되는 사람들이 활동을 시작한다는 것을 알게 될 것이다. 이것이 내가 맨 처음 대중 사역에 입문했을 때 처음 겪은 인신공격의 강도에 깜짝 놀라며 배운 교훈이었다. 나는 의도적으로 누군가에게 상처를 주고 싶지 않다. 그건 진심이다. 나는 하나님 앞에서 그분의 은혜로 "사랑은 이웃에게 악을 행하지 아니하나니"라고 가르치는 로마서 13장 10절을 따라 살려고 애쓴다. 실제로도 나는 의도적으로 누군가에게 말로나 다른 방법으로 상처를 준 적이 거의 없다(있더라도 언제였는지 기억이 잘 나지 않을 정도다).

그런데 사람들의 공격을 받게 되었을 때 나는 다소 충격을 받았다. 나는 성경에 보수적으로 접근하는 편이라서 읽히는 그대로의 의미, 특히 교회가 역사 내내 간직해온 의미를 우리가 받아들이고 추구해야 한다고 생각하는 편이다. 안타깝게도 사람들은 자신이 원하는 바에 대해 성경이 이의를 제시하는 것처럼 보이면 그 대목을 '의도적으로 왜곡되게' 해석하곤 한다. 때로는 고의로 보이는 허위 진술도 하는 듯하다.

나는 사람들이 나에 대해 거짓말을 했고 또 할 것이라는 현실을 맞닥뜨려야 했다. 사람들은 문맥에서 몇 문장만 잘라내고 이야기를 편집하여, 내가 성경에 대해 언급한 부분들을 왜곡했다. 그리고 그 내용을 몽땅 온라인 서점 독자평이나 블로그에 올리려 했다.

그럴 땐 대부분 그저 반응하지 않는 것이 최선인데, 그걸 깨닫기까지 오랜 시간이 걸렸다.**** 사명과 관련하여 내가 내린 결론은 다음과 같다. 내 삶의 첫째 목표는 '나'를 방어하는 것이 아니다. 누군가가 나를 어떻게 평가하든 그 평가는 그들의 영적 운명에 영향을 미치지 않는다. 누군가 나에 대해 1분 동안 거짓말을 한다면, 나는 다른 사람들에게 예수 그리스도에 대한 진리를 말하는 데 1시간을 사용하고 싶다. 아무리 나 자신을 방어하기 위해서라고 해도 소명에 집중하던 마음이 흐트러지는 것을 원하지 않는다.

왜인가?

**** 물론 배우자가 양육권 분쟁 중에 자신의 명성을 지켜야 한다거나 그와 유사한 상황일 때 예외로 할 수 있다.

하나님 나라가 내 나라보다 중요하기 때문이다. 훨씬 더 중요하다. 자질구레한 일들에 **낭비할 시간이 없다.** 예수님은 제자들에게 "때가 아직 낮이매 나를 보내신 이의 일을 우리가 하여야 하리라"(요 9:4)고 말씀하셨다.

이러한 사명감이 없다면 나는 (때로 과거에 그랬듯이) 엄청난 시간과 에너지를 낭비할 것이다. 내 나라나 명성이나 평안이 아니라 하나님 나라를 먼저 구하라는 마태복음 6장 33절을 제대로 이해한다면, 가장 중요한 삶에서 벗어나지 않고 계속해서 살아갈 수 있다.

나는 이 책을 통해 당신이 독이 되는 사람들과의 '상상 속 논쟁'이나 인터넷상의 'SNS 전쟁'에 휘말리지 않는 법을 배우기 바란다. 기민한 사명감으로 무장해 하나님의 영광을 선포하는 데 에너지를 집중한다면 (항상은 아니더라도) 자신의 명성을 지키는 것이 시간 낭비임을 깨닫게 될 것이다.

마지막 경고

이 책이 사명에 관한 논의에 뿌리를 두고 있는 까닭은 의도적이며 결정적이다. 그렇지 않으면 이 책을 잘못 이해하거나 파괴적인 목적으로 사용할 수 있기 때문이다. 우리의 사명은 독이 되는 사람들을 찾아내어 무찌르는 것이 아니다. 대부분의 경우, 우리가 그들보다 높은 직위에 있지 않은 한, 우리가 할 일은 그들을 무시하여 다른 사람들을 사랑하라는 우리의 사명을 방해받지 않는 것이다. **사명**에 집중해야 한다. 독이 되는 사람들은 우리가 피해야 할 방해거리일 뿐이다. 유명한 소설가이자 철

학자인 올더스 헉슬리(Aldous Huxley)는 이렇게 경고한다.

자기 안에 있는 하나님을 **위해서**가 아니라, 다른 사람들 안에 있는 악마에 **대항하여** 개혁 운동에 참여하는 사람들은 절대로 세상을 더 나은 곳으로 만들 수 없다. 상황을 이전보다 더 악화시키거나 잘해봐야 현상 유지를 할 뿐이다. 우리의 의도가 아무리 훌륭하다 하더라도, 우리는 주로 악을 생각함으로써 악이 스스로 모습을 드러낼 기회를 만드는 경향이 있다. … 하나님을 **위하기**보다 악마에 더 **대적하는 것**은 굉장히 위험하다. 모든 개혁 운동가는 미치기 쉽다. 그는 사악함에 사로잡혀서 그것을 적의 탓으로 돌리지만, 어느 정도는 자신의 일부가 된다.[3]

그리스도인들은 아낌없이, 심지어는 희생적으로 사랑하라는 부르심을 받았는데 여기에는 아주 까다로운 사람들을 사랑하는 것도 포함된다. 독이 되는 사람들을 막기 위해 그들을 색출하고 상대하는 것이 당신의 할 일이라고 생각한다면 당신은 이 책의 전체적인 핵심을 놓치는 것이다. 원래 이 책의 부제는 '독이 되는 사람들에게 굴복하지 말고 하나님을 섬기라'였다. 섬김이 우선이고, 나머지 모든 것은 거기서부터 흘러나온다.

어딘가를 가려고 고속도로를 달리고 있다면 길 위에 쓰레기가 떨어져 있더라도 멈추지는 않을 것이다. 하지만 무언가 길을 막고 있다면 차를 세우고 차에서 내려 그것을 치울 것이다. 독이 되는 사람들을 대하는 태도가 그래야 한다. 가능하면 그들을 하나님의 손에 맡기자. 반드시 해야 한다면 그들과 맞서 치워버리라. 하지만 먼저 하나님 나라를 구하는 것이 늘 당신의 초점이 되어야 한다.

요점 정리

- 예수님과 그분의 제자들은 하나님의 일을 수행하는 데 필요한 **긴급함**을 이야기했다.

- 오늘날 교회에는 먼저 하나님 나라를 구하라는 예수님의 부르심을 끌어안는 일꾼이 가장 많이 필요하다.

- 하나님 나라를 먼저 구한다는 것은 하나님의 계획을 우리의 계획보다 중요하게 여긴다는 뜻이다. 우리는 이 세상에서 우리의 직업이나 신분과 관계없이, 우리 소유와 우리 자신을 그분을 섬기는 일에 드려야 한다.

- 예수님은 열매 맺는 삶을 충실함의 필수 요소라고 정의하신다. 우리는 죄를 피하는 데만 집중할 것이 아니라 적극적으로 선을 행해야 한다.

- 이 책의 목적에 따르면, 독이 되는 사람들을 다루는 방법을 배우는 것은 우리 자신을 방어하는 것보다는 우리의 사명을 지키는 방법을 배우는 것이다.

- 이 세상에서 '가장 조용하게' 사역하는 사람들이 천국에서 가장 화려한 축하를 받을 것이다.

- 우리는 하나님을 섬긴다는 이유로 공격을 당하게 될 텐데, 마음이 산만해지는 것을 피해야 한다. 대부분의 경우, 우리가 할 일은 자신을 방어하는 것이 아니다. 하나님의 계획을 성취하는 데 초점을 맞추어야 한다.

- 독이 되는 사람들은 스스로 모습을 드러내므로 그들을 찾아 나설 필요가 없다. 우리는 독이 되는 사람들을 폭로하고 파괴하는 부정적인 일에 힘을 쏟을 게 아니라 하나님 나라를 먼저 구하는 긍정적인 일 위에 우리 삶을 세워야 한다.

7장
우선순위를 생각하라

나는 워싱턴 주 벨링햄에 있는 웨스턴워싱턴대학교에서 공부했는데, 그곳의 훌륭한 사역 조직인 캠퍼스 크리스천 펠로십(Campus Christian Fellowship)에 영원히 감사할 것이다. 웨스턴워싱턴대학교의 브래디 바빙크(Brady Bobbink) 교목은 디모데후서 2장 2절("또 네가 많은 증인 앞에서 내게 들은 바를 충성된 사람들에게 부탁하라 그들이 또 다른 사람들을 가르칠 수 있으리라")을 암송하지 못하는 학생은 졸업을 시키지 않았다.

우리는 세상을 '디모데후서 2장 2절화'하는 것에 대해 이야기를 자주 나눴다. 바빙크 목사님은 투자할 만한 충성된 사람들을 찾아 그들이 가르칠 자격을 갖추도록 돕는 데 초점을 두면서 복음 전도와 제자 훈련 사역에 집중했다. 열여덟 살이던 나는 다른 사람들에게 투자할 무언가가 내 안에 많은지 확신할 수 없었지만 목사님은 하나님 나라 신학을 활용하여 그 사명을 설득력 있게 심어주었다.

"네게 아직 없는 것에 대해 염려하지 말라. 하나님이 네게 주신 것이 무엇이든 그것을 베풀라."

나는 충성된 사람들을 찾는 일을 멈추어본 적이 없다. 2010년에 휴스턴에 도착하고 얼마 되지 않아 나는 기독교 신앙에 대한 변증문을 쓰고 있던 어느 고등학생에게서 메시지를 받았다. 무척이나 야심 찬 일을 이 애송이는 정말로 해내고 있었다. 그 젊은 친구와 나는 그의 남은 고등학교 시절과 대학 시절 그리고 이후 영국 유학을 거쳐 휴스턴으로 돌아와 사업을 시작하게 될 때까지 함께했다. 휴대전화에 그의 이름이 뜨면 나는 아주 급한 일을 하고 있지 않은 한 전화를 받는다. 내가 그 젊은이에게 헌신하는 이유는, 그가 다른 사람들을 가르칠 만큼 자격이 있고 믿음직스럽기 때문이다.

결혼 콘퍼런스에서 한창 강연할 때, 어떤 부부가 아내와 나를 점심에 초대했다. 부부는 댈러스에 사는데, 남편 마크는 사업차 한 달에 한두 번씩 휴스턴을 찾는다. 그는 자신이 휴스턴에 올 때마다 멘토링을 해줄 수 있느냐고 물었는데, 나는 교회에서 진행 중인 일들과 외부 기고 및 강연 때문에 긍정적인 대답을 하지 못했다. 하지만 한 달에 한 번씩 그와 만나서 함께 조깅을 하기로 했다. 나는 그 사람에 대해서 아는 것이 별로 없었고, 멘토링은 내가 아직 전념할 준비가 되지 않은 진지한 일이었다.

함께 달리면서 그는 특정 분야 사람들을 격려하고자 하는 자신의 비전을 들려주었다. 우리는 그가 사역을 시작하기에 앞서 준비해야 할 것이 무엇인지 격의 없이 이야기했다. 그러고서 2년쯤 지난 후, 그는 전직 네이비실(Navy Seal, 미국 해군 엘리트 특수부대-역주) 대원에게서 받은 충고를 언급했다. 전투에 나서기 전에 '다이아몬드 대형'을 준비해야 한다는 것이었다.

나는 기꺼이 그의 '다이아몬드 대형'이 되어주겠다고 말했다. 왜냐하면 이 사람이야말로 하나님이 바로 사용하실 수 있고 또 사용하실 충성된 사람이라는 확신이 있었기 때문이다. 몇 년을 친구로 지내오며 그가 믿을 만한 사람인지 확인한 이후로 나는 그의 사역을 감독하는 영적인 일도 기꺼이 감당하겠다는 마음을 갖게 되었다.

예수님이 그분의 제자를 선택하셨듯이, 우리도 우리의 제자를 선택해야 한다. 목회자인 나는 상처받은 사람들, 특정한 문제를 해결하거나 설교 혹은 성경적 적용 방법을 이해하는 데 도움이 필요한 사람들과 많은 시간을 보낸다. 하지만 내가 보통의 우정을 넘어서서 더 많은 시간과 생각을 누군가에게 할애한다면, 그것은 디모데후서 2장 2절 상황에 맞닥뜨렸기 때문이다.

우리는 우리가 투자할 사람들을 찾아야 한다. 충성된 사람들을 발굴하고 하나님 나라의 사역을 하느라 이미 꽉 찬 일정을 소화하고 있다면, 시간만 잡아먹고 독이 되는 방법으로 주목받기 원하는 사람을 거절하기가 훨씬 쉽다. 좋은 일을 하느라 이미 바쁘다면, 그보다 덜 생산적인 만남을 거절하는 데 그리 큰 죄책감을 느끼지는 않을 것이다.

최고와 최선의 노력을 충성된 사람들에게 우선적으로 투자하는 것은 개인적인 취향의 문제가 아니라 성경적 부르심이다. 물론 하나님을 따르는 우리는 사랑하라는 하나님의 말씀에 하루 스물네 시간 언제나 열려 있다. 선한 사마리아인은 강도를 당한 여행자가 믿을 만한 사람인지 확인하지 않았다. 우리는 모든 사람에게 관대하기를 원하지만 예수님처럼 **소수에게 집중해야 한다.** 예수님은 사람들을 고치고 섬기신 다음, 은혜를 입은 그들을 집으로 돌려보내셨다.

나는 당신이 독이 되는 사람들을 어떻게 다루어야 할지 고심하기에 앞서, 얼마나 많은 충성된 사람들에게 투자하고 있는지 묻고 싶다. 내 의도는 힘겨운 인간관계에서 누구를 끄집어내려는 것이 아니다. 사람들을 건전한 제자도의 관계로 이끄는 것이야말로 나의 첫 번째 우선순위다. 내가 독이 되는 사람들을 피하고 그들과의 접촉을 제한하는 법을 배운 이유는 귀찮은 일을 피하고 싶어서가 아니다. 그리스도인이라면 누구나 **다른 사람들을 사랑함으로써** 하나님을 사랑하라는 부르심을 받았고 그런 의미에서 '번거로운 일'을 겪기 마련이다.

나는 독이 되는 사람들과의 접촉을 제한한다. 왜냐하면 나는 하나님의 교회를 성장시키는 일에 헌신했고, 그러려면 다른 사람들을 가르칠 자격이 있는 충성된 사람들을 찾아서 그들의 영적 안녕에 충분한 시간을 투자할 수 있어야 하기 때문이다.

내가 이 일을 사사로이 할 수 있을까? 우리 딸아이 하나는 전국을 돌면서 여러 교회에 몸담았다. 그 아이가 겪은 가장 가슴 아팠던 일은 (나 같은) 남자 목회자가 대개 젊은 남성을 고용하는 반면, 젊은 여성은 마치 그들이 존재조차 하지 않는 것처럼 대접한다는 것이다(젊은 여성은 그저 주일학교 자원봉사를 요청받는다고 한다). 당신이 나이 든 여성이라면(30대라 하더라도 20대 여성보다는 나이가 든 것이다) 다른 여성을 날개 아래 품고 투자하라. 그것은 정말 큰 의미가 있는 일이다.

당신이 특별한 전문직에 종사하는 여성이라면 함께하는 기회를 중시할 동종 분야의 젊은 여성들을 찾아보라. 학계에 있다면, 전업 주부로 육아에만 전념하고 있다면, 미혼인 채 사업에 열중하고 있다면, 유사한 길을 걷는 젊은 여성들을 찾아 그들에게 손을 내밀라.

그들이 반드시 당신과 똑같은 직업군에 있어야만 하는 것은 아니다. 나와 함께하는 몇몇 사람들은 목회 사역을 하지 않을 것이다. 하지만 그들은 하나님을 사랑한다. 그들은 기도하는 법을 알아가며 하나님을 더 이해하기 원한다. 나는 우리와 완전히 똑같은 일을 하거나 하려는 사람들에게만 투자해야 한다고 말하는 게 아니다. 하나님을 향해 비슷한 길을 가는 누군가를 찾아 그들에게 손을 내밀라는 것이다. 당신을 활용할 수 있게 내어주라.

여기서 우리가 말하는 접근법은 일을 **덜** 하는 방법이 아니라 좀 더 **효율적으로**, 좀 더 **전략적으로** 일하는 방법이다. 7세기 동방정교회에서 가장 널리 사용된 수도 생활 지침서를 썼던 요한 클리마쿠스는 우리가 지금까지 말한 내용을 다음과 같이 아름답게 정리한다.

> 불신자나 이단자들과 갈등을 겪을 때는 그들을 두 번 꾸짖은 후에 그만두어야 한다(딛 3:10 참고). 그러나 간절히 진리를 배우려는 사람들을 대할 때는 선한 일을 행하되 지쳐서는 안 된다(갈 6:9 참고). 그리고 우리 자신의 충성심을 시험하기 위해 두 상황을 모두 활용해야 한다.[1]

우리는 독이 되는 사람들을 거절하는 법을 배워서 충성된 사람들에게 긍정적으로 대답할 수 있다.

예수님의 충성된 사람들

바울은 세상을 디모데후서 2장 2절화하는 방법에 대해 말로 설명했지만 예수님은 몸소 그 본보기를 보여주신다. 예수님은 부유한 젊은 관원을 떠나보내고는 그를 좇지 않으시고, 자신의 충성된 사람들인 제자들에게 가서 방금 일어난 일을 설명해주셨다.

더 극명한 사례는 최후의 만찬 중에 일어난다. 예수님은 자신을 배반하러 떠나는 유다를 만류하지 않으셨다. 만약 만류하셨다면 주님의 충성된 열한 제자는 유다를 땅바닥에 납작 엎드리게 하여 떠나지 못하게 했을 것이다. 하지만 오히려 예수님은 유다를 보내다시피 하신다.

"네가 하는 일을 속히 하라"(요 13:27).

그다음 벌어진 일에 주목하라. 유다가 떠나자마자 예수님은 성경 말씀 가운데서도 가장 귀하고 능력 있는 말씀을 전하신다. 예수님은 영광을 입은 인자에 대해 들려주시고, 자신이 떠날 것이라고 제자들에게 말씀하신다(그리하여 제자들은 그 사건 이후 무슨 일이 일어났는지 알 수 있게 된다). 그리고 나서 다음과 같이 사랑에 대한 아름다운 말씀을 시작하신다.

"새 계명을 너희에게 주노니 서로 사랑하라 내가 너희를 사랑한 것 같이 너희도 서로 사랑하라 너희가 서로 사랑하면 이로써 모든 사람이 너희가 내 제자인 줄 알리라"(요 13:34-35).

이후에 예수님은 제자들이 지금 당장 그분을 따를 수는 없겠지만 결국에는 따르게 될 것이라 말씀하며 그들을 위로하셨다. 그들이 곧 슬픔에 휩싸일 것을 아셨기 때문이다. 예수님은 제자들에게 마음에 근심하지 말라고 말씀하시고, 자신이 "길이요 진리요 생명"(요 14:6)임을 발견할 수 있는 통찰력을 주시며, 자신은 단순한 선지자가 아니라 하나님의 성육신("나를 본 자는 아버지를 보았거늘"[요 14:9])이라고 분명히 말씀하신다. 그런 다음에는, 성령님을 보내실 것과 열매 맺는 비결(포도나무와 가지)을 비롯하여 **더 많은 것**을 이야기하신다.

독이 되는 한 사람을 포기하고 나서 이 세상에서 최고로 강력한 가르침의 물꼬가 트였다. 이 말씀들은 그 능력과 위엄, 진리에서 산상수훈과 맞먹는다.

예수님은 독이 되는 사람 하나가 독이 되는 행동을 하도록 내버려두고, 그분의 충성된 사람들에게 가서 그들을 진리로 충만하게 하신다. 마치 남아 있는 충성된 사람들의 생각과 마음에 아낌없이, 강력하게 투자하고 싶어 독이 되는 사람을 얼른 보내버리고 싶어 하시는 것처럼 보이기까지 한다.

투자할 만한 사람을 알아보라

로자리아 버터필드(Rosaria Butterfield)는 1990년대 시러큐스대학에서 영문학과 여성학을 가르쳤다. 그녀의 주요 분야는 비평 이론으로, 특히 퀴어 이론에 정통했다. 로자리아는 성 소수자 학생 집단에 조언을 하기도 했고, 시러큐스대학의 동성 커플 정책을 만들었으며, 자신의 동성 상대와 함께 성 소수자들의 권익을 위해 활발히 영향력을 행사했다.[2]

그녀는 1997년에 종교적 권리와 '나 같은 사람들에 대한 그들의 증오 정치'를 연구하기 시작했다. 그러던 어느 날 그리스도인 남성 사역 단체 프로미스 키퍼스(Promise Keepers)를 공격하는 글을 기고하고 난 후에 동네 목사 켄 스미스의 연락을 받았다. 켄은 로자리아의 글에 시비를 걸거나 공격하지 않고 그저 이렇게 부탁했다.

"그 기사를 뒷받침하는 전제 조건을 탐색하고 변호해주십시오."[3]

호기심에, 그리고 무엇보다도 연구를 위한 목적으로 로자리아는 '남자처럼 자른 머리 스타일과 차에 붙은 동성애 및 낙태 합법화 찬성 스티커를 의식하며'[4] 켄의 저녁 식사 초대에 응했다. 켄 부부의 환대(그들은 에어컨을 켜지 않고 채식을 대접했는데, 이는 로자리아에게는 굉장히 중요한 두 가지 문제였다)는 로자리아가 이후 2년 동안 예수님께 다가가게 된 시발점이 됐다.

켄의 겸손한 식전 기도가 로자리아를 무장 해제시켰지만 기도가 끝나자마자 그녀는 다시 철벽 방어를 시작했다.

나는 숨을 멈추고 지독하게 모욕적인 한 방을 얻어맞을 준비를 하고 있었던 것 같다. 그 당시에 나는 하나님은 죽었다고 믿었다. 만약 하나님이 살아 있다면 빈곤, 폭력, 인종차별, 성차별, 동성애 혐오, 전쟁 같은 현실은 하나님이 자신의 창조 세계에 관심이 없다는 증거라고 생각했다. 마르크스의 표현대로 종교는 대중의 마약이며, 지적장애인들의 실존적 불안을 달래기 위해 만들어진 제국주의자들의 사회적 구성이라고 믿었다.[5]

켄 부부는 식사와 대화를 통해 로자리아와 지속적으로 만났는데, 로자리아의 집에서도 여러 차례 만났다. 그리고 실제로 그녀를 교회로 초대하기까지 2년을 기다렸다. 로자리아는 만약 이들 부부가 서둘러 교회로 초대했다면 "난 마치 절벽 아래로 내달리는 스케이트보드처럼 달려가 다시는 돌아오지 않았을 것이다"라고 말한다.[6]

켄 부부의 정성 어린 환대는 로자리아의 세 번째 저서 *The Gospel Comes with a House Key*(포스트모던 세상에서 급진적인 손 대접 실천하기)[7]의 기초가 됐다. 로자리아는 그리스도인이 됐을 뿐 아니라 작가와 강연자요, 다양한 프로그램에 손님으로 초대되어 기독교 공동체에서 독특한 목소리를 내게 됐다.

그녀의 이야기는 초기의 거절이 반드시 '독'이 되지는 않는다는 점을 확실히 보여준다. 주목하라. 예수님도 상대의 첫 거부 반응에 항상 돌아서신 것은 아니었다. 예수님은 그 사람이 '왜' 거부하고 그렇게 반응하는지 이해하셨다. 그 이유가 독이 되지 않는다면 예수님은 물러서기보다 오히려 그 사람에게 **다가가셨다**.

예를 들어 예수님이 물고기로 기적을 행하신 후에 시몬 베드로는 그분의 무릎 아래에 엎드려 "주여 나를 떠나소서 나는 죄인이로소이다"(눅 5:8)라고 말했다. 베드로의 거부는 두려움과 수치심에서 비롯됐다. 예수님은 그를 떠나기는커녕 이 충성된 사람, 다른 사람들을 가르칠 자격이 있는 그에게 이렇게 말씀하신다.

"무서워하지 말라 이제 후로는 네가 사람을 취하리라 하시니 그들이 배들을 육지에 대고 모든 것을 버려 두고 예수를 따르니라"(눅 5:10-11).

그들이 배를 육지에 대고 예수님을 따른 것에 주목하라. 베드로를 따라서 야고보와 요한도 "모든 것을 버려두고 예수를 따랐다." 예수님은 베드로에게 다가감으로써 다른 많은 사람들에게도 다가가실 수 있었다.

로자리아 버터필드의 배경을 통해 이유를 짐작할 수 있듯, 그녀는 교회를 희망의 등불이 아닌 위협으로 바라보는 많은 사람들의 삶에 특별하게 다가갔다. 지혜롭고 끈기 있는 켄의 접근법은 엄청나게 가치 있는 하나님 나라의 투자임이 입증됐다. 우리가 누군가의 초기 거부를 보고 그들이 '충성되지 않거나 다른 사람들을 가르칠 자격이 없다'고 간주한다면 얼마나 슬픈 일이겠는가!

켄은 로자리아가 독이 되지 않으며 투자할 만한 가치가 있는 사람이란 것을 어떻게 알았을까? 사람들은 켄과 로자리아의 첫 대화가 불꽃이 튀었으리라고 예상할지도 모르지만 둘 다 그렇지 않았다고 말한다. 켄은 "로자리아와 나, 두 사람 모두 용인과 승인을 구분할 줄 알았다"라고 강조한다. 로자리아는 분명 '도덕적 다수'를 공격했지만 켄은 그것을 사적으로 받아들이지 않고 오히려 이렇게 응수했다.

"맞아요, 그런데 **예수님**은 어떤 분일까요?"

로자리아는 이렇게 회고한다.

"켄은 내가 던진 미끼를 절대 물지 않았고, 나는 논객이 아니다. … 우리는 언제나 정말 훌륭한 대화를 나누었다."[8]

우리가 지금껏 이야기한 '독이 되는' 거부자와 그 순간의 로자리아가 구별되는 점은 만남을 이어가려는 열린 마음이었다. 켄은 자신이 로자리아에게 접근한 진짜 목적은 로자리아의 학생들에게 접근하기 위해서였다고 거침없이 인정한다. 그는 시러큐스대학의 젊은 학생들이 기독교 신앙에 대한 정당한 옹호를 들을 기회를 얻게 되길 바랐다. 그러나 로자리아는 그 기회를 주려 하지 않았다. 오히려 그녀는 켄에게 자신을 학생으로 삼아 "왜 이 책(성경)이 사실인지" 상세하게 설명해달라고 요청했다.

누군가 당신을 활짝 열린 문 앞으로 데려간다면 걷지 말고 '달려가라!' 켄은 로자리아에게 다가갔고 그럼으로써 그녀의 믿음과 지혜와 통찰력에 감동한 수많은 사람들에게 다가갈 수 있었다.

만약 당신이, 당신의 믿는 바를 전부 반대하는 것 같으면서도 그 이유를 듣고 싶어 하는 누군가와 함께하고 있다면, 그리고 그와 생산적인 대화를 이어가고 있다면(즉 당신은 그들의 입장에도 귀를 기울이고 이해하려고 노력해야 한다), 당신은 디도서 2장 2절과 마태복음 6장 33절의 요구 사항을 정확히 실천하고 있는 것이다.

의견 불일치가 독이 되지는 않는다. 독성은 사람의 마음과 정신 상태에 말을 건다. 로자리아는 조금은 적대적이었지만, 적대감만으로는 증오를 사랑하고 귀를 막고 당신을 넘어뜨리려고만 하는 '통제적이고 살기 넘치는' 성격의 단계에 이르지 않는다. 진정으로 예수님의 발자취를 따르는 사람이라면 **독이 되는 만남에서 벗어나려 노력함으로써 충성된 사람들을 향해** 걸어갈 수 있을 것이다.

> 요점 정리

- 순종하는 그리스도인의 삶이란 하나님에게서 받은 우리의 모든 것을 투자할 만한 '충성된' 사람들을 찾는 삶이다.

- 방어 태세를 취하고 독이 되는 사람들을 피하는 법을 배우는 것은 우리 자신의 즐거움을 위한 시간을 확보하는 게 아니다. 그보다는, 좀 더 효율적이고 전략적으로 하나님 나라를 먼저 구하는 법을 배우는 것이다.

- 예수님은 독이 되는 사람을 떠나보내고 (그 사람의 뒤를 쫓아가는 대신) 충성된 사람들을 가르치는 데 시간을 투자하는 실천의 모범을 보이신다.

- 켄과 로자리아의 우정은 거부와 의견 불일치를 독성과 동일시해서는 안 된다는 것을 가르쳐준다. 그 관계가 생산적인 성격을 지닌 이상, 이것이야말로 사역의 핵심이다.

- 예수님은 어떤 사람을 피하기로 마음먹기 전에 그가 거부하는 **이유**를 분별하셨다.

8장
돼지에게 진주를 던지지 말라

 온유에 대해 설교할 때면, 나는 회중 가운데 누군가는 다음과 같은 질문을 하고 싶어서 예배가 끝나자마자 벌떡 일어나 내게 서둘러 올지도 모르겠다고 생각하곤 한다.
 "하지만 예수님도 성전에서 돈 바꾸는 사람들의 상을 엎으셨잖아요?"
 성경은 온유함이 예수님의 특징이었다는 사실을 분명히 한다. 구약성경은 메시아가 온유하실 것이라고 예언했다(슥 9:9; 마 21:5). 예수님은 단 두 가지 덕목(온유, 겸손)만으로 스스로를 묘사하셨는데, 그중 하나가 온유다(마 11:29). 예수님의 생애와 사역을 직접 목격한 초대교회 사람들은 예수님을 떠올릴 때면 그분의 온유함을 떠올렸다(고후 10:1). 성경이 예수님을 온유한 분으로 예언하고 예수님도 자신을 온유하다고 묘사하시고 초대교회도 예수님을 온유한 분으로 기억했으므로 나는 우리도 온유함을 추구해야 한다고 설교하는 것이 꽤 설득력 있다고 생각한다.

하지만 돈 바꾸는 사람들이 나오는 장면은 어쩐다?

사실 이 장면은 예수님의 온유함을 부정하고 있는 건 아니다. 가령 부모가 항상 고함을 지르면 아이는 부모를 무시하는 법을 배운다. 그러나 평소에 조용한 부모가 목소리를 높이면 아이는 귀를 쫑긋 세우고 집중하게 된다. 마찬가지다. 우리가 이 사건을 의아하게 생각하는 이유는 이것이 예수님의 정상적인 행동 방식처럼 보이지 않기 때문이다. 이 장면은 사복음서 모두(마 21:12-13; 막 11:15-17; 눅 19:45-46; 요 2:13-22)에 기록된 몇 안 되는 예수님의 행동 중 하나라는 점을 기억하라. 예수님에 대해 특별히 기억할 만한 무언가가 이 본문에 담겨 있다. 온유 같은 덕목이 언제나 절대적이지는 않다. 아마도 잠언 26장 4-5절에 이에 대한 가장 유명한 사례가 나올 것이다.

> 미련한 자의 어리석은 것을 따라 대답하지 말라 두렵건대 너도 그와 같을까 하노라 미련한 자에게는 그의 어리석음을 따라 대답하라 두렵건대 그가 스스로 지혜롭게 여길까 하노라(잠 26:4-5).

어느 쪽인가?

지혜를 활용하는 것은 방어 운전과 같다. 사고를 피하려고 브레이크를 밟아야 하는 경우가 있는가 하면, (빈도는 훨씬 낮지만) 가속 페달을 밟아 속도를 올려 위험을 피하는 것이 상책인 경우도 있다. 예수님은 대개 온유하셨지만 강한 사람들은 이를 좀처럼 인정하려 하지 않는다. 예수님은 때로 전략적으로 대립을 일삼았지만 소심한 사람들은 이를 모른 척하는 경향이 있다. 예수님은 자신을 해치려는 수많은 독이 되는 사람들로부터 몸을 피했지만 십자가를 피하지는 않으셨다.

사실 우리는 대개 자신이 담당하는 **일**보다 자신의 **기질**을 미덕으로 여긴다. 당신에게 전략이 한 가지(온유)밖에 없는데, 당신이 그 전략을 사용할 수 없도록 상대 팀이 공격해온다면 문제가 될 것이다. 독이 되는 사람들을 다룰 때, 우리는 우리 자신에게 자연스러운 방식으로만 일을 처리할 수 있는 사치를 누리지 못한다.

당신이 나처럼 대체로 온유함을 선호하는 사람이라면, 이번 장이 고통스러울 수도 있다. 나는 우리가 어떻게 모든 사람을 아낌없이, 희생적으로, 열정적으로 사랑해야 하는지에 관한 책을 쓰는 쪽을 훨씬 좋아한다. 본서와 같은 책이 한 권 나올 때 그렇게 사람들을 사랑하는 것을 다룬 책이 수백 권은 나와야 한다는 것도 인정한다. 하지만 본서 같은 책이 자주 나오지 않기 때문에 독이 되는 사람들이 어두운 곳에서 순진한 신자들을 잡아먹는 일이 벌어지고 있다.

예수님은 그런 일이 벌어지지 않도록 조심하셨다. 그분은 친히 독이 되는 사람들과 그들이 하는 짓을 폭로하신다. 누군가를 (일시적으로라도) 단념하는 것이 언제나 그르다고 생각한다면(심지어 그들이 당신과 당신 가족을 망치고 있는데도 말이다) 예수님을 떠올려보라. 그분은 '개'와 '돼지'에 방어 태세를 취하라고 분명히 경고하셨다. 당신은 이 사실을 어떻게 받아들일 것인가?

"거룩한 것을 개에게 주지 말라"

예수님이 하신 (일부 사람들이 생각하기에) 가장 악명 높은 말씀 중에 한 가지는 우리가 독이라는 꼬리표를 붙인 그런 종류의 사람들과 관련이 있다. 예수님은 그런 사람들을 만났을 땐 약간의 방어 태세를 취하는 편이 낫다고 경고하신다.

> 거룩한 것을 개에게 주지 말며 너희 진주를 돼지 앞에 던지지 말라 그들이 그것을 발로 밟고 돌이켜 너희를 찢어 상하게 할까 염려하라(마 7:6).

예수님이 제자들에게 거룩한 것을 개에게 주지 말라고 말씀할 때는 반려동물 해피나 또또를 가리키시는 것이 아니다. 고대 이집트 사람들은 개를 좋아해서 어떤 종들은 가까이 두고 키우기도 했지만 유대인들은 절대로 개를 반려동물로 기르지 않았다. 예수님은 지금 이집트인들이 아니라 유대인들에게 말씀하고 계신다. 유대인 거주 지역에 있는 개들은 도시의 쓰레기 더미를 뒤지던 지저분한 잡종견들이었다. 녀석들은 교활하고 포악하며 악취를 풍기는 아주 더러운 동물이었다. 영화에 나오는 '래시'를 생각하면 안 된다. 심한 입 냄새에 누런 이빨, 벌어진 상처가 많은 포악하고 야수 같은 잡종견을 생각해야 한다.

예수님은 그런 사람들이 있다고 말씀하셨다. 우리는 그 사람들에게 거룩한 것을 주어서는 안 된다. 그들은 그 가치를 모르기 때문이다. 불쾌한 개들과 신성한 음식이 극명하게 대조된다. 여기서 음식은 단순히 몸에 좋은 유기농 식품이 아니라, 유대교 율법에 따라 만든 코셔(kosher)라는 성별된 음식이다. 이런 음식을 찾고 준비하고 저장하는 일은 쉽지 않아서 유대인은 절대 코셔를 잡종견에게 주지 않을 것이다. 늘 혐오스러운 것들만 먹는 녀석들에게 왜 코셔를 낭비하겠는가?

아내는 우리 집 골든레트리버 앰버(아마도 세상에서 가장 사랑스러운 개일 것이다)에게 '거룩한' 음식을 분명히 먹였다. 우리는 사람이 먹을 수 있을 정도의 유기농 사료를 판매하는 특별한 애견 가게에 자주 갔다. 아내가 "앰버의 건강은 중요해요!"라고 말했기 때문에 나는 가격을 문제 삼지 않았다.

한번은 가족끼리 산책을 하던 중이었는데 앰버가 산책로에 버려진 핫도그를 발견하고는 내달리기 시작했다. 녀석이 핫도그를 움켜잡고 먹기 시작하자 아내는 앰버에게 소리 질렀다.

"사람도 먹을 수 있는 무곡물 사료(Grain Free, 반려동물의 곡물 알레르기를 최소화하기 위해 옥수수, 쌀, 밀 등을 사용하지 않고 만든 사료-역주)를 먹였는데, 지금 흰 빵에 든 핫도그를 먹고 있는 거니?"

앰버가 사랑스러운 반려동물일지는 몰라도 따지고 보면 녀석도 무지한 짐승이었다. 앰버는 식사 조절의 필요성을 이해하지 못했다. 녀석에게 방부제가 듬뿍 든 흰 빵의 핫도그란 사람도 먹을 수 있는 유기농 무곡물 사료만큼이나 환상적이었다.

예수님은 그분을 따르는 자들에게 어떤 사람들은 음식에 대한 앰버의 신체 반응보다도 더 영적 분별력이 없다고 말씀하고 계신다. 당신이 그들에게 최고의 것을 주더라도 그들은 그 가치를 알지 못하므로 낭비가 될 것이다. 그들은 가장 순수하고 가장 설득력 있는 최고의 진리를 뿌리칠 것이므로 **그들에게 시간을 낭비하지 말라**. 차라리 살짝 방어하는 법을 배우라.

예수님이 진주 이야기를 하실 때, 요즘 사람들은 대부분 진주 목걸이를 생각할 것이다. 예수님 시대에는 진주 목걸이가 굉장히 희귀했다. 진주는 극소수 부유층을 제외한 나머지 사람들의 주머니 사정으로는 감당할 수 없었고, 진주 목걸이는 왕족만 소유할 수 있었다. 진주는 찾기가 힘들었고, 인조 진주도 아직 발명되지 않은 때였다. 당시의 상황을 안다면 예수님이 진주 한 알을 사려고 자신의 모든 소유를 판 남자 이야기를 왜 들려주셨는지 이해하게 될 것이다. 진주는 너무나 값진 것이어서 단한 알이라 하더라도 당신이 소유한 모든 것의 가치와 맞먹었다.

그런데 그런 귀한 물건을 돼지에게 던지면 어떻게 될까? 짐승은 진주를 먹으려들 것이다. 하지만 단단한 진주는 돼지가 씹어도 깨지지 않을테니 녀석은 그것을 뱉어내어 당신을 화나게 할 것이다. 녀석은 당신이 자기를 시험한다고 생각한다. 돼지는 당신이 준 보물보다 돼지 여물(녀석이 방금 뱉은 진주 한 알로 녀석의 평생 먹잇감을 살 수 있다)을 먹는 편이 낫다.

돼지는 진주의 진가를 알아볼 능력이 전혀 없다. 그렇다고 진주가 무가치하다는 뜻은 아니다. 그냥 돼지가 바보라는 뜻이다. 독이 되는 사람에게 귀한 선물을 주는 것은 시간을 낭비하는 일이다. 이 말이 잔인하게 들린다는 것은 알지만 나를 믿어주길 바란다. 나는 예수님이 말씀한 이 한 문장("거룩한 것을 개에게 주지 말며 너희 진주를 돼지 앞에 던지지 말라")이 무척이나 효과적인 로르샤흐 검사법(Rorschach test, 좌우 대칭의 불규칙한 무늬가 어떻게 보이는지에 따라 그 사람의 성격이나 정신 상태 등을 판단하는 인격 진단 검사법-역주)이 된다는 것을 발견했기 때문이다. 마태복음 6장 33절과 디모데후서 2장 2절에 기반한 높은 사명감을 가지고 사는 사람에게는 이 말씀이 금이다. 너무나 경건하고 유용한 지혜이자 완벽히 이치에 들어맞는 말씀이다. 하지만 자신을 위해 사는 사람에게 예수님의 이 문장은 교활하고 잔인하며 이치에 맞지 않는다.

그 말씀이 지혜로운 까닭은 바로 이것이다. 예수님은 근본적으로 이렇게 말씀하고 계신다. 돼지가 진주의 가치를 이해하지 못하는 것처럼, 영적으로 죽은 사람들은 하나님의 진리의 영광을 이해하지 못한다. 부도덕한 본능에 이끌려 살며 하나님의 진리의 가치를 알아볼 수조차 없기 때문이다. 그들은 부도덕한 것들을 원하며, 원시적인 영적 수준에 살면서 스스로 이렇게 생각한다.

'복음이 무슨 소용이란 말인가? 술처럼 마실 수도 없고, 담배처럼 피울 수도 없고, 돈처럼 쓸 수도 없는데. 날 웃게 해주는 것도 아니고, 내가 그 주인공이 될 수도 없잖아.'

이 말을 판단으로 간주한다면, 인정머리 없게 들릴 것이다. 하지만 예수님은 그분을 따르는 자들에게 그들이 우월감을 느끼거나(그것은 죄가 된다) 다른 사람들을 낮잡아 보기(이 또한 죄가 된다) 위해서가 아니라, 그들이 시간을 잘 사용하고 잘 투자하고 있는지 알아보기 위해서 그와 같은 평가가 필요하다고 말씀하고 계신다. **그들의 사명이 너무도 긴급하기 때문이다.**

예수님이 두루 다니며 복음을 전파하라는 명령으로 마태복음을 끝맺으셨기에 우리는 예수님이 불신자들에게 복음을 나누어서는 안 된다고 말씀하시는 것이 아니라, 오히려 하나님을 격렬히 미워하고 적극적으로 반대하는 적그리스도 열성분자들을 피해 떠날 준비를 해야 한다고 말씀하시는 것임을 분별할 수 있다. 그들이 독이 되는 상태에 있다면, 가장 확실한 최고의 진리라 할지라도 그들을 구원할 수 없다.

사람들의 영원한 운명이 위험에 처했을 때, 우리는 감상적인 세부 사항에 젖어 있을 시간이 없다. 예수님은 사람들이 하나님께 완전히 반대하고, 진리에 완전히 문을 닫고, 마음과 생각으로 완전히 반항하여 영적인 '개'나 '돼지'가 되는 일이 얼마든지 가능하다고 말씀하시는 것 같다. 사도 바울이 말하듯이 "육에 속한 사람은 하나님의 성령의 일들을 받지 아니하나니 이는 그것들이 그에게는 어리석게 보임이요, 또 그는 그것들을 알 수도 없나니 그러한 일은 영적으로 분별되기 때문"(고전 2:14)이다.

사람의 마음 상태가 이럴 때는 당신이 아니라 하나님의 직접적인 행동만이 그 영혼을 녹일 수 있다. 당신의 훌륭한 논증은 소용이 없다. 그들에게 잘해주고 그들을 섬겨봤자 소용이 없다. 그들에게 죄를 지은 모든 그리스도인을 대신하여 사과해도 소용없다. 그들을 언짢게 하는 말을 늘어놓던 목사들과 당신을 구별하는 것도 소용없다. 왜 그런가? 그들은 배우려는 마음이 아니라, 공격하고 해치기 원하는 독과 같은 마음을 가지고 있기 때문이다. 그들과 관계를 맺는다면 당신은 그들의 변화를 목도하지 못하고 오히려 **공격을 받을 것이다**. 예수님은 그런 상황에서 당신이 방어 태세를 취하길 바라신다.

근본적으로 예수님은 "거만한 자를 징계하는 자는 도리어 능욕을 받고 악인을 책망하는 자는 도리어 흠이 잡히느니라 거만한 자를 책망하지 말라 그가 너를 미워할까 두려우니라 지혜 있는 자를 책망하라 그가 너를 사랑하리라"고 경고하는 잠언 9장 7-8절을 토대로 일하셨다. 이것은 "개와 돼지에게 시간을 낭비하지 말라. 오히려 충성되고 지혜로운 사람들을 찾아 그들에게 투자하라"고 말씀하는 잠언식 표현이다.

열매 탓이 아니다

생식력이 좋다고 알려진 씨앗을 가져다가 플로리다에서 캘리포니아에 이르는 고속도로에 뿌려보자. 아무 일도 없을 것이다. 씨앗에 문제가 있어서가 아니다. 씨앗을 받아들이지 못하는 도로에 문제가 있는 것이다.

우리가 조심하지 않으면 좋은 의도였다 할지라도, 대화 상대로부터 동의를 얻어내야 우리 믿음이 인정받을 수 있는 것처럼 절박하게 보임으로써, 의도치 않게 복음을 값싸게 만들 수 있다. 누군가 믿음에 대한 예수님의 메시지에 동의한다고 해서 그것이 더 확실한 진리가 되지도 않고, 누군가 거부한다고 해서 그것이 진리에 미치지 않는 것도 아니다. 말씀은 그 자체가 진리다.

말씀을 듣는 사람이 시험을 받을 뿐 말씀 그 자체는 결코 판단을 받지 않는다. 다른 사람들을 설득하여 그들의 동의를 얻어내야 우리 믿음이 인정받는 게 아니다. 우리의 믿음은 그것이 진리이므로 인정을 받는다. 그리스도의 부활이 우리의 믿음을 입증한다.

복음 전도는 단순히 상대를 지적으로 설득하는 것이 아니다. 전도가 효과가 있으려면 성령님의 초자연적인 확신이 필요하다. 그것이 없다면, 우리는 시간을 낭비하는 것이다. 복음 전도는 하나님을 **위한** 일이라기보다는 하나님과 **함께** 하는 일이다.

복음 전도를 바라보는 또 다른 방법은 선교 사역을 '영적인 부상자 분류'로 바라보는 것이다. 긴박한 전쟁터에서 의사는, 제시간에 도착할 수만 있다면 아직 살릴 수 있는 다른 군인들이 너무 많기에, 상태가 너무 심각하여 살릴 방법이 없는 군인을 때로는 내버려두고 갈 수밖에 없는 끔찍한 결정을 하곤 한다. 이처럼 아직 구원받을 준비가 안 된 사람을 구원하겠다고 시간을 허비하는 것은 준비된 다른 사람들을 잃는다는 의미다. 우리는 이를 깨달아야 한다.

예수님이 교회에 더 많은 일꾼을 보내주시길 기도하라고 말씀하신 이유도 그 때문일 것이다(눅 10:2). 예수님은, 지금으로서는 (인간적으로 말하자면) 우리가 가진 자원이 유한하므로 그 유한한 자원이 가장 큰 효과를 낼 수 있게 사용해야 한다고 생각하신 것 같다. 어떤 사람들은 당연히 반대할지도 모른다.

"하지만 우리가 이런 식으로 사람들을 배제하면 누가 구원을 받겠습니까?"

이런 딜레마를 다루는 나만의 방법이 있다. 다음 한 문장 덕분에 나는 집중할 수 있었고 엄청난 시간을 아낄 수 있었다.

"확신이 없으면, 충고도 없다"(No Conviction? No Counsel).

우리는 하나님이 이 사람의 마음속에서 이미 일하고 계시는지 분별하는 법을 배워야 한다. 우리는 사람들을 뒤쫓지 않는다. 진실하고 열정적인 추구자들에게는 오래 참고 관대하게 대해야 한다. 하지만 우리를 완강하게 반대하는 듯 보이는 사람이라면 그의 말을 개인적으로 받아들이거나 논쟁을 하지 말아야 한다. 만약 그렇게 한다면 그들은 우리를 경멸하게 되고 결국 우리의 메시지까지 경멸하게 될 수 있기 때문이다. 추론과 논쟁에는 큰 차이가 있다. 결국 우리는 마음속 깊은 곳에서 이렇게 자문하고 있다.

'하나님이 계획하신, 이 사람에 대한 나의 역할을 나는 얼마만큼 확신하고 있는가?'

어쩌면 하나님의 계획은 당신이 그에게 한 문장을 말하고 그의 반대 의견을 잘 들어준 후에 그 자리를 뜨는 것인지도 모른다. 그 이야기를 다시 꺼내줄 누군가, 아마도 이런 부류의 사람에게 다가가기 훨씬 적합한 누군가를 기대하면서 말이다(다시 한 번 말하지만 당신이 그들을 설득할 수 없다고 해서 다른 누구도 그들을 설득할 수 없다는 뜻이 아니다). 하나님의 진리와 사랑을 나누는 것은 지적 활동인 만큼이나 **영적** 활동이기도 하다. 예수님의 말씀을 떠올려보라.

"곧 빛이 세상에 왔으되 사람들이 자기 행위가 악하므로 빛보다 어둠을 더 사랑한 것이니라 악을 행하는 자마다 빛을 미워하여 빛으로 오지 아니하나니 이는 그 행위가 드러날까 함이요"(요 3:19-20).

당신이 만약 독이 되는 냉정한 사람을 상대하고 있다면, 아무리 온유하고 참을성 있고 자비롭게 이야기를 나눈다 해도 당신은 당신이 뿜어낸 빛을 증오할, 초자연적인 하나님의 손길이 닿지 않은 사람을 대하고 있는 셈이다. 그들은 자신의 악이 도전을 받거나 드러나기를 원치 않는다. 빛에 문제가 있는 것이 아니다. 빛은 완벽하고 거룩하고 선하다. 문제는 그들이 빛을 싫어한다는 것이다. 당신은 그 사실을 바꿀 수 없다.

그러니 당신은 충성된 사람들에게 자신을 기꺼이 아낌없이 내어주며 기다리면 된다. 물론 독이 되는 사람을 반드시 포기할 필요는 없다(때에 따라서는 그럴 수도 있다). 하나님이 이끄시는 대로, 당신은 하나님이 확신을 주시기를 또는 그들이 자신이 선택한 죄와 파괴성에 완전히 실망하여 지혜와 진리에 마음을 열게 해달라고 기도할 수 있다. 그 관심이 당신을 무너뜨리고 당신의 소명을 방해하지 않는 한 너그러이 그들을 사랑하라.

당신의 말이 그들에게 도달하지 않는다고 해서 그들이 손 닿지 못할 곳에 있다는 뜻은 아니다. 하나님은 헨리 클라우드와 존 타운센드가 '인과응보의 법칙'[1]이라 부른 방법을 통해서 여전히 그들을 위해 일하고 계신다. 하나님은 죄와 독성이 그에 따른 결과를 내도록 이 세상을 만드셨다.

"사람이 무엇으로 심든지 그대로 거두리라 자기의 육체를 위하여 심는 자는 육체로부터 썩어질 것을 거두고 성령을 위하여 심는 자는 성령으로부터 영생을 거두리라"(갈 6:7-8).

독성이 지속되는 삶은 그에 적합한 벌을 받는다. **독이 되는 행동은 그에 합당한 결과를 낼 것이고 우리는 독이 되는 사람들이 그 결과에 따라 마음 문을 열지 결정하도록 내버려두기만 하면 된다.** 환자가 치료의 필요성을 깨닫지 못한다면 그를 치료해주려고 해봤자 감사는커녕 원망만 살 것이다. 치아에 구멍을 뚫는 처치가 필요하다고 의사가 납득시켜주면 환자는 이를 기꺼이 허락하겠지만, 의사가 억지로 의자에 앉히려고 하면 환자는 증오에 가득 찬 반응을 보일 것이다. 클라우드와 타운센드는 지혜롭게 경고한다.

> 무책임한 사람들에 맞서는 사람들은 자기 자신에게 모욕과 고통을 안겨준다. 실제로 그들은 누군가의 인생에서 인과응보의 법칙을 방해하는 것을 멈추기만 하면 된다.[2]

예를 들어 부모가 당신의 마음을 아프게 하고 수치심을 안겨준다면 이렇게 말하는 것이다.

"부모님이 저를 존중하는 법을 배우기 전까지는 두 분을 만나거나 대화하지 않을 겁니다."

부모는 학대의 결과로 당신과 소통할 기회를 잃어버린다. 직장 동료의 태도가 거칠고 정직하지 않다면, 그의 일을 대신 처리해주지 말라. 그들을 위해 변명해주지 말고, 그들에게 전문가답게 당신을 대하라고 요구하라. 그렇지 않으면 그 자리를 떠나라. 상사가 당신에게 왜 동료 직원을 만나지 않느냐고 물으면 솔직하게 답해야 한다.

중독자들을 (구해주지 않고) 나락까지 떨어지게 내버려두어서 결국에는 스스로 변화를 원하도록 만들어야 한다는 말을 들어보았을 것이다. 그 원칙은 여기에도 똑같이 적용된다. 우리는 독이 되는 행동이 독이 되는 사람의 생활을 굉장히 불편하게 만들어서 그들이 마음과 생각을 열어 하나님 앞에 죄를 깨닫고 회개하기를 바란다.

예수님은 마태복음 6장 33장에서 적극적으로 공격하라고 말씀하시지만 바로 몇 구절 뒤인 마태복음 7장 6절에서는 돼지에게 진주를 주지 말라고 말씀하시며 때로는 우리가 방어해야 할 필요도 있을 것이라고 덧붙이신다. **공격과 방어가 결합하여** "넉넉히 이기는"(롬 8:37) 삶을 가져온다.

자기방어

예수님이 돼지에 비유하신 '독이 되는 유형의 사람'을 다룰 때 당신은 괴로움과 억울함으로부터 마음을 지키는 특별한 종류의 자기방어를 원할 것이다. 그런 면에서 내 최선의 방어는 이중 방어인데, 독이 되는 사람을 위해 기도하면서 더는 그들과 엮이지 않는 것이다. 하나님과 더 많이 대화하고, 독이 되는 사람과는 대화를 줄인다. 예수님은 우리 뜻에 반하는 사람들의 안녕을 위해 기도하라고 우리에게 명령하신다.

"너희를 저주하는 자를 위하여 축복하며 너희를 모욕하는 자를 위하여 기도하라"(눅 6:28).

나는 하나님이 그들을 정죄하시기를 기도한다. 그들이 하나님의 임재에 완전히 압도되어 분노와 악의가 아닌 사랑과 은혜에 목마르기를 기도한다. 또한 격려와 섬김과 양육이 험담과 품위 손상과 비방보다 훨씬 더 즐거운 일임을 그들이 배울 수 있기를 기도한다.

우리는 더 많은 일꾼을 보내달라고 기도해야 하는데, 예수님이 그렇게 부탁하셨기 때문이다(눅 10:2). 독이 되는 사람이 패배하고 굴욕을 당하고 무장해제 당하는 모습을 보는 것보다 그들이 그리스도의 사랑스러운 종으로 변화되는 모습을 보는 것이 훨씬 낫다. **하나님 나라를 위해서 우리는 적군 하나가 줄어들기보다는 충성된 일꾼 하나가 늘어나기를 소망해야 한다.**

하지만 내가 배운 또 한 가지는 **그들과 엮이지 말라**는 것이다. 독이 되는 사람들의 심리와 영성에 대해 알아야 할 것이 있는데 **그들은 갈등을 좋아한다**. 갈등이 그들을 만족시키며 그들은 게걸스럽게 이를 탐한다. 독이 되는 사람들은 갈등을 키우고, 더 많은 문제를 일으키고, 더 많은 피해자를 공격한다. 그들은 참된 신자가 평화를 누리는 것과 똑같은 방식으로 분열을 일으키며 살아간다.

그들에게 개입하려 하면 그들은 짜증만 더 내고 당신에게 집중하게 된다. 당신이 그들에게 더는 동조하지 않고 떠나려 하면, 그들은 독이 되는 행동을 멈출 수 없으므로 관계를 맺을 누군가를, 즉 또 다른 희생자를 찾을 것이다. 당신이 독이 되는 사람에게 괴롭힘을 당하고 있다면, 단언컨대 당신이 첫 번째나 유일한 희생자는 아닐 것이다. 분명 희생자가 수십 명은 될 것이다. 내가 트위터에서 차단할 수밖에 없었던 한 여성은 수많은 선교 단체와 '유명' 그리스도인이 자신을 차단했다고 페이스북에 떠벌렸다. 그것이 그녀에게는 '자랑할 만한 거리'였나 보다.

그들이 다른 사람을 공격하게 내버려두라는 말이 이기적으로 들릴지도 모르지만, 그들이 다른 사람을 공격한다는 사실이 당신 잘못은 아니다. 당신이 그들에게 공격을 강요한 것도 아니기 때문이다. 그들이 당신도 공격할 수 있는 상황이라면 다른 사람들에 대한 공격을 멈출 리가 없다. 그들에게 당신은 그저 간식거리일 뿐일지도 모른다. 당신은 그 자리를 떠나서 하나님이 당신에게 명령하신 중요한 일에 충실할 수 있다. 오히려 당신이 떠나는 것이 결국엔 그들에게 그들도 자신의 방식을 바꿔야 한다는 것을 가르쳐주는 한 가지 방법이 될 수 있다. 댄 알랜더와 트렘퍼 롱맨은 이렇게 충고한다.

> 악한 마음을 품은 사람에게 줄 수 있는 가장 큰 선물은 통제하려는 그들의 시도를 좌절시키는 힘이다.[3]

독이 되는 사람의 심리적인 기질과 영적인 취향을 더 잘 이해할수록 더 빨리 그들과 관계를 끊을 수 있다. 당신이 침묵한다면 그들은 다른 사람들에게로 옮겨 갈 것이다. 예수님이 몸소 보여주고 우리에게 명령하시듯, 우리는 **방어하고 그 자리를 떠나는 법**을 배워야 한다.

요점 정리

- 성경은 다양한 상황에서 다양한 전략을 활용하라고 명령한다. 하나님을 섬기는 일에서 마법 같은 단 하나의 방법이란 없다.

- 예수님은 마태복음 7장 6절에서 어떤 사람들은 독이 되므로 피해야 한다고 인정하며 방어법의 토대를 마련하신다. 영적인 '개'와 '돼지'는 변하지 않으며, 우리의 노력에 감사하기는커녕 오히려 우리를 공격하고 쓰러뜨리려 할 것이다.

- 먼저 하나님 나라를 구하고 충성된 사람들을 찾는 것은 대단히 긴급한 일이어서 우리는 영적인 부상자 분류법을 활용해야 할지도 모른다. 시간은 부족하고 우리의 에너지는 제한적이기에 우리는 가장 기름진 땅에 집중해야 한다.

- 어떤 사람에게 확신이 없는 듯 보이면 그에게 충고할지 두 번 생각해봐야 한다. 단지 하나님을 **위해** 일하는 것이 아니라, 하나님과 **함께** 일하는 것이기 때문이다.

- 독이 되는 사람들에게 그런 행동을 그만두라고 설득하기보다 그들의 마음을 부드럽게 하기 위해 '인과응보의 법칙'을 생각해볼 수 있다.

- 독이 되는 사람들은 공격에 목말라 있어서 그들과 관계를 맺는 것은 그들에게 활력을 준다. 따라서 그 자리에서 물러나 그들이 다른 사람에게 관심을 두게 하는 것이 최선이다.

- 독이 되는 사람을 떠나면서 그를 위해 기도하라. 하나님 나라를 위해서는 적군 하나를 줄이는 것보다 새롭게 회개한 일꾼 하나를 늘리는 것이 낫다. 독이 되는 사람을 떠난다고 해서 당신이 그를 싫어하거나 무관심하다는 의미는 아니다. 그저 그와 상호작용을 하지 않기로 마음을 정한 것뿐이다.

9장
'독'이라는 꼬리표 달기

애런은 까다로운 상사 밑에서 일하고, 문제 많은(그리고 분명 독이 되는) 사람에게 그리스도를 드러내기 원하며, 자신의 수입을 유지하면서도 온전한 정신을 유지하고 싶은 나머지 제정신이 아니었다. 이 세 가지 목표를 동시에 감당하기가 점점 힘들어지고 있었다.

결국 그의 상담사는 "아시다시피 당신 상사는 독이 되는 사람이에요, 그렇죠? 이건 그저 당신뿐만 아니라 사무실에 있는 모든 사람에게 확연한 **학대** 행위에요"라고 말했고 그 순간 애런은 머릿속에 불이 켜져 그 상황을 새로이 명료하게 볼 수 있게 된 느낌이 들었다. 최근 들어 그에게 일어난 일들이 마침내 설명됐다. 물론 직장은 힘든 곳이다! 그리고 절대, 그는 그 상황을 **고칠 수 없다**. 독이 되는 사람과는 건강하고 평탄한 관계를 맺을 수 없다. 따라서 애런에게, '독'이라는 꼬리표를 붙이는 것은 상사의 품위를 떨어뜨리려는 의도가 아니었다. 오히려 그것은 때

때로 자신이 미칠 것만 같은 기분이 드는 이유를 이해하고, 자기의 기대치를 조절하고, 곤란한 상황에서 하나님을 경외하기 위해 자신의 전략을 재조정하는 것이었다.

공격할 때 꼬리표를 사용하면 마음에 상처가 될 수도 있지만, 때로 신중하게 사용하면 치유로 이어지기도 한다. 이 경우 상사에게 꼬리표를 붙인 것은 애런이 자신의 과거를 이해하고, 자신의 기대치를 조정하고, 미래를 위해 더욱 효과적인 전략을 세우는 데 도움이 됐다.

알리시아도 비슷한 경험을 한 적이 있다. 그녀는 (혼자 또는 남편과 함께) 결혼 세미나에 여러 차례 참석하고 결혼 관련 책도 여러 권 읽었지만 왜 아무런 '효과'가 없는지 여전히 이해할 수 없었다. 겸손한 마음으로 더 열심히 기도했지만, 그러는 동안에도 아내로서 실패한 것만 같은 느낌이 들었다. 알리시아는 마법 같은 한 가지 전략을 찾기만 한다면 자신의 결혼 생활이 회복될 것이라 생각했다.

알리시아는 레슬리 버닉(Leslie Vernick)의 *The Emotionally Destructive Marriage*(정서를 파괴하는 결혼)라는 책을 읽고서야 비로소 자신의 결혼 생활을 이해할 수 있었다.[1] 그녀는 미친 것이 아니었다. 문제는 자신을 조종하고 학대하는 남편과 결혼한 것이었다. 건강한 부부에게는 훌륭한 조언일지 몰라도 학대하는 남편과 살고 있는 아내들에게는 부적절한, 나쁜 조언들을 받아왔다는 것이다. 새로운 꼬리표는 그녀가 자신의 미래와 자신이 하고 있던 일을 어떻게 재평가해야 할지 이해하는 데 도움을 주었다.

알리시아와는 전혀 다른 내용으로 전혀 다른 결혼 생활을 하고 있는 팀은 교회에서 흠씬 두들겨 맞은 기분이었다. 그는 결혼 생활에서 거리감을 느꼈는데, 수많은 복음주의자의 기본 입장은 언제나 남편의 잘못을 지적하는 경향이 있다. 아내가 밖에 나가 일하지 않는데도 팀은 집안일을 굉장히 많이 했다. 아이들의 생활에 깊숙이 관여했고, 아이들을 재우는 일도 대부분 그의 몫이었다. 그는 가족들과 '하나님 이야기'를 시작했고, 가족 모두를 성실하게 교회에 데려갔으며, 생일과 기념일마다 아내를 만족시키고 깜짝 선물을 주려고 애를 썼다.

아내는 이 모두를 무시했는데, 팀이 그리하는 데는 그저 한 가지 목적(더 많은 부부 관계)밖에 없다고 생각했기 때문이다. 절반쯤은 맞는 말이었다. 팀은 한 달에 한 차례 이상 성적 친밀감을 나누기를 바랐다. 친밀한 관계의 빈도를 늘려야 할 필요성을 고려조차 하지 않는 아내와는 달리 그는 수년 동안 꾸준히 노력했다. 그의 배려는 결과적으로 늘 최악이었음에도 팀은 계속해서 사랑하고 노력했다.

팀이 친구와 목회자, 심지어 상담사에게 이야기했을 때 그들의 기본 입장은 팀이 자기 몫의 집안일을 하지 않으며(그래서 아내를 지나치게 피곤하게 만들고), 아내가 부부 관계를 받아들이기에 충분한 비성적 접촉과 긍정을 하지 않는 등 대체로 남편의 역할을 하는 데 실패한 까닭이라는 것이다. 팀은 미쳐버릴 것만 같았다. 그는 이미 그 세 가지를 다 하고 있다고 믿었기에 도대체 얼마나 더 잘해야 하는지 이해할 수가 없었다. 다양한 상황에서 팀 부부를 관찰할 기회가 있었던 어느 부부의 이야기를 듣고서야 팀은 제정신이 돌아오는 듯했다.

"팀, 당신은 굉장히 이기적이고 교묘하게 사람을 조종하는 여자와 결혼했군요."

그 부부의 아내는 그동안 있었던 모든 일을 목격했고, 심지어 팀의 아내에게 조심스럽게 이의를 제기하기도 했다. 예를 들면, 그녀는 팀의 아내가 하루에 몇 시간씩 페이스북과 인스타그램을 하고, 부부 관계를 주기적으로 거절하여 팀을 마음대로 휘두르기를 좋아한다는 것을 알았다. 팀 아내의 관심 부족은 시간 부족이 아니라 무관심과 이기심, 교묘한 조작의 문제였다. 진실을 이야기해주고 팀을 있는 그대로 인정한 이 부부가 팀의 마음속에 불을 밝혀주었다.

"팀, 지금까지 해온 것 이상으로 더 잘할 수는 없어요. 그 어떤 남편이라도 그렇게 못할 겁니다. 세상에 완벽한 남편은 없지만, 당신은 교회의 다른 남편들이 자기 아내에게 하는 것만큼 당신 아내를 사랑하고 섬기고 있습니다. 이건 당신 문제가 아니라 당신 아내의 문제입니다."

진실을 이해하면 새로운 삶에 이르게 된다. 그리고 진실을 이해하려면 종종 꼬리표가 필요하다. 상사든, 부모든, 배우자든 누군가를 존중한다는 것은 실제로는 아무것도 아닌 사람을 대단한 사람인 척 추켜세워야 한다는 의미가 아니다. 존중과 정직은 얼마든지 공존할 수 있다.

꼬리표를 사용하신 예수님

복음서는 (방금 살펴본 '돼지와 진주' 이외에도) 예수님이 독이 되는 사람들을 용기 있게 독이라고(고대 헬라어에는 현대어의 '독이 된다'에 해당하는 단어가 없기 때문에 최소한 '개념적으로는') 부르신 여러 사건을 이야기한다.

누가복음 13장 32절에서 예수님이 헤롯왕을 '여우'라고 부르신 것을 기억할 것이다. 1970년대에 나는 덥수룩한 장발에 청바지를 입고 나막신 같은 신발을 신곤 했다. 그 시절에 어느 젊은 아가씨가 나를 여우라고 불렀다면 '며칠이고' 그 칭찬을 즐겼을 것이다. 하지만 1세기 사람들은 여우를 매우 불결한 야생동물로 여겼다.

예수님은 제자들에게 "삼가 바리새인들의 누룩과 헤롯의 누룩을 주의하라"(막 8:15)고 경고하셨다. 예수님은 자신을 따르는 자들에게 그 무리의 독성에 대해 경고하는 것이 필요하며 동시에 유용하다고 생각하셨다. 어떤 사람이 엄청난 피해를 주고 있다는 사실을 당신이 알고 있다면, 그것을 무시하거나 다른 관점에서 그를 '좋은 사람'으로 간주하는 척 하는 것은 '친절'이 아니다. 실제로 독성을 간과하는 것은 당신이 경고하지 않은 미래의 희생자들에게 잔인한 일이 될 수 있다.

예수님은 사역 초기에 유다를 부르시고는 제자들에게 이렇게 말씀하셨다.

"내가 너희 열둘을 택하지 아니하였느냐 그러나 너희 중의 한 사람은 마귀니라"(요 6:70).

마태복음 23장에서 예수님은 그 유명한 '일곱 가지 화'에 대해 설교하면서, 바리새인들이 교인 한 사람을 얻기 위해 "바다와 육지"를 두루 다니다가 생기면 "너희보다 배나 더 지옥 자식"(15절)이 되게 한다고 비난하며 그들에게 '꼬리표'를 붙이셨다. 더 나아가 그들을 "어리석은 맹인들"(17절), "외식하는 자"(23절), "맹인 된 인도자"(24절), "뱀들"(33절)이라 부르셨다.

사도 바울은 구세주의 본보기를 따랐다. 그는 총명하고 성실한 서기오라는 지방 총독의 믿음을 훼방하려는 마술사에게 맞섰다.

"바울이라고 하는 사울이 성령이 충만하여 그를 주목하고 이르되 모든 거짓과 악행이 가득한 자요 마귀의 자식이요 모든 의의 원수여 주의

바른 길을 굽게 하기를 그치지 아니하겠느냐"(행 13:9-10).

예수님과 바울은 누군가의 악과 죄를 '좋은 의도이지만 잘못된' 것으로 간주해주는 것이 언제나 정도(正道)라고 믿지 않았다. 독이 되는 사람을 지목하는 행위(꼬리표를 붙이는 행위)는 결코 비열한 게 아니었다. 꼬리표를 다는 것은 인신공격과 다르기 때문이다.

꼬리표 달기는 인신공격이 아니다

우리가 사람들에게 꼬리표 달기를 꺼리는 이유는 누군가를 욕하는 것이 비열하다고 생각하기 때문이다. 하지만 꼬리표를 다는 것은 인신공격이 아니다. 나는 애런이 사무실 사람 모두가 듣도록 "당신은 독이야!"라고 소리 질러 상사를 내쫓아야 한다고 말하는 것이 아니다. 팀이 아내에게 "드류와 맨디 부부는 당신이 이기적이고 교묘하게 사람을 조종한다고 생각해"라고 말한다고 해서 그의 결혼 생활이 치유되리라고 생각하지 않는다. 인신공격은 상처를 주고, 품위를 손상하고, 말을 무기로 삼는 것이다.

그에 반해 꼬리표를 다는 것은 상황을 이해하려는 것이다. 팀이 아내가 이기적이고 교묘한 조종에 능하다는 것을 알면 어떤 의미에서는 도움이 될 수 있다. 왜냐하면 '건강한' 아내에게 효과가 있는 방법이 그의 아내에게는 통하지 않을 수 있기 때문이다. 애런 역시 독이 되는 상사를 위해 일할 때 자신의 전략을 조정할 필요가 있다. 이성과 예의에 호소하는 것은 건강한 상사에게나 통하지, 그의 상사에게는 큰 효과가 없을 것이기 때문이다. 알리시아는 남편의 행동을 자기 탓으로 돌리지 않는 법을 배워야 할지도 모른다. 꼬리표는 상처를 치유하고 앞으로 나아갈 길을 가리켜줄 수 있다.

나는 독이 되는 상황을 맞닥뜨리면 전략을 바꾼다. 상대방이 독이 되는 행동을 그만둘 것이라고 기대하지 않는다. 그런 기대는 실망만 낳을 뿐이다. 오히려 나는 진실을 말하고, 정신을 똑바로 차리고(정신 나간 행동을 이해하려 애쓰다가는 당신이 미쳐버리고 만다), 더 열심히 기도하는 데 집중한다.

"하늘에 계신 아버지, 이런 상황에서 제가 어떻게 하나님을 가장 공경하고 섬길 수 있습니까?"

11장 '가룟 유다를 다루신 예수님'에서는, 단순히 피할 수만은 없는 상황에서 독이 되는 사람을 다루어야 할 때 어떻게 해야 하는지 좀 더 실제적이고 자세한 조언을 제공할 것이다. 이 장에서는 독이 되는 사람과 상호작용할 때 내가 목표로 삼는 두 가지를 간단히 언급하려 한다. 나는 **옳은 일**(먼저 하나님 나라를 구한다)을 하고 싶고, **올바른 사람**(독을 갚지 않고, 사랑에서 우러나온 행동을 한다)이 되고 싶다(그 결과로 그들과 대립하게 될지 혹은 그 자리를 피하게 될지는 상황에 따라 다르다).

나는 독이 되는 사람을 통제할 수 없다. 독이 되는 사람을 바꿀 수 없다. 독이 되는 사람을 이해할 수 없다. **하지만 내 사명을 지키고, 내 성품을 유지할 수는 있다.** 이 두 가지가 독이 되는 사람 곁에서 살거나 일할 때 당신이 통제할 수 있는 유일한 조건이다. 그리고 이것이 꼬리표 달기의 핵심이다. 꼬리표를 다는 이유는 그 관계에서 당신이 책임을 다할 수 있기 위함이다.

중상모략이라는 죄

여기서 경고 하나! 우리는 누군가에게 지나치게 빨리 꼬리표를 붙이지 않도록 조심해야 한다. 한 성경적 상담가가 나에게 말하기를, 어떤 아내들은 DSM-5(미국정신의학회 『정신장애 진단 및 통계 편람』 제5판은 정신장애를 진단하는 정신 건강 전문가와 상담사들에게 가장 널리 인정받는 안내서다) 범주 목록으로 중무장한 채 상담실에 들어와 남편들에게 그 꼬리표들을 쏟아놓을 거라고 말했다. "제 남편은 자기도취에 빠진 사람이에요."

우리 대부분(특히 나 자신을 포함해서)은 전문적인 진단을 내릴 자격이 없다. 누군가가 불편하거나 마음에 들지 않는다는 이유로 그들에게 '독이 된다'라는 꼬리표를 너무 빨리 갖다 붙여 그 사람을 떨쳐버리지 말라. 만약 그렇게 한다면 다양한 성격과 다양한 인간관계 형식을 가진 건전한 그리스도인 공동체에서 당신의 연약함이나 두려움, 불안, 죄가 드러날 기회를 잃어버릴 것이다. **누군가 당신을 귀찮게 한다는 이유만으로 그 사람이 독이 되는 것은 아니다.** 하나님은 단호한 사람과 유순한 사람을 모두 창조하셨다. 어떤 사람이 당신과는 다른 인간관계 양식을 가졌다는 이유로 그가 죄에 빠졌다고 생각하는 것은 죄다. 그것은 자만심이며, 예수님보다 당신 자신을 모든 사람이 따라야 할 기준으로 만드는 것이다.

그러나 지금까지 살면서, 꼬리표 달기가 빛과 이해, 희망과 치유를 가져다준 때가 있었다. 우리는 그 차이를 이렇게 구별할 수 있다. 꼬리표 달기의 열매는 긍정적이다. 당신은 자신의 성품을 유지하면서도 하나님을 섬기고 친교와 공동체를 존중하는 방식으로 기능하려 애쓴다. 그 동기는 하나님과 다른 사람들을 정직한 영으로 섬기는 사랑이다. 우리는 해를 입히려 하지 않고, 어떻게 해야 하나님을 가장 잘 섬길 수 있는지 **이해하고 분별하려** 애쓴다.

인신공격의 열매는 파괴적이다. 누군가의 명성을 파괴한다. 우리는 누군가에게 상처를 주거나 누군가의 명예를 훼손하기 위해서 그 사람이 독이 된다고 말해서는 안 된다. 그것은 인신공격이다.

요즘에는 '중상모략'을 많이 거론하지는 않지만 이는 엄청난 죄다. 고대인들은 이것을 고의로 누군가의 평판을 깎아내리려 하는 것이라고 표현했다. (16세기에 글을 쓴) 루이스 데 그라나다(Louis of Granada)는 이것이 오랫동안 큰 죄였다고 말한다.

'중상모략'이라는 끔찍한 죄는 요즘 너무나 만연하여 이 죄를 짓지 않는 사회나 가족, 개인이 거의 없다고 말할 수 있을 정도다. 어떤 사람들은 누군가 들려주는 선한 말을 좀처럼 귀담아듣지 않지만 이웃의 잘못에는 언제나 민감하여 언제든 이웃의 성품을 산산조각 낼 준비가 되어 있다.[2] 중상모략이 그렇게 악한 이유는 그것이 '삼중 상처'를 야기하기 때문이다. 즉 그 말을 한 사람, 맞장구를 치며 들은 사람, 자신이 없는 곳에서 얻어맞은 희생자 말이다.[3]

죄 하나에 사상자가 세 명이라니! 중상모략을 그냥 두었다가는 견고한 교회건 소그룹이건 몇 주 만에 분열되어버릴 것이다. 우리는 입으로 말하거나 혹은 거기에 귀를 기울여서 중상모략에 동참해서는 안 된다. 사람들이 이 책을 자신의 사명을 보호하는 데 사용하지 않고 다른 사람들을 공격하는 데 사용한다면 나는 너무나 슬플 것이다.

우리는 필요한 꼬리표를 붙이면서(그 과정에서 우리는 현 상황을 이해하기 위해 성숙한 신자들에게 적절한 조언을 구하고 싶을지도 모른다) 절대로 혐오스러운 인신공격이나 중상모략에 의지해서는 안 된다. 루이스 데 그라나다의 말에 주의할 필요가 있다.

이후로는 이웃의 성품을 당신이 만져서는 안 되는 금단의 나무라고 생각하라. 다른 사람을 비난하는 것 못지않게 자기 칭찬하기를 서두르지 말라. 전자는 너그러움의 부족을, 후자는 허영을 나타내기 때문이다. 이웃의 미덕을 이야기하되 그의 잘못에는 침묵하라.[4]

그렇지만 당신이 독이 되는 사람을 다루고 있는 누군가에게 (공식적으로나 비공식적으로) 조언하고 있다면, 독이 되는 사람을 독이라고 불러야 한다. 그렇게 말하는 것은 중상모략 죄가 **아니다**. 프란치스코 드 살의 말을 빌리자면 "우리는 중상모략이라는 악행을 피하려고 악의를 편애하거나 악의에 아첨하거나 악의를 품어서는 안 되며, 공공연하고 자유롭게 악을 이야기하고 비난받아 마땅한 것을 비난해야 한다. … 늑대가 어디에 있건, 특히나 양 떼 사이에 있을 때는 큰 소리로 늑대에 맞서는 것이 자비로운 일이다."[5]

독이 되는 사람이 독이 되지 않는다고 속이거나 정당한 우려를 일축해버린다면 당신은 아무도 도울 수 없다. 독이 되는 사람을 건강한 것처럼 간주해버린다면 독이 되는 사람을 다루는 방법에 대해 배울 수 없다. 독이 되는 영향력에 맞서 사명과 성품을 어떻게 유지할지를 건설적인 방식으로 논의하는 것은 쑥덕공론이 아니다. 그것이 공동체다. 그저 화풀이하려고 누군가를 험담하거나 누군가에 관해 이야기하는 것, 그것이 중상모략의 죄이므로 피해야 한다.

독이 되는 성격에 대해 누군가에게 경고하는 것은 중요하다. 누군가와 단지 대화를 하려고, 흥미로운 이야깃거리를 찾으려고, 혹은 독이 되는 사람을 무시하기 위해 그 사람(경고를 받아야 할 아무런 이유가 없는)에 대해 이야기하는 것은 죄다. 스티브 월케 박사는 간단하고 이해하기 쉬운 방법으로 험담을 이렇게 설명한다.

"험담이란 누군가가 그 문제나 상황과 관련이 없음에도 당신이 또 다른 누군가에게 그 사람에 대해 이야기하는 것이다."[6]

꼬리표는 치유하고 전략을 세우기 위해 존재한다. 공격하거나 파괴하기 위해 꼬리표를 사용해서는 안 된다.

> **요점 정리**
>
> - 정신 건강과 사역의 효율성을 위해 꼬리표 사용법을 배우는 것은 도움이 될 수 있다. 자신이 직면한 상황을 이해하지 못한다면, 구원받을 방법을 생각해 낼 수 없다.
>
> - 예수님과 바울 모두 다른 사람들을 묘사하기 위해 꼬리표를 사용했다.
>
> - 꼬리표 달기는 남을 이해하기 위한 것이지만 인신공격은 상처를 주려는 것이다. 이런 점에서 둘은 구별된다.
>
> - 꼬리표 달기의 필요성은 인정하지만, 그 일을 할 때 우리는 겸손해야 한다. 중상모략은 피해야 할 심각한 죄다.

10장
느헤미야에게서 배우는 교훈

사탄이 게으르다면 좋을 텐데.

최악에 뛰어난 사탄은 다른 모든 악을 궁지에 몰아넣었다. 사탄이 또한 나태한 경향이 있더라면 무척 편했을 테지만… 아아, 사탄은 그렇지 않다. 어림도 없다! 사탄의 졸개들도 그렇게 보이지 않는다.

하나님의 사명을 받은 사람은 매우 활동적이고 공격적인 수많은 적들에게 둘러싸이게 된다. 그들의 공격은 영리하고 창의적이며 다양하다. 독이 되는 사람들은 노골적인 공격과 수동적인 공격을 모두 사용한다. 그들은 친구인 척하다가 그것이 효과가 없으면 적이 되어 우리를 협박한다. 우리를 보호하려는 듯 행동하다가 우리를 통제하려 한다. 그들이 왼쪽에서 때리는 것을 우리가 막으면, 오른쪽에서 우리에게 접근할 것이다.

그저 당신의 주의를 분산시키는 것만으로도 그들에게는 승리라는 것을 잊지 마라. 그들은 당신이 하는 일을 궁극적으로 **무산시키려** 하며 그것이 여의치 않을 때는 최소한 그 일을 **지연시키려고** 한다.

마태복음 6장 33절과 디모데후서 2장 2절에 근거해 우리는 지혜와 분별력, 결단력으로 우리가 하는 일에 초집중해야 한다.

널리 만연한 독성의 공격을 가장 잘 정복한 사람 중 하나가 느헤미야였다. 그는 주전 5세기에 예루살렘 성벽을 재건하라는 하나님의 명령을 받았다. 자신을 반대하는 독이 되는 사람들을 능숙하게 다룬 느헤미야는 어떻게 하면 악의에 찬 적들을 현명하고 영적으로 민감하게 다룰 수 있는지 제시한다.

성벽 재건의 사명

배경 이야기를 잘 모르는 독자들을 위해 말하자면, 주전 586년 유다 왕 여호야김이 바벨론 왕 느부갓네살에게 반항하여 참담한 결과를 가져왔다. 바벨론 군대가 예루살렘을 파괴하고 예루살렘 성전을 잿더미로 만들어버린 것이다.

50년도 채 지나지 않아 바사 왕 고레스가 바벨론을 무너뜨리고 옛 예루살렘 지역의 통치권을 장악했다. 주전 536년에 그는 유대 민족이 예루살렘으로 돌아갈 수 있도록 허락했고, 유대 민족은 규모는 작지만 새로운 성전을 재건하여 주전 516년에 봉헌했다.

'성전'을 재건하는 일은 주변 사람들에게 큰 갈등이나 관심을 초래하지 않는 작은 종교적 몸짓이었다. 예루살렘은 여전히 인적이 드물어서 기껏해야 조그만 전초기지에 불과했다. 에스라는 이 상황을 바꾸려고 주전 455년에 장정 1,500명과 그 가족들을 예루살렘으로 이끌어 그곳에 정착할 수 있게 했다.

약 1년 후, 아닥사스다왕의 술 관원 느헤미야는 왕의 곁을 떠나 '예루살렘 성벽'을 재건할 수 있도록 허락을 구했고 이를 받아냈다. 성전 재건이 적들을 동요하게 만들지는 않았지만, 예루살렘 성벽을 재건하려는 느헤미야의 결심은 살기와 독성이 넘치는 악랄한 공격을 불러일으켰다.

자연스럽게 드는 의문은 '왜?'라는 것이다. 그로부터 60년 전에 완성된 **성전**과는 대조적으로 **성벽** 재건은 왜 그렇게 적들의 공격을 야기했을까?

성전의 종교적 의미가 바사 사람들에게는 특별히 위협이 되지 않았지만, 예루살렘을 둘러싼 성벽에는 **정치적** 의미가 있었다. 그것은 **종교적** 선언인 만큼이나 **시민적** 선언이기도 했던 것이다. 그래서 성벽 재건에는 느헤미야가 아닥사스다에게서 받은 왕의 허가가 필요했다.

여기서 배울 수 있는 교훈은 시민 활동을 하던 시민 지도자들이 종교 지도자들 못지않게 '하나님 나라를 먼저 구했다'는 것이다. 하나님이 당신의 노력 배후에 계시고, 그분이 당신의 동기부여에 영향을 미친다면 그리고 당신이 기쁘게 해드리려는 분이 하나님이라면, 교회와 관련된 일이 아니라 하더라도 당신은 하나님 나라를 먼저 구하고 있는 셈이다. 일부 독이 되는 반대 세력들에게는 종교 개혁보다 사회적 변화가 실제로는 더 큰 위협이 될 수 있다. 당신이 '교회 내부에 그 변화를 가두어놓기만' 한다면 그들은 만족할 것이다. 그러나 교회를 넘어 사회에도 영향을 미치시려는 하나님처럼 당신도 행동하려 한다면… 정신을 바짝 차려야 할 것이다.

사명을 최우선으로!

수많은 하나님의 참된 사역에서 흔히 볼 수 있듯이 독이 되는 사람들은 느헤미야를 저지하려고 뜨거운 열정으로 일어나 그에게 만남을 제의했다.

"산발랏과 게셈이 내게 사람을 보내어 이르기를 오라 우리가 오노 평지 한 촌에서 서로 만나자 하니"(느 6:2).

독이 되는 사람들의 말은 합리적으로 들리기도 한다. 느헤미야가 만남을 어떻게 거절할 수 있겠는가? 결국 하나님을 따르는 이들은 다른 사람들에게 손을 내밀도록 부르심을 받지 않았는가? 함께 만나 담소를 나누는 것이 무슨 문제가 되겠는가? 그러나 사명감이 투철한 사람들은 감상적인 어리석음에 낭비할 시간이 없다. 느헤미야는 그들의 본심을 꿰뚫어 보고 만남을 거부했다. 그 이유는 이렇다.

> 실상은 나를 해하고자 함이었더라 내가 곧 그들에게 사자들을 보내어 이르기를 내가 이제 큰 역사를 하니 내려가지 못하겠노라 어찌하여 역사를 중지하게 하고 너희에게로 내려가겠느냐 하매 그들이 네 번이나 이같이 내게 사람을 보내되 나는 꼭 같이 대답하였더니(느 6:2-4).

느헤미야는 이러한 간청이 선의의 노력이 아니라 주의를 흩뜨리는 독이 되는 공격임을 알아차린다. 그는 진리 가운데 살며 분별력을 발휘한다. 그에게 무의미한 만남은 시간 낭비일 뿐이다. 느헤미야는 어리석은 입씨름에 노력을 낭비하기보다 실용적인 표현으로 사실상 이렇게 말한다.

"너무 바빠서 당신들에게 한눈팔 새가 없습니다."

독이 되는 적들은 끈질기다. 그들은 막대한 피해를 끼치며 산다. 자신들의 나라를 구하면서 목적과 초점을 발견하는 대신에, 나라를 건설하는 다른 사람들을 공격하는 데 시간을 쏟는다. 여기서 보는 바와 같이, 그들은 안 된다는 대답을 거부한다. 그들은 느헤미야를 굴복시키려고 추가로 세 가지 호소를 덧붙인다.

이것은 주의를 기울일 만한 경고다. 대부분의 사람들은 어설픈 변명을 곁들여서 한 번은 거절할 수 있다. 좀 더 확고한 사람이라면 어쩌면 두 번째도 거절할 수 있을 것이다. 그러나 세 번째나 네 번째에는 거짓된 죄책감과 교만함, 사람들 비위를 맞추려는 태도 때문에 대개 넘어가고 만다.

느헤미야는 달랐다!

그는 자신의 사역과 소명에 충실하다. 산발랏은 느헤미야의 최종 거절에 협박으로 응답한다.

산발랏이 다섯 번째는(얼마나 **성가신가**!) 그 종자의 손에 봉하지 않은 편지를 들려 내게 보냈는데 그 글에 이르기를 이방 중에도 소문이 있고 가스무도 말하기를 너와 유다 사람들이 모반하려 하여 성벽을 건축한다 하나니 네가 그 말과 같이 왕이 되려 하는도다 또 네가 선지자를 세워 예루살렘에서 너를 들어 선전하기를 유다에 왕이 있다 하게 하였으니 지금 이 말이 왕에게 들릴지라 그런즉 너는 이제 오라 함께 의논하자 하였기로(느 6:5-7).

처음에는 '합리적인' 만남을 요청했지만 협박으로 악화됐다. **우리에겐 증인이 있다!** "우리가 요구한 대로 하지 않으면 엉뚱한 사람들이 이에 대해 듣고 당신은 응당한 대가를 치를 것이다"라고 말하는 셈이었다. 마치 느헤미야가 무슨 **잘못**을 저지르기라도 한 것처럼 말이다.

독이 되는 사람들은 일이 뜻대로 되지 않을 경우, 그다음 수로 당신의 동기가 사악하게 들리도록 만든다. 그들은 당신이 만나려 하지 않는 이유에 대해 다른 사람들에게 거짓말을 할 것이다. 그들은 당신이 하고 있는 일을 그만두고 자신들과 교류하거나, 그렇지 않으면 **그 대가를 치르라**고 주장할 것이다. 다른 사람들을 동원하여 당신에게 압력을 가하려고 할 것이다. 독이 되는 사람들은 1대 1로 당신을 방해하지 못할 경우, 자기들 전쟁에 다른 사람들을 끌어들이는 데 탁월하다.

그들은 왜 그렇게 신경을 쓰는 것일까? 당신이 그들의 사명이기 때문이다! 당신의 최우선 순위는 하나님 나라를 구하는 것이고, 그들의 최우선 순위는 그런 당신을 방해하는 것이다. 잘 이해가 되지 않을 것이다. 독이 되는 공격을 모두 이해하려고 하다가는 스스로 혼란에 빠져버리고 말 것이다. 그들은 앞뒤가 맞지 않는다. 쩨쩨하고 옹졸하다. 모든 사람이 먼저 하나님 나라를 구하는 데 전념한다면, 독의 영향력에 시간이나 의지를 쏟을 필요가 없을 것이다.

알리시아는 제니퍼라는 직장 동료와의 관계에서 이렇게 '집중을 흐트러뜨리는' 관계를 경험했다. 제니퍼는 업무와 상관없는 일들에서 알리시아에게 개인적인 도움을 끊임없이 요구했다. 신자인 알리시아는 도울 수 있는 일은 다 도왔지만 오래지 않아 상황이 손 쓸 수 없게 되어가고 있음을 깨달았다.

더는 제니퍼를 도울 수 없었고, 제니퍼의 부탁이 알리시아의 업무를 방해하고 있었다. 알리시아가 뒤로 물러서려 하면 제니퍼는 여백 없이 빼곡한 여섯 쪽짜리 이메일과 11분에 달하는 전화 메시지를 보내면서 앞으로 진격해왔다.

그리고 즉각적인 답변을 받지 못하면 자신이 필요할 때 알리시아가 도와주지 않아서 얼마나 상처를 받았는지 눈물겹게 이야기하곤 했다. 알리시아는 이내 지쳐버려서 자기 업무를 처리할 수 없었다. 자신이 책임진 일들에 집중하는 시간만큼이나 제니퍼를 피하는 데 시간을 허비했다.

여기에 우리가 붙잡아야 할 경고가 있다. 그리스도인들은 누군가로 인해 지치게 되면 자신이 이기적이라 생각하며 종종 죄책감을 느낀다. 하지만 독성을 다루느라 지치는 사이, 우리는 하나님의 사명을 완수하라는 부르심을 놓치고 집중력을 잃기 쉽다. 알리시아는 결국 건강한 사람들이 하는 행동을 했다. 약간의 경계를 세운 것이다.

"제니퍼, 우리 앞으로는 사적인 대화는 하지 말자. 업무 차원에서만 소통하기로 해."

건강한 사람이라면 이 상황을 직장에서의 합리적인 요청으로 생각하고 그에 따를 것이다.

제니퍼는 그렇지 않았다.

며칠 뒤, 다른 직장 동료들이 알리시아에게 접근하여 '어떻게 제니퍼를 그렇게 불공평하게 대할 수 있는지' 우려하는 듯한 질문을 하기 시작했다.

"제니퍼가 굉장히 상처받았어. 제니퍼는 알리시아가 자기를 버렸다고 느끼는데, 자기가 뭘 잘못했는지 모르겠대. 넌 이 일에 대해서 제니퍼에게 이야기하지 않을 거잖아."

알리시아는 어찌할 바를 몰라서 목회자의 조언을 구했다.

"알리시아, 당신이 제니퍼와 사적으로 대화를 나누고 싶어 하지 않는다는 걸 그 사람들이 어떻게 아는 건가요? 당신이 말했나요?"

내가 물었다.

"아뇨."

"당신이 제니퍼에게 하는 이야기를 그 사람들이 엿들었나요?"

"아뇨."

"그렇다면 제니퍼가 그 사람들에게 험담을 해서 알게 된 거군요."

많은 사람들은 **험담**이 독이 된다고 생각한다. 나는 일부러 그 단어를 사용했는데, 제니퍼가 영리하고 교활하게 구는 것처럼 보였기 때문이다. 사실 제니퍼는 자기가 무엇을 잘못했는지 **확실히** 알고 있다. 알리시아는 명료하고 전문적이었다. 제니퍼는 단지 알리시아가 내린 **결론**이 마음에 들지 않았고, 그녀는 독이 되는 사람들이 흔히 그렇게 하듯이 알리시아의 등 뒤에서 그녀를 험담하면서 모든 이야기를 불분명하고 혼란스럽게 만들려 했다.

알리시아는 제니퍼가 **여전히** 독이 되고 있다는 것을 깨달아야 했다. 제니퍼는 알리시아의 시간과 관심을 통제하려 했다. 다른 사람들을 동원하여 알리시아로 하여금 자신이 신자답지 못하게 행동했다고 느끼게끔 했는데 그건 영리한 공격이었다. 알리시아는 이를 적절히 다루어야 했다.

"그냥 이렇게 말하세요. '잘 들어. 제니퍼가 이 이야기를 너희에게 했다는 건 분명한 사실이야. 내가 한 적은 없으니까. 지금 여기서 그리스도인답게 행동하는 사람이 누구지? 내 뜻대로 일이 안 되면 남을 속이라고 성경이 말하던가? 너희는 왜 남의 험담이나 듣고 있는 거야?'라고요."

그러고는 알리시아에게 이번 공격에 굴하지 말고 자신의 평판에 의지하라고 충고했다.

"동료들에게 물어보세요. '내가 다른 관계들에서 악의적으로 보이니? 내가 무심하다고 생각한 적 있었어?'"

당신이 조심해야 할 노골적인 함정이 여기 있다. 어떤 사람들은 가짜 결핍감을 사용하여 당신의 시간을 빼앗고 당신의 진을 빼고 싶어 한다. 그게 먹혀들지 않아도 그들은 포기하지 않는다. 당신에게서 동정심을 끌어내지 못하면 그들은 당신을 방어적으로 만들려 할 것이다. 그들이 공격하면 당신은 자신을 방어하려 할 텐데, 그들은 그저 당신의 관심이 필요할 뿐이다. 그들은 당신의 시간과 노력과 에너지 일부를 계속 통제하기 원한다. 당신이 그들을 동정하건 화를 내건, 그것은 중요하지 않다. 당신이 그들을 알아보고 그들과 상호작용하며 시간을 보낸다는 사실이 중요하다.

앞에서 이미 살펴보았듯 통제가 핵심이다. 다시 말하지만 그들의 행동을 항상 이해할 수 있는 것은 아니다. 남의 사명을 훼방하는 것을 자신의 사명으로 삼는다니 얼마나 우스꽝스러운가. 하지만 독이 되는 사람들이 바로 그런 짓을 한다.

목회 사역 초기에는 이 말을 이해하지 못했다. 나는 모든 사람을 돕고 싶었다. 그런데 특정 상황에서 내가 버거운 지경에 이르러 뒤로 물러서려고 하면(숙련된 상담가나 전문 신학자가 아니기 때문에 내 지식과 이해에는 한계가 있다), 독이 되는 사람들은 눈치를 챘다.

"그 사람을 공격하더라도, 나는 그 사람과 관계를 계속 유지할 수 있어. 그가 내 공격에 반응할 테니까."

짜증 나고 불쾌한 관계일지언정 그들에게는 **엄연한 관계**이고, 독이 되는 사람은 오히려 그런 관계를 즐기기까지 한다. 이 함정에 빠지지 말라. 눈을 크게 뜨고, 산발랏이 느헤미야에게 가한 비뚤어지고 뒤틀린 공격을 주시하라.

이성적인 사람이라면 느헤미야가 자신을 왕이라고 선언하기 위해 그런 행동을 했다고는 생각하지 않을 것이다. 독이 되는 사람들은 진짜 사명이 부족하므로 가짜 사명을 만들어낸다.

느헤미야의 동기는 사랑과 믿음과 순종이었다. 독이 되는 사람들의 동기는 이기심과 증오와 갈등이다. 그런 이들과 상호작용을 해서는 그들을 이길 수 없다. **당신은 완전히 다른 경기를 하고 있기 때문이다.** 규칙도 전혀 다르다. 그러므로 느헤미야처럼 행동해야 한다.

내가 사람을 보내어 그에게 이르기를 네가 말한 바 이런 일은 없는 일이요 네 마음에서 지어낸 것이라 하였나니 이는 그들이 다 우리를 두렵게 하고자 하여 말하기를 그들의 손이 피곤하여 역사를 중지하고 이루지 못하리라 함이라 이제 내 손을 힘있게 하옵소서 하였노라 (느 6:8-9).

사람들이 하나님을 향한 당신의 사명을 훼방한다면 하나님께 피하라. "이제 내 손을 힘있게 하옵소서" (느 6:9).

그들에게 말을 걸거나 그들 때문에 시간을 낭비하지 말고 기도에 더욱 힘쓰라. 하나님의 마음과 용기, 위로와 확신을 받으라. 온 우주의 하나님으로부터 사랑과 교훈을 받는 데 써야 할 시간을 왜 독이 되는 사람을 달래는 데 낭비하는가?(마치 당신이 그들의 증오를 멈출 수 있기라도 한 듯 말이다.)

그러므로 독이 되는 공격에 대한 최고의 방어법은 요한 클리마쿠스가 말한 참된 온화함, 곧 "칭찬을 듣건 그렇지 않건, 존경이나 칭송을 받건 그렇지 않건, 영향을 받지 않는 영혼의 영구적인 상태"[1]를 구하는 것이다. 이 장의 마지막에서 살펴보겠지만, 그 목표는 악의적인 공격이나 공허한 아첨으로부터 완전히 자유로운 영혼, 하나님의 인정만을 고대하는 영혼이다. 단 한 분의 상사, 곧 하늘에 계신 우리 아버지를 모신 우리의 목표는 **그분**을 기쁘게 해드리고 **그분**이 이렇게 말씀하는 것을 듣는 것이다.

"잘하였도다 착하고 충성된 종아"(마 25:21).

거짓과 협박에 말리지 않았다

간청은 느헤미야에게 통하지 않았다. 협박도 마찬가지였다. 그래서 그의 적들은 다른 이들에게서 느헤미야를 '보호하려는' 친구인 척했다.

> 이 후에 … 내가 그(스미야) 집에 가니 그가 이르기를 그들이 너를 죽이러 올 터이니 우리가 하나님의 전으로 가서 외소 안에 머물고 그 문을 닫자 저들이 반드시 밤에 와서 너를 죽이리라 하기로(느 6:10).

'스미야'는 대체로 레위인이나 선지자, 제사장들에게 주어진 종교적인 이름이다. 여기 나오는 이 스미야는 선지자다. 도비야와 산발랏은 하님이 느헤미야에게 주신 사명을 훼방하려고 '종교적 은폐'를 선택했다. 그들은 느헤미야에게 정치적 여파를 경고했다.

"우리가 왕에게 말할 것이다."

느헤미야가 속지 않자 이제는 종교적 논쟁을 불러일으킨다.

"너는 분명 선지자의 말을 들었을 것이다."

그렇다면 느헤미야는 자신을 '보호하기' 위해 어떻게 해야 하는가? 자신의 사명을 그만두어야 한다! 이 하나님의 사람이 그런 말에 속아 넘어갈 리 없다.

> 내가 이르기를 나 같은 자가 어찌 도망하며 나 같은 몸이면 누가 외소에 들어가서 생명을 보존하겠느냐 나는 들어가지 않겠노라 하고 깨달은즉 그는 하나님께서 보내신 바가 아니라 도비야와 산발랏에게 뇌물을 받고 내게 이런 예언을 함이라(느 6:11-12).

느헤미야는 독이 되는 영악한 사람들을 상대하고 있다는 것을 알면서도, 그들에게 집착하지 않는다. 집착하면 또 다른 함정에 빠질 것을 알았기 때문이다. 그는 오히려 그들을 하나님께 맡긴다. 중상모략도, 험담도, 악의도 없다. 그저 기도할 뿐이다.

> 내 하나님이여 도비야와 산발랏과 여선지 노아댜와 그 남은 선지자들 곧 나를 두렵게 하고자 한 자들의 소행을 기억하옵소서(느 6:14).

슬프게도 이 본문에서 스미야와 노아댜가 보여주듯이, '교인'들은 교회에 다니지 않는 사람들만큼이나 독이 될 수 있다. 지혜로운 느헤미야는 그들을 반대하는 운동을 시작하거나 그들을 몰아내는 것은 자기 일이 아님을 깨닫는다. 그건 하나님의 일을 방해하기만 했을 것이다. 그들을 위해 기도하고, 그다음은 하나님께 맡기는 것이 최선이다. 결국 그들은 애초에 하나님을 드러내게 되어 있으니 말이다.

사명 완수

느헤미야의 집중력과 결단, 독이 되는 적들을 다루는 능숙한 솜씨의 최종 결과는 놀랍고도 큰 승리였다.

> 성벽 역사가 오십이 일 만인 엘룰월 이십오일에 끝나매(느 6:15).

느헤미야와 그의 일꾼들이 예루살렘 성벽 재건을 단 52일 만에 끝냈다는 것은 무척이나 기이한 일이다. 이는 성벽을 두 달 안에 완성할 수 있었다면, 왜 진작 짓지 않았느냐는 의문을 불러일으킨다.

답은 간단하다. 느헤미야 이전에는, 성벽을 완성하기 힘들 것이라고 요지부동하는 독이 되는 사람들을 거칠게 밀어붙이려는 지혜롭고, 통찰력 있고, 사명감을 띤 사람이 없었던 것이다. 사명감을 띤 사람들은 독이 되는 사람들의 훼방을 차단하면서 강한 집중력을 가지고 아주 짧은 시간 안에 많은 것을 성취할 수 있다.

독이 되는 사람들을 당황하게 만드는 최고의 방법은 그들을 무시한 채 그들이 중단시키려는 일을 완수해내는 것이다.

오직 하나님 한 분의 통제

이제부터는 영적으로 매우 인상적인 장면이 등장한다. 느헤미야는 독이 되는 사람들의 간청에 한눈팔지 않고, 그들의 위협을 피하고, 거짓으로 우정을 애원하는 것에 휩쓸리지 않았다. 그렇게 해서 그는 독이 되는 사람들에게 **굴복하기**보다 그들을 **반대함으로써** 그들을 더 잘 섬길 수 있었다.

어떻게 그럴 수 있는가?

거룩한 종이 자기 사명에 충실하여 하나님의 일을 완수하는 모습을 지켜보는 것만큼 독이 되는 사람들을 당황하게 만드는 것도 없다.

> 우리의 모든 대적과 주위에 있는 이방 족속들이 이를 듣고 다 두려워하여 크게 낙담하였으니 그들이 우리 하나님께서 이 역사를 이루신 것을 앎이니라(느 6:16).

얼마나 감격적인가!

독이 되는 사람들에게 증인이 될 수 있는 가장 좋은 방법은 당신의 임무에 집중하고, 훼방을 받더라도 그들의 장난에 놀아나지 않으며, 험담 대신에 기도하고, **일을 완수**하는 것이다. 하나님이 당신에게 투자하라고 하셨던 충성된 사람들을 찾으라. 긴급하다고 생각하는 임무를 완수하라. **그러면 그들은 그들 자신이 하나님이 아니요, 하나님이 하나님이심을 깨달을 것이다.** 이것이 그들에게 가장 필요한 메시지요, 당신이 그들에게 증인이 될 수 있는 가장 좋은 방법이다. 독성이 효과가 있다면,

그들은 독이 되는 전략을 절대 떠나지 않을 것이다. 독이 되는 사람이 부당하게 반대할 때 당신이 할 수 있는 최선은, 하나님께 받은 당신의 사명이 그들로 인해 방해받을 수 없음을 분명히 하는 것이다. 하나님이 능력을 주시고 숨결을 불어넣으신 성공을 통해 그들에게 증명하라.

독이 되는 적들의 뒤틀어진 모습은 이렇다. 그들은 당신을 조종하고 훼방하며 당신의 신(god)이 되려고 한다(다시 말하지만 이것은 통제에 관한 것이다). 그들은 당신을 조종하고 동기부여 하기를 바란다!

"나는 네 착한 심성에 간곡히 부탁할 거야. 그게 효과가 없으면 널 협박하겠어. 그것도 효과가 없으면 네 친구인 척하며 널 속일 거야. 다른 사람들, 국가 권위와 종교 권위를 모두 동원해서 날 돕게 할 거야. 결국 너는 내가 원하는 대로 하게 될걸!"

하나님의 종은 이렇게 대답한다.

"나는 네가 아니라 참되신 한 분 하나님을 섬긴다. 나는 네 뜻이 아니라 하나님의 뜻을 따른다. 네 공격이 아니라 그분의 사명이 나를 이끈다. 너는 나의 신이 아니니 나는 너를 섬기지도, 신경 쓰지도 않을 것이다."

이것이 독이 되는 사람들이 배워야 할 교훈이다.

또 한 번의 시도

느헤미야에게 배우는 마지막 교훈 하나 더! 독이 되는 사람들은 대개 패배를 인정하지 않는다. 느헤미야의 적들도 그랬다. 느헤미야 6장 후반부는 "도비야가 내게 편지하여 나를 두렵게 하고자 하였느니라"(느 6:19)고 말한다.

성벽이 완성되고 난 후에도 도비야는 포기하지 않았는데, 이는 또 다른 잠재적인 함정을 보여준다. 독이 되는 사람이 당신의 사명을 **중지시킬 수 없다면** 그들은 당신이 사명을 유지하는 동안 당신을 **훼방하기** 시작할 것이다.

당신이 할 일은 계속해서 독이 되는 사람들을 무시하면서, 투자할 만한 충성된 사람들을 찾는 것이다. 지혜로운 느헤미야가 이처럼 계속되는 공격 속에서 한 말을 잘 들어보라.

> 내 아우 하나니와 영문의 관원 하나냐가 함께 예루살렘을 다스리게 하였는데 하나냐는 충성스러운 사람이요 하나님을 경외함이 무리 중에서 뛰어난 자라(느 7:2).

느헤미야는 자신이 택한 '충성된 사람들'이 다른 이들을 가르칠 만한 자격이 있음을 발견하고 그들에게 집중했다. 우리도 그래야 할 것이다. 사람보다 하나님을 더 두려워하는 이들과 힘을 모은다면 하나님의 일을 앞당길 수 있는데, 왜 우리를 훼방하려고만 하는 독이 되는 사람들과 말싸움하느라 시간을 낭비하는가?

최종 결과

독이 되는 사람들을 능숙하게 다루며 사명에 성실했던 느헤미야로 인해 사람들은 하나님을 찬양하는 자리로 나아갈 수 있었다. 이제 예루살렘 시민들은 안전한 성벽 안에 모여 에스라의 인도하에 예배를 드렸다.

느헤미야는 이 예배를 이렇게 묘사했다.

> 에스라가 위대하신 하나님 여호와를 송축하매 모든 백성이 손을 들고 아멘 아멘 하고 응답하고 몸을 굽혀 얼굴을 땅에 대고 여호와께 경배하니라(느 8:6).

독이 되는 사람들에게 기쁨이나 만족을 주려 애쓰지 말고(그들을 달랠 방도는 없으니 시간 낭비일 뿐이다) **충성된 사람들이 하나님을 섬기고 예배하도록 도우며 살자.** 우리의 할 일은 하나님을 경외하기 원하는 사람들과 함께 새로운 예배의 길을 여는 것이다. 독이 되는 사람들에게 잘 보이려 애쓰지 말고 **충성된 사람들이 하나님께 열정을 느끼도록 도우며 살자.**

느헤미야서는 내 인생의 초점을 바꾼 구절과 함께 아름답게, 심지어 시적으로 끝이 난다. 문제를 명확하게 인식하고(성벽이 없어 예루살렘이 노출됨), 문제를 해결하라는 사명을 받아들이고, 독이 되는 적들의 훼방에 흔들리거나 패배하지 않는 법을 배우고, 맡은 일을 계속할 믿음직한 사람들에게 투자하고, 모든 민족을 새로운 예배로 이끌고 나서, 느헤미야는 마음속에 있던 참된 열망을 드러낸다.

> 내 하나님이여 나를 기억하사 복을 주옵소서(느 13:31).

독이 되는 사람들이 우리를 어떻게 보는지, 우리에 대해 무슨 이야기를 하고 다니는지 신경 쓰지 않고 오로지 하나님이 우리를 어떻게 기억하시는지만 신경 쓴다면, 우리는 하나님에게 가장 유익한 동역자가 될 것이다. 우리에게는 창조주인 하나님 한 분만 계신다. 그러므로 작은 '신들'이 우리에게 명령하고 우리를 설득하고 심지어 훼방하도록 내버려 두는 것은 우상숭배다.

포커스 온 더 패밀리(기독교 세계관에 기초한 미국의 대표적인 가정 사역 단체-역주)에서 내 인터뷰를 방송하면, 며칠 동안 행복하다. 아마존 책 판매량이 늘어난다. 사람들이 내 존재를 기억하고, 트위터나 페이스북에 내가 한 좋은 말을 올리곤 한다. 그러면 모든 사람이 행복하다.

글쎄, 모두는 아닐 것이다.

여기 한 여성이 있다. 그녀는 페이스북을 뒤져서 나에 대해 좋게 말하는 누군가를 찾아내어 내가 얼마나 끔찍한지, 내 책이 얼마나 파괴적인지, 왜 내가 하는 말을 들어서는 안 되는지 정확한 정보를 전달하는 것이 자기 삶의 소명이라고 믿는 듯하다.

마음이 약해질 때면 나는 거기에 대꾸를 했다. 원래 글을 올린 사람에게 사실을 설명해주고, 돌아가는 상황을 이해할 수 있도록 돕고 싶었다. 하지만 그러고 나서 그 안티팬이 다시 응답하면 상황은 엉망이 된다. 나는 언젠가 결국 문제의 여성에게 이런 글로 편지를 끝맺었다.

"당신과 언쟁을 하려는 게 아닙니다. 당신이 나를 어떻게 대했으며, 나는 같은 방식으로 대답하지 않았다는 것을 누구라도 알 수 있을 겁니다. 하나님이 우리 둘 사이를 심판하시기를 바랍니다."

이 사건에서 나는 하나님이 그 여성의 공격에 반격하려고 **단 10초도** 낭비하지 말고, 내 시간과 에너지를 남에게 도움이 되는 블로그나 책에 글 한 줄 더 쓰는 데 사용하라(충성된 사람에게 투자하라)고 말씀하고 계심을 분명히 느꼈다. 그 사람은 갈등을 즐긴다. 갈등이 그녀를 신나게 한다.

나는 그런 식으로는 아무도 돕지 않을 것이다.

대부분의 경우에는 하나님의 음성을 듣고 앞으로 나아가지만, 너무나 연약한 나머지 때로는 굴복하고 또다시 관계를 맺는다(앞으로 그런 일이 또 생긴다면 주저하지 말고 이 장을 펼쳐서 보여주길 바란다). 느헤미야 13장 31절은 그런 유혹의 시기에 내게 새로이 영감을 주는 성경 구절이 됐다.

"내 하나님이여 나를 기억하사 복을 주옵소서."

중요한 것은 이것뿐이다. 그 여성이 나를 어떻게 생각하느냐는 중요하지 않다. 인터넷상에서 다른 사람들이 나를 어떻게 생각하느냐도 중요하지 않다. 우리는 모두 **하나님의 복을 받아 그분께 기억되는 삶**을 살아야 한다. 당신의 창조주요 여호와 구세주가 하시는 말씀을 듣기 위해 살라.

"잘하였도다 착하고 충성된 종아"(마 25:21).

집중하는 법을 배워 우리의 사명을 이루고, 훼방에 저항하고, 참되신 한 분 하나님의 복을 받아 그분께 기억되는 삶을 살자. 그러기 위해서는 독이 되는 훼방꾼들을 단호히 거절해야 한다.

요점 정리

- 느헤미야의 경험은 독이 되는 사람들의 훼방을 받지 않고 임무를 완수하는 훌륭한 본보기를 제공한다.

- 하나님 나라를 먼저 구하는 것은 종교적인 일인 동시에 사회적인 일일 수 있다.

- 무슨 이유에서든지, 독이 되는 사람들은 다른 이들의 사명을 중지시키거나 지연시키는 것을 자신의 사명으로 삼는다.

- 독이 되는 사람들은 어떤 부탁(겉으로 보기엔 무해한)을 하면서 우리를 방해하려 하지만 그게 통하지 않으면 협박에 의지한다. 혹은 다른 사람들이 우리의 동기에 의문을 품도록 만들기도 한다.

- 독이 되는 훼방을 효과적으로 방어할 수 있는 훌륭한 방법이 두 가지 있다. 독이 되는 공격에 반응하지 않고 하나님께 기도하는 것과, 다른 사람들의 칭찬이나 공격에 동기부여를 받지 않는 영적 상태인 온화함을 드러내는 것이다.

- 사명감을 띤 사람들은 주의가 흐트러지지 않고 집중할 때 매우 많은 일을 빨리 끝낼 수 있다.

- 우리는 독이 되는 사람들에게 굴복하기보다 우리의 임무를 수행함으로써 그들을 더 잘 섬길 수 있다. 영적인 성공은 사람들을 하나님께로 돌이키고, 독이 되는 사람들에게 그들이 우리를 통제할 수 없음을 상기시킨다.

- 독이 되는 사람들에게 잘 보이려고 애쓰기보다는 충성된 사람들이 하나님을 섬기고 예배하도록 돕는 데 우리의 노력을 기울여야 한다.

- 독이 되는 공격에 대한 최선의 방어는 **하나님으로부터 복을 받아 그분께 기억되는 삶을 사는 것**이다.

11장
가룟 유다를 다루신 예수님

때로는 독이 되는 사람들 곁을 완전히 떠날 수 없을 때도 있다. 직장 동료이거나 친척, 상사, 교회 교인, 이웃, 사돈 가족 등일 때처럼 말이다. 조라는 독이 되는 사람과 계약 관계로 일하는 한 남자(마이크라고 하자)가 있다. 마이크는 조를 '만점짜리 자기도취자'로 묘사한다. 엄청난 사업 성공과 상당한 지적 능력에 힘입어 조는 자신을 축으로 움직이는 세상을 만들었다.

조는 진정한 친구가 없고, 자신의 (지금은 전) 부인을 두고 여러 번 외도했다. 그래서 그는 사람들을 자기 곁에 두기 위한 방편으로 '돈'을 쓴다. 직원들에게 후한 급여와 엄청난 보너스를 제공하는 식이다.

"조는 상대에게 수천 달러도 줄 겁니다. 하지만 그렇게 되면 그 사람들은 조에게 빚을 지게 될 뿐이죠. 조는 당신을 소유하고 싶은 거예요." 마이크의 말이다.

마이크가 조의 곁에서 미치지 않고 일할 수 있는 까닭은 첫째, 마이크가 (영적으로, 정서적으로) 무척 강인한 사람이며 둘째, 조를 똑같이 통제하려 하지 않기 때문이다.

"내가 조를 통제하는 유일한 부분은, 나에 대한 그의 통제를 얼마나 제한하느냐 하는 것입니다. 나는 조의 롤러코스터에 덩달아 올라타지 않습니다. 그가 불같이 화를 내더라도 그의 공격에 상처받지 않죠. 그가 기뻐서 어쩔 줄 몰라 하더라도 그의 칭찬은 받지 않아요. 조는 감정의 기복이 심하지만 난 일관성을 유지할 겁니다. 어떤 날이 됐든, 조가 그날의 내 기분을 결정할 수는 없습니다."

조는 마이크의 존경을 바랐고, 그 대가를 기꺼이 지불할 용의가 있다. 언젠가 조가 어떤 직원과 그 남편을 위해 휴가를 정성껏 준비했다. 모든 것이 최고급인 고가의 크루즈 여행으로, 비용도 미리 다 지불해주었다. 그 직원은 망설였다. 이제 막 임신을 해서 몸 상태가 최상이 아니었고 휴가 일정도 남편의 직장 상황과 맞지 않았다.

"돈을 이미 냈으니 가야 할 거야." 조가 말했다.

그녀는 몰랐지만, 마이크가 알고 있었던 사실은 이랬다. 그 직원은 조만간 소환되어 조에게 불리한 증언을 해야 했으므로 조는 그녀를 외국으로 추방하여 소환되지 못하게 할 심산이었다. 직원의 남편은 단호히 반대했다. 그들은 크루즈 여행을 **가지 않을** 작정이었다. 그러자 직원의 주치의를 알고 있던 조는 그 의사를 찾아가 자기 직원의 건강이 염려된다고 말하면서 그 직원에게 6주간의 장기 요양을 처방하게 했다.

직원의 출근을 막기 위해 치밀하게 계산된 음모였다. 조는 (가지도 못한) 크루즈에 얼마나 큰돈을 지불했는지, '장기 요양'을 떠난 직원을 자기가 어떻게 대신하고 있는지, 자신이 얼마나 모범적인 상사인지에 대해 떠벌리고 다녔지만 개인적으로 마이크는 그 말을 눈곱만큼도 인정하지 않았다.

"사장님은 그 직원을 교묘하게 조종하고 있어요. 그녀의 건강이 중요한 것이 아니라 사장님의 법적인 문제를 통제하는 것이 중요한 겁니다. 그 직원을 적당한 비용에 사려는 것일 뿐이죠."

마이크의 의견을 중요시했던 조는 마이크를 자기편으로 만들 계획에 착수했다. 그는 어느 날 점심시간에 나타나 이렇게 말했다.

"아주 근사한 스테이크 식당에 예약했어."

"저는 못 갑니다." 마이크가 대답했다.

"이봐, 지금껏 먹어보지 못한 최고의 점심이 될 거야."

"죄송합니다, 사장님. 제가 다른 약속이 있어서요."

조는 마이크에게 상자를 하나 건넸다.

"이게 뭡니까?"

"내가 가고 나면 열어봐."

상자를 열어보니 현금 5,000달러가 들어 있었다. 마이크의 전화를 받은 조는 이렇게 말했다.

"아, 열어보았구먼. 이제 우리 괜찮은 거지? 자네랑 나랑?"

"아니요, 제가 보기에 사장님은 여전히 바보처럼 행동하고 있어요. 와서 이 돈을 가져가지 않으면 사장님 전 부인(조와 이혼 소송 중인)에게 이 돈을 드리겠습니다."

"그러지 마! 지금 바로 갈 테니."

마이크는 조가 어떻게 동기부여를 받는지 이해함으로써 그의 옆에서

11장 가룟 유다를 다루신 예수님

계속 일할 수 있다. 그리고 자신의 진실성을 유지함으로써 누군가에게 소유되는 것을 피한다.

"조는 자기에게 빚진 사람들로 이루어진 완벽한 우주를 만들기 때문에 나는 그 우주에 포함되지 않는다는 걸 분명히 하는 겁니다. 조는 그 우주에 들어온 사람에게 두 가지 선택권을 줄 겁니다. **그의 충성을 얻으려고** 조는 무슨 일이든 할 겁니다. 하지만 그가 충성하지 않으면 그를 **망치기 위해** 자신이 할 수 있는 일은 뭐든 할 겁니다. 나는 조가 나를 망칠 수 없는 다른 사업에서 충분히 자리를 잡았고, 조도 그걸 알고 있죠."

마이크의 경우는 독이 되는 사람을 '어떻게든 피할 수 있을 때' 취할 수 있는 방법이다. 그러나 재정적인 필요나 업무상의 책임, 가족 관계 혹은 하나님이 주신 사명의 성취를 위해 '불가피하게' 독이 되는 사람들과 같이 살거나 일해야 한다면 우리는 예수님이 유다를 통해 보여주신 예를 따라서 많은 것을 배울 수 있다.

예수님과 유다

예수님은 종종 스스로 사람들에게서 떠나거나 사람들을 떠나보내셨지만 독이 되는 한 사람, 곧 그분을 배신한 유다만큼은 아주 가까이에 두셨다. 예수님과 유다의 상호작용에 기초하여 어떻게 해야 우리 자신이 미치지 않고 독이 되는 사람들과 함께 살거나 같이 일할 수 있을지 세 가지 전략에 집중해보자.

1. 예수님은 독이 되는 사람들이 죄를 짓지 못하게 하는 것을 자신의 사명으로

보시지 않았다

당신은 당연히 생각할지도 모르지만, 나는 유다가 도둑이라는 것을 알고도 예수님이 그를 말리시지 않았다는 사실을 알고는 깜짝 놀랐다. 다음 말씀에서 요한은 우리에게 단서를 제공한다.

> 제자 중 하나로서 예수를 잡아 줄 가룟 유다가 말하되 이 향유를 어찌하여 삼백 데나리온에 팔아 가난한 자들에게 주지 아니하였느냐 하니 이렇게 말함은 가난한 자들을 생각함이 아니요 그는 도둑이라 돈궤를 맡고 거기 넣는 것을 훔쳐 감이러라(요 12:4-6).

유다가 도둑인 것을 요한이 알았다면 **예수님도** 아셨을 것이다. 사실 예수님은 유다가 도둑보다 더한 사람이라는 것을 알고 계셨다. 요한복음 6장 70절에서 예수님은 이렇게 말씀하셨다.

> 내가 너희 열둘을 택하지 아니하였느냐 그러나 너희 중의 한 사람은 마귀니라 하시니 이 말씀은 가룟 시몬의 아들 유다를 가리키심이라 그는 열둘 중의 하나로 예수를 팔 자러라(요 6:70).

예수님은 유다가 독이 되는 사람임을 아셨다. 예수님은 언제든 유다를 무리에서 쫓아내서 그의 도둑질과 추후의 배신을 막으실 수 있었다. 하지만 그렇게 하시지 않았다.

왜일까?

예수님께는 더 큰 사명이 있었다. 먼저 하나님의 나라를 구하기 위해 예수님은 제자들을 양육하셔야 했다. 그리고 십자가에서 죽으셔야 했다. 우리와는 달리 예수님은 제자들과의 경건 싸움에 주춤하시지 않았다. 유다의 도둑질을 다루는 것은 신경외과 전문의가 환자 손톱을 깎는 꼴이다. 더 중요한 사안이 눈앞에 있었다. 더군다나 모든 사람이 죄를 짓지 않도록 하는 것이 예수님의 사명은 아니었다.

이 말은 신자들의 마음을 편안하게 해준다. 당신의 사명은 독이 되는 가족이나 동료들 가운데서 목격되는 모든 죄악에 맞서는 것이 아니다. 물론 아직 출가하지 않은 자녀와 함께 살고 있다면, 죄를 다루는 것은 영적 훈련의 일부분이다. 하지만 몰인정한 친구들과 직장 동료들, 친척들 중 누군가의 실수를 찾아내어 굳이 그것을 알고 싶어 하지 않는 사람들과 그것을 공유하며 엄청난 혼란을 초래하는 '죄를 캐내는 탐정'이 되는 것이 우리 사명은 아니다.

예수님은 제자 한 사람의 죄를 다루는 데 하루 24시간을 보내실 수도 있었다. "베드로야, 그 분노 좀 가라앉혀라!", "도마야, 여전히 나를 의심하는구나. 그렇지?", "다대오야, 또다시 사람들에게 아첨하고 있구나. 아첨쟁이를 좋아하는 사람은 없단다."

대신에 예수님은 충성된 사람들을 훈련하고 준비시키는 데 집중하셨다. 다른 사람들의 죄에 집중하면, 독이 되는 것에 집중하게 된다. **훈련**에 집중하면, 선한 것과 충성된 사람들에게 집중하게 된다. 후자가 훨씬 더 즐겁고, 궁극적으로 훨씬 더 생산적인 삶이다.

우리 목표는 먼저 하나님의 나라와 의를 구하고 그 과정에서 충성된 사람들을 찾는 것이다. 그러므로 사소한 일들은 스쳐 지나 보내야 한다. 명절에 자기 나이 절반쯤 돼 보이는 새 여자를 데려온 삼촌? 우리 알 바가 아니다. 사무실 회식에서 술을 너무 많이 마신 동료? 우리가 사장이 아니라면, 걱정할 일이 아니다. 게다가 한 가지 죄는 그리 큰 문제가 아니다. 하나님과의 멀어짐, 큰 정신적 충격, 해결되지 않은 상처… 이런 것들이 진짜 문제다.

다른 사람들을 대신해 양심의 가책을 받지 말고, 마음껏 그들을 기뻐하고 사랑하라. 마이크가 조에게 했듯이 진심 어린 질문을 받았을 땐 진실을 말해주라. 죄를 직접 목격했다는 이유만으로 검사나 판사나 배심원처럼 행동할 필요는 없다. 앞서 우리가 언급한 마이크에게는 교회 사역은 물론 충만한 인생과 자기 사업, 가정이 있다. 그가 조의 '죄'를 낱낱이 지적하는 것을 인생 목표로 삼았다면, 그는 아무것도 이루지 못할뿐더러 조와 함께 일하는 것을 견딜 수 없게 됐을 것이다.

더 큰 그림을 염두에 두라. 명절 가족 모임에서 자녀나 조카, 삼촌, 부모님이 하는 일에 대해 당신이 못마땅해하는 것을 모두에게 알리며 불화를 조장하는 대신, 조용히 격려하고 축복하고 영감을 주고 도전 의식을 북돋울 갈급한 영혼을 찾으라. 가장 '충성된' 사람들을 찾아 그들에게 투자하라.

2. 예수님은 유다의 독성에 전염되지 않으셨다

예수님께 궁금했던 모든 것을 질문할 수 있는 한 시간이 주어진다면, 당신은 얼마나 많은 돈을 지불할 용의가 있는가? 1세기로 돌아가 예수님의 기적을 보고, 그분의 가르침을 들으며, 개인적인 대화에 참여하고, 그분이 기도하고 제자들과 소통하는 모습을 보면서 일주일의 시간을 보낼 수 있다면 그 시간은 당신에게 얼마나 가치가 있겠는가?

내 생각에 이런 책을 읽는 당신이라면 엄청난 가치가 있을 것이다. 그렇게 생각하니 유다의 배신이 훨씬 더 배은망덕해 보인다. 예수님은 역사상 가장 특별한 인생을 지켜볼 수 있는 맨 앞자리를 유다에게 주셨지만 그는 예수님을 팔아버렸다. 그런데도 예수님은 제자들의 발을 씻기신 최후의 만찬 자리에 유다를 참석시키셨다.

나를 경외감에 빠뜨린 정말 놀라운 어떤 그림에서, 예수님은 이 세상 그 무엇보다도 가장 거룩한 두 손, 인류 역사상 가장 고귀한 두 손, 우리를 구원하시기 위해 못 박혔던 두 손, 그 아름다우신 손으로 자신을 배신한 독이 되는 자의 발을 씻기셨다. 배은망덕함과 악의 앞에서도 예수님은 관계 회복을 향한 문을 열어두셨다. 예수님은 사실상 이렇게 말씀하시면서 끝까지 유다를 사랑하셨다.

"너는 내가 널 미워하게 만들 수 없다. 나는 네 독성에 전염되지 않을 것이다."

배신의 행위가 이루어지는 동안 벌어진 일은 내게 놀랍기만 하다. 유다가 예수님을 로마 군인들에게 넘겨주려고 그분께 다가오자, 예수님은 유다를 바라보며 이렇게 말씀하신다.

"친구여 네가 무엇을 하려고 왔는지 행하라"(마 26:50).

친구라니?

차라리 **스컹크**가 어때? **뱀**은?

예수님이 "친구여"라고 말씀하신 것은 그분 몸에는 독이 되는 분자가 하나도 없었기 때문이다. 독성이 뿌리내릴 구석이 없었다.

하나님은 철저하게 **사람들 편**이시다. 하나님은 모든 사람이 진리를 아는 데 이르기를 원하신다(딤전 2:4). 하나님을 따르는 우리도 모든 사람을 위해야 한다. 설령 그들이 하는 일을 반대하더라도 말이다. 우리가 독이 되는 사람들과 함께 살면서 일해야 한다면, 우리 사명은 그들의 독성에 전염되지 않는 것이다. 그들이 우리를 대하듯이 그들을 대해서는 안 된다. 악을 악으로 갚아서는 안 된다. 사랑하고 섬겨야 한다. 우리 마음을 지켜서 그들의 나쁜 본보기에 중독되지 않아야 한다.

삼십 대 중반인 니콜은 여성들에게 호의적이지 않은 산업 분야에서 일하고 있다.[1] 물론 그 분위기는 조금씩 변화되고 있지만 니콜은 여전히 '아직은'의 환경에 맞서야 하는 선구자다. 니콜은 여성이라는 이유로 일부 남성 동료들에게서 하찮은 대접을 받아왔는데 내가 들어도 그건 분명히 여성 혐오적인 대접이었다. 가령 한번은 니콜이 회사에 수십만 달러의 손실을 안겼던 어느 남성 동료의 실수를 지적했는데, 그는 니콜에게 오늘이 '그날'이라서 화를 내느냐고 물었다.

니콜은 왜 그 자리를 지키는 것일까? 독실한 신자인 그녀는 이것이 자신의 삶을 향한 하나님의 사명이라고 확신한다.

"그리스도 안에서 내가 누구인지 확신하지 못했다면, 내가 직면한 독성을 다룰 수 없었을 겁니다. 솔직히 내가 그리스도인이라는 사실은 내가 여자라는 사실만큼이나 몇몇 동료들에겐 비웃음을 살 만한 일입니다. 그들은 그리스도인들을 무지하고 반과학적이며 나약한 공상적 박애주의자라고 생각하니까요."

니콜은 나이 차가 많이 나는 여동생이 있는데, 그 동생을 위해서 좋은 본보기를 만들고 싶어 한다.

"누군가 여성 혐오적이고 반기독교적인 말을 할 때마다 내가 직업을 바꾼다면, 독이 되는 사람들이 이길 겁니다. 내가 경쟁에서 밀리면 영향력을 잃게 될 텐데, 그건 이기적인 행동이 될 겁니다. 나보다 젊은 여성들과 다른 그리스도인들이 그 전쟁을 치르며 고통받아야 할 테니까요. 직장에서 일하다 보니 최고경영자에게 일종의 존경심을 갖게 됐어요. 그래서 난 이제 갓 입사한 사람처럼 쉽사리 이리저리 휘둘리지 않아요. 그래도 참아야 할 일이 많냐고요? 네, 그럼요."

니콜은 독이 되는 분위기에 중독되지 않으려고 최선을 다한다. 동료들을 위해 기도한다. 간부 회의실에서 오간 과열된 비판들에 초조해하기보다 친구에게 전화를 걸어 '건전하고 유익한' 대화를 나눌 줄도 안다. 팟캐스트 방송을 들을 수도 있을 것이다. 니콜은 하나님의 일이 진전되고 있음을 기억한다. 하나님은 많은 사람들의 삶을 어루만지시고, 때로 니콜을 어두운 곳에 보내 빛이 되게 하셨다. 그녀의 사명은 독이 되는 동료들과 싸우는 것이 아니라, 사명을 완수하고 그 과정에서 자신의 영혼을 지키는 것이다. 니콜과 마이크의 공통점은 바로 **내면의 힘**이다. 니콜은 자신을 옹호하는 것이 두렵지 않다.

"최고경영자 같은 간부들을 대할 때 반드시 기억할 점은, 당신이 회사에 이바지하는 사람임을 그들에게 보여주는 것입니다. 당신이 회사에 존재하는 이유이기도 하죠. 다른 동료들이 당신을 정의하거나 당신의 한계를 규정하게 해서는 안 됩니다. 그리고 계속해서 집중하세요. 여성 친화적인 직장을 만드는 것이 내 일은 아닙니다. 궁극적으로는 내가 돈을 받고 하는 일을 잘 해내는 것이 내 일이고, 그렇게 해서 부차적으로 우리를 뒤따르는 다른 여성들을 도울 수 있습니다.

나에게 주어진 모든 플랫폼이 하나님이 맡기신 자산이라고 생각합니다. 어쩌다 그렇게 된 것이 아니니, 훌륭한 청지기가 되어야 합니다. 하나님이 나를 이곳에 두신 이유가 있습니다. 그리고 독이 되는 사람들을 다루는 법에 대해 내가 배운 한 가지는 **갈수록 쉬워진다**는 것이죠. 이미 몇 차례 그런 경험을 한 사람은 더는 크게 두려워하지 않아도 됩니다. 결말이 어떤지 잘 알 테니까요. 어떤 면에서 운동과 거의 흡사합니다. 당신은 점점 강해집니다. 점점 더 무거운 아령을 들어 올리고, 유산소 운동도 더 오래 할 수 있게 되죠."

니콜은 자신의 믿음 때문에 우쭐하지 않을 수 있다.

"굉장히 영향력 있고 성공한 최고경영자와 건전한 방식으로 관계 맺는 법을 아는 사람은 그리 많지 않아요. 최고경영자가 한마디 할 때마다 행간의 뜻을 파악하느라 압도되기도 하고, 혹은 말 한마디 못하고 그 사람에게 압도당하기도 하죠. 나는 그 사람이 내 삶에서 그런 역할을 하지 못하게 하겠다고 마음먹었습니다. 나는 하나님의 딸이라는 내 존재에 정착했습니다. 나를 인정하고 확인해줄 다른 아버지는 필요 없어요. 궁극적으로, 내가 하는 일이 나를 고용해야 하는 이유를 확인해줄 겁니다. 내 일은 내가 통제할 수 있지만, 다른 사람들이 내 일을 휘두르는 건 통제할 수 없죠.

솔직히 말해서 항상 그렇지는 않지만, 가장 심하게 남을 괴롭히는 사람들이 대개는 가장 자신감 없는 사람들이란 걸 깨달았어요. 나는 그 사람들이 역겨운 만큼이나 불쌍하다는 생각을 자주 합니다. 그 사람들이 나에게 말하듯 누군가와 대화한다면, 자기 인생이든 결혼 생활이든 행복할 수 없을 거예요. 행복해지기엔 그들의 영혼에 너무 많은 불안감과 질투, 쩨쩨함, 천박함이 있으니까요. 때때로 거울을 바라보며 자신의 변해버린 모습을 인정하는 것이 그들에겐 고통스러운 일일 거예요.

그래서 나는 자기 삶을 망쳐버린 그런 사람들이 내 삶까지 망치도록 내버려두지 않을 겁니다. 그런 사람들이 내 일자리를 결정하지 못하게 할 거예요. 독이 되는 사람들로 사무실이 가득해서 내 건강과 가족에 영향을 미친다면 그만둬야겠죠. 하지만 독이 되는 사람 두어 명쯤은 얼마든지 대처할 수 있어요. 이 바닥에서 살아남으려면 그건 필수죠."

니콜은 예수님이 유다에게 하셨듯이, 자기 **일과 성품**을 지키는 법을 배웠다.

3. 예수님은 유다의 독성을 변호하지 않으셨다

예수님은 유다가 배신하는 순간까지도 그의 발을 씻기고 그를 친구라 부르며 관계를 유지하셨지만, 유다의 행동이 독이 된다는 점을 부정하듯 행동하시지는 않았다. 실제로 최후의 만찬에서 예수님은 유다가 자신의 계획을 관철하려 한다면 결과가 좋지 않을 것이라고 경고하셨다.

> 인자는 자기에 대하여 기록된 대로 가거니와 인자를 파는 그 사람에게는 화가 있으리로다 그 사람은 차라리 나지 아니하였더라면 자기에게 좋을 뻔하였느니라(막 14:21).

겟세마네 동산에서 유다가 예수님께 입을 맞추었을 때 예수님은 이렇게 반응하셨다.

> 네가 입맞춤으로 인자를 파느냐?(눅 22:48)

우리는 독이 되는 사람을 애써 변호해줄 필요가 없다. 독이 되는 그들의 행동을 '그렇지 않은 것'으로 간주해줄 필요가 없다. 그들의 의도는 선한데 사람들이 오해한 것처럼 행동할 필요도 없다. 이런 사실은 우리가 온전한 상태를 유지하는 데 도움을 준다! 독이 되는 사람은 사물을 왜곡하고, 사람들에게 현실감이나 판단력을 잃게 만듦으로써 그들의 정신을 황폐화하는 데 능숙하다(상담가들은 이것을 가스라이팅이라고 부른다).

그러나 예수님을 따르는 우리는 "내가 곧 길이요 진리요 생명이니"(요 14:6)라고 말씀하신 예수님께 헌신했기에 진리에 헌신해야 한다. 피난처 되는 진리 없이 독이 되는 사람들과 교류한다면 당신은 미치기 시작할지도 모른다. 하나님은 질서의 하나님이시다. 광기는 독성의 분명한 신호다.

마이크가 조에게 맞선 것을 기억하는가? 조는 뇌물이든 협박이든 무슨 수를 써서라도 마이크의 인정을 받고 싶어 안달인 듯했다. 하지만 마이크는 완강했다.

"사장님은 교묘하게 그 여자를 조종하고 있습니다. 사장님이 무슨 말을 하고 어떤 행동을 하든, 저는 마음을 바꾸거나 가식적으로 행동하지 않을 겁니다."

마이크는 조의 모든 행동이 잘못이라고 지적하지는 않는다. 하지만 직접 질문을 받을 때면, 괜찮지 않은데 만사가 괜찮은 척하는 일을 **절대 하지 않는다**! 그는 허튼소리를 이해하려 하거나 교묘한 속임수에서 선의를 찾아내려 하지 않는다.

정말 식상하게 들리겠지만, 나는 평소보다 기도를 많이 하면 미칠 것만 같은 상황에서도 어느 정도 온전한 정신이 든다는 것을 깨달았다. 제

정신을 차릴 수 없는 곳에서 어쩔 수 없이 시간을 보내야 할 때면 온전한 정신을 회복해주시는 진리의 하나님과 대화하고 그 음성을 들으며 시간을 보내라. 거기엔 특별한 무언가가 있다.

하나님이 모든 상황을 알고 계신다는 사실을 믿고, 그분만이 모든 것에 대해 해명을 요구하실 수 있는 분임을 기억할 때, 우리는 그분의 지식과 약속과 보호 안에서 쉴 수 있다.

아무 것도 염려하지 말고 다만 모든 일에 기도와 간구로, 너희 구할 것을 감사함으로 하나님께 아뢰라 그리하면 모든 지각에 뛰어난 하나님의 평강이 그리스도 예수 안에서 너희 마음과 생각을 지키시리라(빌 4:6-7).

요점 정리

- 때로 독이 되는 사람들을 피할 수 없을 때는 그들 곁에서 생활하고 일하는 법을 배워야 한다. 이를 위해서는 그 어느 때보다 강해져야 할 필요가 있다.

- 통제하는 상대를 통제하려 하지 말라. 어쩔 수 없이 그들 주변에서 일하더라도, 그들의 감정 기복에 휘둘리지 마라. 상대와의 사이에 건전한 거리감을 유지하라.

- 중요한 것을 최우선으로 지키라. 사람들로 하여금 죄를 짓지 않게 하는 것이 우리 일은 아니다. 믿음직한 사람들에게 투자하는 데 집중하라.

- 누군가의 독성이 당신도 그와 유사한 방식으로 독성을 내뿜도록 부추기게끔 허용하지 말라. 우리는 독이 되는 사람들의 행동과 말을 통제할 수는 없지만, **우리의** 행동과 말은 통제할 수 있다.

- 니콜의 사례는 우리가 독이 되는 동료나 상사와 함께 일할 수는 있지만 그런 사람들에게 우리 자신을 입증할 필요가 없다고 일깨워준다. 그리스도 안에서 자신을 안다면 우리는 <u>스스로</u> 동기를 부여할 수 있다.

- 자기 인생을 망치고 있는 사람이 당신 인생도 망치도록 내버려두지 말라. 일은 회사에서 끝내라(혹은 가족 드라마는 가족 모임에서 끝내라).

- 미친 사람을 미친 사람이 아닌 척 간주해줄 필요가 없다. 우리는 진리를 따라 산다. 독이 되는 사람이 독이 되지 않는 것처럼 여겨주며 행동할 필요가 없다. 독이 되지 않는 방식으로 그들과 상호작용 하는 법을 배우기만 하면 된다.

12장
세상이 너희를 미워하거든

태평양 연안 북서부에서 뛰놀며 자란 나는 늦봄이나 여름에 달릴 때 조금씩 내리는 비는 대부분 개의치 않는다. 오히려 비는 휴스턴의 열기를 잠시 피할 수 있는 반가운 휴식이 되기도 한다.

텍사스 주 크기만 한 폭풍이 지나가던 어느 날 저녁, 나는 휴스턴에서 가장 큰 공원을 거의 전세 내다시피 했다. 굳은 날씨도 굴하지 않고 5킬로미터에 달하는 메모리얼 파크 주변을 달리는 사람은 나를 포함해 세 사람뿐이었다. 비가 오는가 싶더니 이내 천둥 번개로 바뀌었고, 비바람이 심해지면서 나무 한 그루가 내 왼쪽으로 쓰러졌다. 거센 바람에 빗줄기가 수평으로 내리며 옆에서 나를 후려쳤다. 물웅덩이가 생겨나 내 신발을 집어삼키는 것 같았다. 시애틀 출신인 나조차도 감당하기 힘든 상황인지라, 계획에 없던 전력 질주를 하면서 차로 뛰어갔다.

나는 달리기하는 내내 기도하고 있었는데, 뭔가 그런 상황에서는 종종 하나님이 내게 가르침을 주시는 것을 느낄 수 있다. 나는 폭풍이 하나님의 일과 일꾼들을 향한 사탄의 분노를 극명하고 무시무시하게 보여준다고 생각했다. 폭풍은 하나님의 적들이 하나님의 교회에 가하는 폭력과 테러, 다양한 공격을 물리적이고 구체적으로 표현해주었다. 때로는 그런 공격으로부터 피난처를 찾는 것이 최선이다. 하나님의 친구가 되는 것은 하나님의 적의 적이 되는 것이라는 그분의 경고가 나에게는 어려운 진리였다.

> 세상이 너희를 미워하면 너희보다 먼저 나를 미워한 줄을 알라 너희가 세상에 속하였으면 세상이 자기의 것을 사랑할 것이나 너희는 세상에 속한 자가 아니요 도리어 내가 너희를 세상에서 택하였기 때문에 세상이 너희를 미워하느니라 내가 너희에게 종이 주인보다 더 크지 못하다 한 말을 기억하라 사람들이 나를 박해하였은즉 너희도 박해할 것이요 내 말을 지켰은즉 너희 말도 지킬 것이라 (요 15:18-20).

물론 예수님이 우리에게 원수까지 사랑하라(마 5:44)고 말씀하셨다는 의미에서 우리는 적을 '적'으로 보지 않는다. 그러나 하나님이 그분을 따르는 자들을 원수까지 사랑하도록 인도하시듯, 사탄의 자녀들은 (그들을 위해 기도하고 그들의 영혼을 염려하는) 자기 친구조차 미워하도록 인도함을 받는다. 깜짝 놀랄 만한 사례를 몇 가지 살펴보자.

- 영국의 언론인 크리스토퍼 히친스(Christopher Hitchens)는 '지옥의 천사'(Hell's Angel)라는 제목으로, 테레사 수녀를 악의적으로 비판한 다큐멘터리를 공동

제작했다.
- 프랑수아 페늘롱(François Fénelon), 존 웨슬리(John Wesley), 친첸도르프 백작(Count Zinzendorf) 같은 인물들에게 큰 격려가 된 글을 남긴 귀용 부인(Madame Guyon, 1648-1717)은 *A Short and Easy Method of Prayer*(짧고 쉬운 기도법)라는 책을 쓴 죄로 8개월간 감옥살이를 했다. 적들은 감옥에 있는 부인에게 독을 주었는데, 부인은 그 영향으로 이후 7년 동안 고통을 받았다. **사람들이 기도하도록 격려했다는 이유로 말이다.**

성경과 기독교 역사에 나오는 이야기는 매우 많다. 도중에 비난과 미움, 박해를 받지 않고 먼저 하나님의 나라를 구하는 것은 사실상 거의 불가능하다. 식민지 시대에 대중적인 인기를 끈 어떤 설교자는 〈박해: 모든 그리스도인의 운명〉[1]이라는 제목의 유명한 설교를 하면서 '**모든**'(막 10:29-30)이라는 단어를 강조했다.

예수님은 모욕을 당하고, 범죄자로 몰려 처형당하고, 위협적인 존재로 인식되고, 완전히 업신여김을 받으셨다. 그런데 우리는 칭찬받기를 요구해서야 되겠는가? 사도 바울은 초기 사도들이 저주를 받고 "만물의 찌꺼기"(고전 4:13)로 불렸다고 말했는데, 그렇다면 트위터 팔로워 서른 명을 거느린 외톨이가 우리를 공격한다고 해서 공황 상태에 빠져서야 되겠는가?

설상가상으로 일부 그리스도인들은 우리가 세상에서 박해받는 유일한 이유와 미움받는 진짜 이유는 우리가 가증스럽기 때문이라고 가르쳐서 이러한 박해에 힘을 실어준다. 많은 경우에 그 말이 사실일 수도 있다. 우리가 은혜와 자비가 부족하고 불쾌한 독선으로 가득 찬 말을 한다면, 이따금 주먹으로 얼굴을 맞더라도 놀라서는 안 된다.

그러나 우리가 "예수님처럼 사랑하면 세상이 우리 앞에서 녹아내리고 반대를 중단하고 우리를 칭찬하고 우리 지위를 높여줄 것이라"고 말하는 것은 지난 2000년 동안 완전한 사랑의 예수님이 받으신 대접과 그분을 따른 수많은 고귀하고 충실한 사람들이 당한 괴롭힘을 완전히 외면하는 셈이다.

우리가 아무리 애정 어린 행동을 하고 너그럽게 베풀며 섬김을 지향하는 삶을 산다 해도 세상이 우리를 미워하지 못하게 만들 수 없다(그럼에도 우리는 열렬히 사랑해야 하지만 말이다). 지금껏 그랬듯, 앞으로도 그런 일은 없을 것이다. 우리를 향한 세상의 증오를 멈추게 할 유일한 방법은, 예수님을 반대하는 세상에 적절히 동의하고 동조하는 것뿐이다.

오늘날 교회는 요한계시록 2장 19-20절에 나오는 두아디라에 대한 경고에 주의할 필요가 있다. 두아디라는 사랑과 섬김, 사업에 뛰어났다. "내가 네 사업과 사랑과 믿음과 섬김과 인내를 아노니." 그러나 예수님은 성적 문란에 대한 가르침을 묵인하는 두아디라 교회를 꾸짖으신다. 이 교회는 사랑에 뛰어났지만 성적인 죄에는 관대했는데, **예수님은 이에 대해 두아디라에 도전하셨다.** 사랑은 매우 중요하지만, 성경적 진리를 증명하지 않는 사랑의 행동은 자기 의로 향하는 겁쟁이의 길(세상의 분노를 피하면서 예수님을 따르는 것처럼 보이려는 교활하고 그릇된 시도)이다.

그러한 겁쟁이의 길을 택하는 사람들은 다른 사람들을 진심으로 사랑하지 않으며 예수님을 사랑하지 않게 된다. **자기 자신만** 사랑하게 된다. 프란치스코 드 살은 모든 그리스도인에게 사랑하라고 명령하면서 그 대가로 사랑받기를 바라서는 안 된다고 상기시킨다.

세상은 악한 눈으로 우리를 지켜보고 있으므로 우리는 그에 결코 동의할 수 없다. … 성 바오로의 말씀처럼 자비는 자애롭고 다정하지만 세상은 악이 가득하다. 자비는 악한 것을 생각하지 않지만 반대로 세상은 언제나 악한 것을 생각하며, 우리 행동을 비난할 수 없을 땐 우리 의도를 비난할 것이다. … 우리가 무엇을 하든, 세상은 우리와 전쟁을 벌일 것이다.[2)]

17세기 영국 성공회 사제인 제레미 테일러(Jeremy Taylor)는 다음과 같이 동의한다.

사람들이 자신 안에 감춰진 죄에 대한 사랑을 포기하지 않는다면, 사도 한 사람을 죽이고도 자신이 하나님을 잘 섬긴다고 생각할 만큼 무지할 수 있다. 그들은 하나님 나라를 방해하고, 질서가 잘 잡힌 교회의 평화를 깨뜨리고, 자신의 아버지에 대항하여 일어나고, 교인들에게 잔인하고, 사람들을 선동하여 반란을 일으킬 수도 있다. 이 모든 일은 … 교만한 영과 함께한다.[3)]

테일러에 따르면 그들이 이렇게 행동하는 까닭은 자신들의 행동을 죄로 인정하기보다 교회 전체를 무너뜨리는 편이 그들 취향에 더 맞기 때문이다. 그들은 진리에 따라 사는 것보다 진리에 도전하는 것이 더 쉽기에 진리를 말하는 사람을 잔인하게 공격한다. 이들은 **"내게 동의하지 않으면 대가를 치르게 해주겠다"** 는 좌우명을 따라 산다. 이것은 통제와 살인이 하나의 독이 되는 운동으로 포장된 것이다.

예수님은 이 세상이 자신을 미워하는 것은 그분의 사랑이 실패해서가 아니라 "내가 세상의 일들을 악하다고 증언함이라"(요 7:7)고 말씀하셨다. 모든 사람을 모든 면에서 완벽하게 사랑하신 유일한 분이 **'사랑이 부족해서가 아니라 악에 반대하셨기에'** 미움을 받으셨던 것이다. 악을 기뻐하며 우리를 공격하는 독이 되는 사람들에게 우리는 어떻게 대응해야 할까?

종교적 언어로 가장한 공격

실라 레이 그레고어(Sheila Wray Gregoire)는 캐나다 출신 블로거이자 작가, 강연가다. 원칙적으로 그녀는 '예의 바른' 대화가 거의 이루어지지 않는 결혼 생활의 문제를 다루면서 웬만한 사람은 엄두도 내지 못할 말들을 한다. 내 생각에 그녀는 '진리와 균형을 이루는 하나님의 은혜'에 대해 솔직하게 이야기를 풀어갔지만 안타깝게도 그녀에게 '땅에 구멍을 파고 기어들어가 죽어버리라'고 말하는 악성 댓글들이 달렸다.

여기에 나는 실라가 '경청이 필요한 사람과 독이 되는 사람을 잘 분별해내는 방법'을 어떻게 배웠는지 소개하려 한다.

비판에 대처하면서 내가 깨달은 것이 하나 있다면 모든 사람이 건전한 토론에 참여하려는 건 아니라는 사실이다. 그것은 내게 가장 큰 돌파구가 되었다. 내가 쓴 글을 공정하게 비평하면서 거기에 관여하려는 사람들이 있는가 하면, 유사한 단어와 문장을 사용하면서도 말투가 다른 사람들도 있었다. 후자는 나를 비평하는 것이 아니라 나를 망치려 했다. 그들을 만족시킬 유일한 방법은 그저 입을 닫고 있는 것뿐이었지만, 나는 그럴 준비가 되어 있지 않았다.[4]

여기서 실라가 하는 이야기는 독이 되는 사람들에게 굴복하지 말고 하나님을 섬기라는 이 책의 주제에 완벽하게 들어맞는다. 실라는 때로 사람들이 교묘한 방법으로 기독교의 언어를 가져다가 사용한다는 것을 알 만큼 노련하고 현명한 사람이었다. 그녀는 내게 이렇게 써 보냈다.

기독교의 언어를 사용하는 사람이라고 해서 반드시 주의를 집중할 필요가 없다는 것을 배웠습니다. 그것만으로도 저는 큰 짐을 덜었어요. 그들의 말이 가치가 있는지 없는지에 집착하는 대신에 이렇게 질문할 수 있죠. '우리의 관점이 달라서 그들이 걱정하는 것일까, 아니면 단순히 내 사역을 모조리 막으려고 하는 것일까?' 후자에 속하는 사람들이라면 그냥 무시해버립니다.

그리스도인처럼 이야기하거나 **기독교의 언어를 사용**한다고 해서 그들이 기독교의 진리를 말한다는 의미는 아니다. 그 점을 간파하기 전까지는 우리는 기독교 언어로 표현된 독이 되는 공격에 좌절하고 당황하게 될 것이다.

예수님은 바리새인들을 대하며 이런 상황에 맞닥뜨리셨다. 바리새인들은 예수님을 존경하는 척하며 이렇게 말했다.

"선생님이여 우리가 아노니 당신은 참되시고 진리로 하나님의 도를 가르치시며"(마 22:16).

예수님은 그들의 악함을 꿰뚫어 보시고 이렇게 지적하셨다.

"외식하는 자들아 어찌하여 나를 시험하느냐?"(마 22:18)

"참되시고 진리로 하나님의 도를 가르치시며" 같은 말들은 선하고 거룩하게 들리지만 그 동기는 사악했다. 더러운 사람이 깨끗한 옷을 입을 수는 있지만 그렇다고 해서 그 옷을 입은 사람 자체가 깨끗해지지는 않는다. 은혜를 가장한 종교는 영속적으로 강력한 폭력이 될 수 있다. 은혜가 없으면 종교는 타락하기 쉽다. 독선적인 종교는 독이 되는 행위의 죄성을 지적하기보다 불난 집에 기름을 붓는 격이다.

"나는 그저 믿음을 지키려는 것뿐이라고!"

진정으로 그리스도를 따르는 사람이라면, 그리스도의 메시지만 말하지 않을 것이다. 그리스도의 **방법**도 사용할 것이다. 실라는 이런 교훈도 배워야 했다.

오랫동안 나는 복음에 대해 옳은 말만 하는 사람들이 나의 사역에는 엄청난 상처와 낙담을 안겨줄 수 있다는 것을 인정하고 받아들이려 애를 썼다. 그러다가 이런 깨달음을 얻었다. 나는 '사람들이 실제로 어떻게 행동하느냐'보다 '자신이 믿는 바라며 말하고 있는 것들'을 보며 그들을 판단했었구나! 예수님은 우리가 그분의 종들을 그들의 교리가 아니라(물론 교리도 중요하다) 사랑으로 알아볼 것이라고 말씀하셨다. 너무 많은 사람들이 세상과 하나님의 자녀들을 향한 사랑이 아니라 이기적인 야망이나 헛된 자만심으로 그리스도를 설교한다. 어떤 면에서 그런 깨달음은 큰 슬픔을 불러왔다. 어떻게 교회가 그런 낙심의 도구들로 가득할 수 있단 말인가? 하지만 또 다른 면에서는, 큰 위안이 되기도 했다. 나는 스스로 그리스도인이라 하는 모든 사람들을 만족시킬 필요가 없다. 그저 예수님 곁에 가까이 다가가 내 사명에 대한 그분의 목소리를 듣기만 하면 된다. 그래서 결국에 나는 예수님과 그분이 내게 친밀한 관계를 맺게 해주신 사람들에게만 책임이 있다. 스스로 그리스도인이라고 주장한다는 이유만으로 내가 그에게 대답해야 할 의무는 없다.

전국을 두루 다니면서 '오가닉 아웃리치'(Organic Outreach) 세미나를 개최하는 캘리포니아 주 콘터레이의 케빈 하니(Kevin Harney) 목사는 '자신을 선의의 그리스도인이라 소개하지만 결국에는 독이 되는 사람으로 드러난 이들'을 다루어본 경험을 다수 가지고 있다.

어떤 신사는 **매번** 예배가 끝날 때마다 하니 목사를 찾아와 이런 비슷한 말들을 하곤 했다. "설교가 어느 정도는 좋았습니다만, 이런 말씀을 덧붙이면 더 좋았을 것 같습니다"라거나 "좋은 지적입니다만 이런 인상을 남기지 않도록 조심하는 편이 좋을 것 같군요" 따위의 말들 말이다.

결국 하니 목사는 그 신사에게 이렇게 말할 수밖에 없었다.

"그만하세요!"

'이렇게 하면 설교가 조금 더 나았을 것입니다'라는 이야기를 주일마다 듣는다면 얼마나 힘이 빠지겠는가. 쇼어라인교회(Shoreline Church)의 주차장 크기 대비 출석 교인 숫자를 고려하면, 다음 예배를 위해 주차장을 비울 수 있도록 케빈 하니 목사는 29분 59초 만에 설교를 끝내야 한다. 설교에 뭔가를 보태야 한다는 것을 굳이 교회 신도가 일깨워줄 필요는 없다. 게다가 매주 5-10분간 이루어지는 그 비평은 하니 목사가 진지한 질문이나 기도 요청을 하는 신도들 혹은 외부 손님들을 만나는 데 방해가 된다. 여기에 케빈 하니 목사가 깨달은 '독이 되는 트집쟁이를 다루는 방법'을 소개한다.[5]

1. **예수님을 바라보자**(히 12:2). 많은 사람들이 예수님을 잔인하게 폭행하고 부인하고 증오했다. 공격과 상처를 받을 때 그분을 바라보면 영감과 가르침과 힘을 얻는다.

2. **나를 앞서간 위대한 성인들을 바라보자**(히 12:1). 성경과 교회사의 인물들은 고난을 견디고 굳세게 버티는 길을 우리에게 보여준다. 그들의 여정을 생각할 때 나는 강해진다.

3. **예수님의 이름을 위해 고난 받는 것은 명예로운 일임을 기억하라.** 이상하게도, 그렇다(빌 1:29). 이러한 순간들을 통해 얻는 관점은 능력이 있다.

4. **불필요한 고난을 받지 말라**(행 16장). 때때로 바울은 그럴 필요가 없는데도 고난을 당했다. 이 사건에서 바울은 '나는 로마 시민이오'라는 패를 사용하지 않아서 '매질을 많이' 당했다. 하지만 평소에 바울은 매를 맞기 전에 목소리를 높여 이를 중지시켰다(행 22:22-23:11). 왜 어느 때는 매를 맞고, 어느 때는 그렇게 하지 않았을까? 나는 이것이 영적 분별의 문제라고 생각한다. 그 매질이 예수님의 일을 더욱 확장한다면 … 그는 견디었다. 반대로 그 매질로 구원의 결과가 없다면 매를 맞기 전에 목소리를 높여 멈추게 했다. 매를 막는 것은 바울에게 무방했다.

5. 만약 공격적이고 모욕을 주는 사람이 그리스도인이라면 **교회의 징계를 행사하라**(마 18:15-17). 때로는 독이 되고 공격적인 사람을 성숙과 회개, 새로운 삶의 방식으로 이끄는 것이 최선이다.

독이 되는 공격에 대응하는 세 단계

독이 되는 사람들의 공격에서 얻는 '유익'이 있다면, 하나님이 그들을 사용하여 우리 영을 감찰하시고 동기를 온전하게 하신다는 것이다. 7세기 작가 요한 클리마쿠스는 우리가 독이 되는 행동을 다루면서 반드시 거쳐야 하는 세 단계에 대해 이렇게 쓴다.

축복받은 인내의 첫 단계는 영혼의 비통함과 괴로움으로 불명예를 받아들이는 것이다.[6]

이 단계에서는 우리 자신에게 일어나고 있는 일을 혐오한다. 그것이 우리를 괴롭히기 때문이다. 우리는 잠을 이루지 못하기도 하지만, **이를 하나님을 섬기는 데 필요한 것으로 받아들인다**. 우리는 독이 되는 사람들이 우리를 다른 방식으로 전용하거나 방해하지 못하게 해야 한다. 우리에게 고통을 줄지언정 **우리를 막을 수는 없다**. 이것이 첫 단계다.

중간 단계는 이 모든 상황 가운데서 고통으로부터 해방되는 것이다.[7]

첫 단계를 거치고 나면(대개 여러 차례 독이 되는 공격을 직면하고 난 이후), 우리는 영적 근육이 강해지므로 실제로 고통을 심하게 느끼지 않거나 전혀 느낄 수 없게 된다. 이제는 독이 되는 사람들이 독성을 드러낼 것을 알기에 그것이 우리를 괴롭히지 못하도록 하면 된다. 우리는 그 때문에 놀라지 않으며, 그로 인해 감정적인 영향조차 받지 않는다. 이 단계가 되기 위해서는 독이 되는 사람들의 의견뿐 아니라 다른 사람들, 곧 독이 되는 사람들의 공격을 믿을지도 모르는 사람들의 의견에서도 자유로울 필요가 있다. 이 단계에서는 쉽게 얻을 수 없는 매우 높은 수준의 영적 성숙에 관해 이야기한다. 슬프게도 우리 대다수는 독이 되는 적들과 수없이 많은 에피소드를 거치고 난 이후에라야 이곳에 도달할 수 있을 것이다. 한 번도 몹쓸 대접을 받아본 적이 없는 사람이 평화와 기쁨과 평안을 잃지 않고 이 단계를 마주할 능력을 키우기란 어려운 일이다.

클리마쿠스는 계속해서 세 번째 단계를 설명한다.

달성하기가 거의 불가능하지만 달성할 수만 있다면 '완전한' 단계다. 이 단계는 '불명예를 칭찬으로 생각할 줄 아는 상태'가 특징이다.[8]

우리 대부분은 1-2단계를 많이 왔다 갔다 할 것이기에, 나는 클리마쿠스가 세 번째 단계를 달성하기 어려운 것으로 이야기해준 것에 감사한다. 하지만 강력한 사명감이 있으면 정말로 반대 세력을 성공으로 볼 수 있다.

왕의 적들은 그저 평범한 시민이나 뱃사람, 농사꾼을 향해 무기를 들지 않는다. 그러나 왕의 옥새와 방패, 단검, 대검, 활, 군복을 갖고 있는 사람에 대해서는 이를 갈면서 그를 무너뜨리려고 무슨 짓이든 할 것이다. … 우리에게 전쟁을 걸어오는 것은 우리가 전쟁을 일으킨다는 증거다.[9]

클리마쿠스는 이 모든 내용을 다음과 같이 요약한다.

첫 단계(에 있는 사람들)는 즐거워하고 두 번째는 강해질 것이로되, 세 번째는 복이 있나니 그가 여호와 안에서 기뻐 어쩔 줄 모를 것이다.[10]

그렇다면 우리는 어떻게 미움 받는 방법을 배울 수 있을까? 우리는 우리를 **'향해'** 일어나는 일을 속상해하면서도 동시에 우리 **'안에서'** 일어나는 일을 기뻐하고 감사하는 법을 배우게 된다.

최종 판단은 하나님께

마지막으로, 독이 되는 반대 세력을 다룰 때에는 멀리 내다보는 것이 도움이 된다. 순종하는 마음으로 용감하게 행동했는데도 그 이후의 일이 상황을 악화시키는 듯 보일 수도 있지만 그때는 당신이 옳은 일을 했는지 아닌지를 평가할 때가 아니다. 다음 장에서 살펴보겠지만, 반대 세력과 대면할 때 악은 여전히 제 몫을 챙기려 애를 쓸 것이다.

우리 부부가 진심으로 사랑하는 어떤 사람과 굉장히 고통스러운 대화를 나누고 난 뒤(우리 바람과는 전혀 다르게 끝이 났다), 나는 이 사람이 백 년 안에 우리에게 감사하게 될 거라는 말로 아내를 격려하려 했다. 혹시 우리가 틀렸다 하더라도, 우리가 순수한 사랑에서 그렇게 말한 것임을 상대는 알 것이다. 만약 우리가 옳았다면(우리는 그렇게 생각한다) 그는 "제가 망할지도 모를 길을 택하거나 이런 식으로 그리스도를 모욕하도록 내버려두지 않아주셔서 감사합니다"라고 말할 것이다.

어쩌면 우리는 이 땅에서 '감사하다'는 말을 끝까지 듣지 못할지도 모른다. 그러나 하나님 나라에서 모든 사람이 진리와 아름다움, 왕 되신 예수님의 주권을 인정할 때, 우리를 반대하던 모든 사람도 (일단 눈가리개가 제거되면서) 우리의 동기와 마음과 하나님 말씀을 따라 삶을 살아가는 지혜를 알게 될 것이다. 그들은 우리가 틀렸던 점에는 은혜를 베풀고, 우리가 옳았던 점에는 감사할 것이다. 그 당시에는 거기에 동의하지 않았을지라도 말이다.

내가 만사에 다 옳았다는 이야기가 아니다. 절대 그렇지 않다. 나는 분명 성경 말씀을 이해하고 적용하는 데 이제껏 여러 번 실수를 했고 앞으로도 그럴 가능성이 높다. 모든 그리스도인은 겸손과 은혜를 드러내야 한다. 나도 타락한 인간이기에, 내 눈에는 상대편이 쏟아내는 증오와 적의처럼 보이지만 그것이 실제로는 하나님을 향한 복종에서 비롯된, 진리에 기반한 사랑의 질책일 수 있으며 나는 그런 교정을 달게 받아야 한다.

어떤 사람이 독이 되는지 아닌지를 궁극적으로 정의하는 것은 **내가** 아니다. **진리**가 결정한다. 독이 되는 사람도, 나도 **모두** 틀릴 가능성은 언제나 있다. 심지어 우리가 동의하지 않을 때도 말이다.

우리는 누군가를 통제하거나 누군가의 명성을 말살하려 하지 않으면서 적절하게, 자비롭게, 당당하게 진리를 말해야 할 의무가 있다. 겉으로는 진리를 옹호하면서 독이 되는 사람이 되는 것은 엉터리 모조품과 같다. 독이 되는 사람들은, 그 정의상, 다른 사람의 인간성을 존중하지 않는다. 독이 되는 사람들이 우리를 반대하더라도 우리는 그들을 존중해야 한다. 그렇지 않으면 우리가 그들처럼 될 위험이 있다.

예수님은 '진리를 말하되 통제하지 않는' 사람의 완벽한 본보기시다. 사람들이 떠나려 한다면 내버려두라. 그리고 **당신도** 떠나라. 페이스북에서 그들을 따라다니지 말라. 교회에서 험담으로 반격하지 말라. 그들을 비난하는 데 단 1초도 시간을 낭비하지 말라. 그 대신, 당신의 말을 경청할 충성된 사람들을 찾아 거기에 시간을 투자하라. 미움 받는 법을 배우기란 쉽지 않다. 그러나 충실한 그리스도인들은 미움을 받게 마련이다. 이 까다로운 교훈을 배우지 않는다면 우리 사명은 방해를 받을 것이다.

요점 정리

- 슬프게도, 하나님의 친구가 되면 누군가의 적이 된다(우리는 그 누구도 그렇게 대접하지 않는데도 말이다). 우리는 **공격을 당할** 것이다.

- 실라처럼 우리는 건전한 토론과 독을 내뿜는 공격을 구별하는 법을 배워야 한다. 후자는 통제와 살인의 영이 특징으로 나타난다.

- 어떤 사람이 기독교의 언어를 사용한다고 해서 언제나 그가 그리스도인의 동기로 행동하는 것은 아니다.

- 케빈 하니 목사는 예수님만 바라보기, 앞서간 성인들의 사례에서 영감 얻기, 예수님을 위해 받는 고난은 영광임을 기억하기, 불필요한 고난을 피해야 할 타이밍 깨닫기, (적절하게 분별하여) 교회의 징계에서 피난처 찾기 등을 통해 독이 되는 공격에 대응하는 법을 배웠다.

- 요한 클리마쿠스는 공격에 대응하는 법을 배울 때 거치게 되는 세 가지 단계를 제시한다. 비통함으로 공격을 받아들이고, 비통해하지 말고 공격을 경험하며, 불명예를 칭찬으로 여기라.

- 어떠한 대립 관계에서 우리의 바람대로 결과가 나올 것 같지 않으면 '멀리 내다보기'가 도움이 된다.

- 우리는 용기(목소리 내기를 두려워하지 않는 것)와 겸손(우리도 언제든 틀릴 수 있음을 인정하는 것)의 균형을 맞추어야 한다.

13장
악의 현실을 인식하고 대면하라

 2014년 관타나모 수용소의 존재 자체가 여전히 논란이었을 때, 한 해군 군종 목사가 나에게 알카에다의 미국 공격 당시에 붙잡힌 억류자들을 수용하는 미군 기지에서 사역해달라고 요청했다.
 내 눈에 가장 먼저 띈 것은 모든 병사의 이름표가 군복에 찍찍이로 붙어 있는 것이었다. 내가 그 이유를 묻자, 병사 하나가 감방에 들어갈 때마다 수감자 중 상당수가 심리전을 벌이기 때문에 일부 수감자들과 교류할 때에는 이름표를 떼어야 한다는 대답이 돌아왔다.
 "무슨 심리전 말인가요?" 내가 물었다.
 "몬태규 병장, 자네 미니애폴리스 출신이구먼, 그렇지? 알다시피 우리 친구들이 거기에 사는데. 내 친구들이 자네 가족을 만나면 정말 좋아할 걸세."
 이름표를 떼버리고 조롱을 피하는 것이 최선이다.

한 건물에는 '스플래셔'(splashers)라고 알려진 사람들이 있었다. 이 사람들은 이제 전통적인 폭탄 제조 물질은 손에 넣을 수 없으므로 천연 재료, 곧 침과 대소변을 비롯하여 당신이 상상할 수 있는 모든 것(더는 이야기하지 않겠다)을 몽땅 뒤섞은 다음, 감방에 들어오는 교도관에게 던졌다.

수감자들이 내뱉는 악다구니는 영원히 끝나지 않을 것 같은 서부 미시간의 겨울처럼 병사들의 인내심을 갉아먹으며 수그러들 줄 몰랐다. 한 여성 간수는 몇 주 동안 자신을 성희롱하고 자신의 가족을 협박한 수감자에게 '닥쳐!'라고 소리를 질렀다가 징계를 당했다.

이 간수가 받은 징계는 관타나모 지도부가 독성을 만나도 그 자신이 독이 되지 않아야 한다는 것을 얼마나 심각하게 여겼는지 드러내준다. 어떤 사람들은 관타나모 수용소에 사람들을 억류하는 것 자체가 독이 된다고 생각한다는 것을 나도 안다. 그러나 정치 토론이 이 책의 목적은 아니다. 물론 내가 도착하기 전에도 관타나모 수용소에서 일어난 몇 가지 심각한 실수들이 크게 공론화됐다. 그러나 내가 보기에 지도자들은 일부 아주 어두운 사람들 가까이에서 성실하게 앞으로 나아가고자 최선을 다했다.

나는 관타나모 수용소에서 새로운 종류의 악을 직면할 수 있었다. 한번도 만나본 적 없는 사람을 죽이려면 얼마나 많은 증오심을 품어야 할까? 또 그렇게 해서 붙잡혔을 때, 자신에게 밥을 제공하는 교도관에게 자기 몸에서 만들어낸 '폭탄'을 끼얹기 위해서는?

때때로 그리스도인인 우리는 **악의 실재와 그에 맞서야 할 필요성 그리고 그 악으로부터 서로를 보호해야 할 필요성**에 대해 지나치게 순진하다. 어떤 사람들은 악에 저항할 때보다 악에 억류당할 때 악이 더 많이 드러난다고 믿을지도 모른다. 어느 경우가 됐든, 독이 되는 악의 존재를 부정할 사람은 거의 없을 것이다.

그런데도 많은 사람들이 이를 부정한다. 사회에서는 엉망진창이 되어 버린 일을 설명할 때 대체로 악을 **제외한** 다른 모든 것을 탓하려 한다. 달라스 윌라드(Dallas Willard)는 사회가 악의 존재를 부인하면서 악의 영향을 직접 다루어야 할 필요성을 기피하는 방법을 이렇게 말한다.

> 우리는 농작물을 열심히 심지만 잡초와 해충의 존재를 인정하지 않고 비료만 더 퍼부을 생각만 하는 농부와 같다. 이와 유사하게, 오늘날 인류의 문제에 관해 우리가 아는 유일한 해결책은 '교육'뿐이다.[1]

악을 고려하지 않은 채 악한 사람을 교육하기만 해서는 악을 제거하지 못한다. 그저 그 사람이 자신의 악을 더 널리 퍼뜨릴 수 있게 도와줄 뿐이다. 모든 사람 가운데서도 특히 그리스도인들은 악의 영향력을 인식하고 대면하고 다루는 법을 반드시 배워야 한다.

창조-타락-구속

성인의 뼈는 총 206개다. 그런데 만약 엉덩이뼈처럼 굉장히 중요한 뼈를 하나 없애버리면 당신은 고통의 세계에서 살게 될 것이다. 나머지 뼈 205개에 아무 문제가 없다 하더라도 당신은 걷지도, 뛰지도, 서지도 못하게 된다.

혹은 목을 구성하는 뼈 7개를 제거한다고 치자. 아직 199개의 뼈가 남아 있지만, 목뼈 7개가 없는 인생은 고달플 것이다. 몸이 최상의 기능을 발휘하기 위해서는 **모든** 부분이 필요하기 때문이다.

성경도 마찬가지다.

성경에는 우리 인생에서 만나는 독이 되는 사람들의 실상과 그 대처법에 대해 충분한 통찰을 제공하는 유용한 뼈대가 들어 있다. 성경에는 훨씬 많은 내용이 있지만, 독이 되는 사람들에 관해 이야기할 때는 이 뼈대의 세 부분, 곧 창조, 타락, 구속에 집중할 수 있다. 인체와 마찬가지로 이 '뼈' 하나하나는 굉장히 중요해서 단 한 개라도 빠져서는 안 된다.

이 뼈대에서 창조는 선하고 거룩하지만, 곧 타락한다. 그리스도인들은 구속의 소망을 품으면서도, 악과 죄의 심오한 실재를 깨닫는다. 우리는 마치 악이 존재하지 않기라도 하듯이 창조에서 구속으로 옮겨가지 않는다. 최후의 구속을 기다리는 동안, 악을 다루고 인식하고 대면해야 한다. 구속은 (그리스도의 죽음과 부활과 함께) 이미 시작됐지만 아직 완성되지 않았다. 악은 치명타를 입었지만 여전히 반격해올 수 있다.

악에 맞설 때 구속은 우리에게 소망을 주고 우리를 압도하는 악을 대면할 용기를 준다. 그러나 구속은 악이 존재하지 않는 척하지 않는다. 사실 악이 없다면 구속의 필요도, 목적도 없다. 그러므로 기독교적 사고는 하나님이 세상을 선하게 창조하셨지만 이 세상은 **철저히 타락했다**고 여기는 것이다.

구속 배후에 있는 소망은 우리를 절망에서 건지고 온전한 영적 시각을 준다. 우리는 악을 충분히 인지하지만 악에 주어진 분량 이상을 주지 않는다. 이는 우리가 악을 압도하는 하나님의 능력을 알고, 악에 맞서 저항하라는 교회의 사명을 받아들이기 때문이다.

악을 빠뜨리고 창조(결혼, 양육, 우정, 사업, 정부, 교회 생활)를 떠올리는 것은 반쯤 눈이 먼 것이다. 하나님이 결혼을 창조하셨다. 부모의 권위를 창조하셨다. 하나님을 따르는 자들이 교회에 모이는 개념을 생각해낸 것도 하나님이시다. 그분은 성경 말씀을 통해 정부를 지지하신다. 그러나 악은 모든 창조적인 설계에 파고들어, 못쓰게 만들고, 망가뜨린다. 선의의 창조(핵에너지)가 악한 목적(핵폭탄)으로 바뀔 수도 있다. 결혼이라는 선한 제도가 끔찍한 학대의 보호막이 되기도 한다. 하나님이 축복하신 부모의 권위도 양육 대신 해를 끼치는 악의와 학대가 될 수 있다.

우리는 이 세상 모든 것(하나님이 창조하고 설계하신 제도라 하더라도)에 악의 손길이 닿았다고 보아야 한다. 마치 우리가 창조에서 구속으로 직행하는 것처럼 그 제도들의 지속성과 목적에 관해 이야기할 때, 우리는 창조와 구원 사이의 악 가운데 사람들을 무방비 상태로 내버려둘 위험이 있다.

남녀를 불문하고 자신이 독이 되는 사람과 결혼했다고 인정하는 것은 끔찍한 일이다. 아주 잠깐만 생각해봐도 그것이 얼마나 끔찍한 악몽인지 상상할 수 있다. 그나마 독이 되는 사람에게 제대로 된 이름표를 붙일 수 있다면 그동안의 삶을 어느 정도 이해하기 시작할지도 모르지만, 그것을 시인하는 데만도 너무 끔찍해서 생각조차 하기 힘들다. 이런 그리스도인 형제나 자매에게는 그 어느 때보다도 교회의 지지가 필요하다. 안타깝게도 적지 않은 교회가 다음과 같은 말로 마치 악이 존재하지 않거나 큰 문제가 아니라는 듯이 말한다.

"더 많이 노력하고 기도하세요. 그러면 결혼 생활이 달라질 겁니다."

마찬가지로 어떤 사람은 부모의 지나친 '염려'가 진정한 보살핌이 아니라 그를 통제하려는 독성의 증거일 수도 있다고 마침내 인정하기까지 수년이 걸릴지도 모른다. 자신이 독이 되는 사람과 관계를 맺고 있다고 선뜻 인정할 사람은 아무도 없다. 교사와 친구로서 우리가 할 일은 사람들이 하나님의 창조(따라서 올바른 권위를 존중해야 할 필요성, 그렇게 하기 쉽지 않은 경우라도)뿐만 아니라 타락의 결과(따라서 독이 되는 사람들에게서 벗어나야 할 필요성)도 이해하도록 돕는 것이다.

타락으로 권위가 어떻게 손상됐는지 인지하지 **못한** 채 그저 '권위'를 말하기만 한다면, 우리는 악에 맞서기보다 오히려 악을 도와주는 셈이 될 수 있다. 독이 되는 사람들을 무시하는 것은 악을 무시하는 것이다. 이는 타락이 없었던 것처럼 가장하는 것이며, 악에 맞서기보다 악과 손잡고 악을 보호하는 것이다.

악의 현실을 망각하는 것은 곧 죄된 본성을 망각하는 것이다

악의 존재를 기억하는 것이 중요한 또 다른 이유는 단지 우리를 **다른 사람들의 악**에서 보호하기 위해서만이 아니다. 우리는 '**우리 안에 있는 악**'을 경계할 필요가 있다. 우리는 타락한 세상에 살고 있으며 우리에게는 타락한 욕망이 있다. 악을 망각한다면, 우리는 자신의 게으름은 경계하지 않고 그것을 표현할 고상한 방법을 찾을 것이다. '그리스도 안의 자유'에 대해 자신에게 설교하면서 위험한 욕망을 옹호하거나 남을 통제하는 자신의 행동을 '선의'로 생각할 수 있다.

자기 자신이 악의적인 행동을 할 수 있음을 망각하는 것도 악이다. 우리는 단순히 창조된 존재가 아니다. 단순히 타락한 존재도 아니다. 그리스도인은 **구속된** 삶을 살아야 한다. 자신의 왜곡된 욕망을 인식하지만, 그리스도 안에서 새로운 삶을 살고 성령님의 임재 가운데 살기로 했으므로 그러한 왜곡된 욕망에 굴복하지 않고 그에 맞서 싸우는 법을 배워야 한다.

우리는 암 진단을 받고 치료에 성공한 사람처럼, 우리가 구원받은 질병이 재발할 조짐은 없는지 경계해야 한다. 자신이 악한 동기로 행동하고 있다는 사실을 인정하는 것은 어려운 일이다. 하지만 성령님은 우리 죄를 깨닫게 하시고, 그러한 폭로가 인간이 알 수 있는 가장 순수하고 가장 명확한 사랑의 자각처럼 느끼도록 하신다.

하나님이 어떻게 섭리하시는지 나는 절대 이해할 수 없겠지만 이것만은 나를 믿어주길 바란다. 자신의 악을 인식하는 동시에 그 죄가 씻기고 용서받는 것은 놀라운 하늘의 포옹처럼 느껴진다. 자녀인 우리를 이해하시고 정죄 대신 치유를 베풀기 원하시는 하나님, 우리는 그 하나님을 섬기는 큰 축복을 받았다.

불가피한 희생

역사상 미국 대통령이 내린 가장 끔찍한 최악의 결정은 일본에 원자폭탄을 투하하기로 한 해리 트루먼의 결정이었다. 히로시마와 나가사키에서 벌어진 비참한 이야기를 듣고 그때의 사진들을 보는 것은 소름 끼치는 일이다. 나는 일본에서 사역한 적이 있다. 나는 일본과 일본인들을 좋아하는데, 그들이 견뎌낸 상황은 몹시도 끔찍했다.

사람들은 내 말에 동의하면서도, 일본이 먼저 미국을 공격했다고 덧붙일 것이다. 신뢰할 만한 역사적 기록은 하나같이 최후의 순간까지 투쟁을 멈추지 않은 일본의 과열된 투지를 지적한다면서 말이다. 사람들은 무시무시한 폭격으로 수십만 명이 사망했고, 오래된 전쟁으로 (미군과 연합군은 말할 필요도 없고) 훨씬 더 많은 일본인이 죽었을 것이라고 말한다. 부모가 사망한 취학연령 아이들은 죽을 때까지 싸우는 훈련을 받았다.

트루먼 대통령은 끔찍한 선택에 직면했다. 누군가 그 선택이 너무나 끔찍해서 절대로 정당화할 수 없다고 말한다 해도 나는 반박하기 힘들다. 어떻게 인류의 일부가 사라지다시피 한 모습을 보면서 몸서리치지 않을 수 있는가? 그러나 **그렇게 하지 않은 데** 따른 불가피한 결과를 부인하면서 "그건 틀렸습니다"라고 똑똑히 말하는 것은 지나친 단순화다. 그랬다면 분명 더 많은 전쟁, 어쩌면 훨씬 더 많은 인명 피해, 더 많은 잔인함, 더 많은 죽음(어린이들의 죽음을 포함하여)이 있었을 것이다.

한마디로 요약하면 이렇다. **악은 악착같이 제 몫을 챙긴다**(나는 일본이 악하다고 말하는 것이 아니라, 전쟁 중에 존재한 체계적이고 영적인 악을 묘사하고 있다). 당신이 악에 맞설 때면 악은 문밖으로 쫓겨나면서 크게 한 방 후려치는 모습을 반드시 보일 것이다. 우리는 그런 세상에 살고 있다. 헤롯이 아기 예수를 죽이려 했기 때문에 하나님은 요셉에게 베들레헴을 떠나 애굽으로 탈출하라고 말씀하며 아기의 목숨을 건져주셨다. 그다음에 무슨 일이 일어났는지는 우리 모두 알고 있다. 헤롯은 베들레헴의 모든 사내아이를 죽이라고 명령했다. 하나님은 이에 놀라지 않으셨다. 그분은 예수님의 탄생과 동방박사들의 방문이 헤롯에게 공포심을 불러일으킬 것을 아셨다. 물론 그렇더라도 예수님의 탄생은 꼭 필요했다.

사람들의 기대대로, 예수님의 죽음과 부활은 수십억 인구를 구원했다. 그러나 예수님의 탄생은 '무고한 이들에 대한 살육'을 명령한 헤롯의 칙령으로 수많은 아이들의 죽음이라는 결과를 초래했다(마 2:16). 예수님은 죽음을 물리치러 오셨지만, 죽음은 패배에 앞서 약간의 희생을 치르게 할 심산이었다. 독이 되는 사람들을 대할 때 때로는 아무도 다치지 않는 방법은 없다는 사실을 우리는 기억해야 한다.

나이가 들수록 전쟁이 더 싫어진다. 나는 전쟁을 경멸한다. 모든 세계 지도자가 단 한 명의 병사를 전쟁에 내보내기 전에 전쟁을 초래하지 않을 방법을 필사적으로 찾아내길 바란다. 하지만 전쟁이 전혀 필요 없(었)다고 말하는 것은 전쟁으로만 막을 수 있었던 악(나치주의, 크메르 루즈, 보스니아 인종 청소 등)이 존재한다는 슬픈 현실을 무시하는 것이다. 그렇다고 해서 수많은 전쟁이 멍청하고, 악하고, 불필요하고, 악마 같았다는 것을 부인하지 않는다. 오히려 어떤 전쟁들은, 그것이 흉악했던 만큼이나 어쩌면 더 큰 악을 막는 데 필요한 것이었음을 단순히 인정하는 것이다.

이것이 우리에게 가르쳐주는 바는 악에 맞서는 일은 깔끔하지 않다는 것이다. 우리는 악과 싸우면서 이렇게 말할 수는 없다.

"그래, 아무도 기분이 상하지 않고 모두가 기뻐하는군. 다 같이 포옹하고 화해합시다."

그런데 우리는 독이 되는 사람들과 맞설 때 이런 것을 기대한다. 그렇지 않은가? 독이 되는 사람들이 화가 나서 관계가 엉망진창이 되어버리면, 우리는 어쨌거나 그리스도인이 실패했다고 생각한다. 그러나 성경의 뼈대, 곧 창조, **타락**, 구속을 기억한다면 당연히 그렇게 생각하지 말아야 한다. 안타깝지만 구속의 삶이란 아무도 상처받지 않는다는 뜻은 **아니다**.

민첩하게 악을 대면하라

예수님과 바울 모두 악을 대할 때 지혜와 순결의 조화를 권한다.

예수님_ 보라 내가 너희를 보냄이 양을 이리 가운데로 보냄과 같도다 그러므로 너희는 뱀 같이 지혜롭고 비둘기 같이 순결하라 사람들을 삼가라(마 10:16-17).

바울_ 그들에게서 떠나라 이같은 자들은 우리 주 그리스도를 섬기지 아니하고 다만 자기들의 배만 섬기나니 교활한 말과 아첨하는 말로 순진한 자들의 마음을 미혹하느니라(롬 16:17-18).

우리는 등을 돌려 악이 존재하지 않는 것처럼 행동해서는 안 된다. 언제나 구속을 소망하되 절대 순진함이라는 무방비 상태가 되지 않도록 그에 대처하는 법을 배워야 한다. 라이트(N. T. Wright)는 로마서 주석에서 이렇게 설명한다.

순결함이 없는 민첩함은 교활함이 되고, 민첩함이 없는 순결함은 순진함이 된다. 모든 사람을 좋게 생각해야 한다는 가상한 바람은, 어떤 사람들은 자신의 목적을 달성하기 위해 애쓰며 번드르르한 말솜씨로 친근하고 경건한 모습을 보여줄 뿐이라는 인식으로 다듬어져야 한다. 그 점을 일찍 발견하여 맞서지 않는다면, 마치 상처를 치료하지 않고 곪도록 내버려두는 것처럼 문제를 나중까지 방치하게 된다.[2)]

모든 전쟁은 악에서 비롯되지만, 모든 전쟁이 악하지는 않다. 모든 이혼은 죄에서 비롯되지만, 모든 이혼이 죄는 아니다. 부모와 떨어진 아이의 모든 행동의 배후에는 죄가 있지만, 학대하는 부모에게서 아이를 떼어놓는 것이 언제나 죄가 되지는 않는다.

이런 긴장된 현실을 이해하고, 인정하고, 그 가운데 사는 것은 이 책 나머지 내용의 방향을 이해하는 데 필수다. 악은 무시무시하고 독성은 끔찍하다. 그리고 많은 경우에, 독이 되는 사람들과 교류하는 것은 지저분한 일이다. 우리가 악을 건너뛰거나 악의 피해를 보지 않고 창조에서 구속에 이른다는 개념은 그저 순진한 것이 아니라 비성경적이다. **악을 악하다고 말하거나 독을 독하다고 말하지 못한다면, 우리는 상처받은 사람들에게 상처를 주는 것이다.**

유일한 절대 권위

성경은 인간 행복의 필수 조건으로 권위를 분명하게 인정하지만, 유일한 절대 권위는 하나님의 권위뿐이다. 성경은 정부에 순종하라고 말하지만(롬 13:1) 정부에 불순종해야 할 때가 있다고도 분명히 가르친다(출 1:15-17; 행 5:29). 적어도 역사적으로 보았을 때 바울은 결혼 생활에도 일종의 '권위'가 있다고 암시하는 듯하다.

"아내들아 남편에게 복종하라 이는 주 안에서 마땅하니라"(골 3:18).

그런데 그러고 나서 서둘러 이렇게 덧붙인다.

"남편들아 아내를 사랑하며 괴롭게 하지 말라"(골 3:19).

그는 자녀들을 향해 부모에게 순종하라고 말한다.

"자녀들아 모든 일에 부모에게 순종하라 이는 주 안에서 기쁘게 하는 것이니라"(골 3:20).

그러고 나서 즉시 이렇게 대응한다.

"아비들아 너희 자녀를 노엽게 하지 말지니 낙심할까 함이라"(골 3:21). 조나단 리먼은 둘을 유용하게 구별하면서 이렇게 말한다.

대략적으로 말해 성경에는 두 가지 기본적인 형태의 정부가 등장한다. 첫째, **자신들이 하나님 아래에 있음**을 아는 집단이고 둘째, 자신들이 **하나님이거나 하나님과 동등하다**고 생각하는 집단이다. 첫 번째 집단은 하나님 백성을 보호했고, 두 번째 집단은 공격했다. 첫 번째 집단은 자신들이 종이라고 생각했다(롬 13장). 두 번째 집단은 그것을 알지 못했기에 마치 성스러운 사기꾼이나 짐승처럼 행동했다(시 2편; 계 13장, 17:1-6).[3]

이것이 우리에게 말하는 바는 무엇인가? 권위는 하나님께 중요하지만, 인간의 권위는 늘 오용되고 왜곡되기 쉽다. 바울은 하나님이 선하게 창조하신 것이 나쁜 용도로 사용될 수 있다는 것을 절대 잊지 않는다. 아버지가 자기 권위를 이용해 아이를 때리거나 굶긴다면, 그 권위는 취소해야 할 것이다. 정부에 순종해야 하지만, 만약 정부에서 하나님을 공경하지 말라고 한다면 우리는 더는 그 권위를 인정하지 않을 것이다. 결혼 서약은 구속력이 있고 존중받아야 하지만, 어느 한쪽이 상대편의 삶과 섬김을 갉아먹으면서 매 순간을 독이 든 스튜로 바꾸어버린다면, 고통당하는 그 배우자를 결혼 생활에서 건져내야 한다. 학대받는 자녀를 그 가정에서, 학대받는 시민을 그 나라에서 구해야 하는 것처럼 말이다.

성경은 이 모두가 선한 제도이지만, 그것이 악한 목적으로 사용될 때 그리스도인은 하나님(유일한 절대 권위) 편에 서야 한다고 말한다. **우리는 권위를 존중하지만, 악에는 저항한다.** 선한 것이 얼마든지 나쁘게 변할 수 있는 세상이니 말이다. 문맥을 살펴보면 성경은 그런 상황에 대비하는 것을 분명 피하지 않는다.

악이 파괴적인 행동을 하면서 어떻게 다른 사람들을 끌어들이는지 눈여겨본 적 있는가? 악은 단순히 상처만 주는 것이 아니라, **타락시키려** 하기에 독이 되는 상황에 누군가를 남겨두는 것은 굉장히 치명적이다.

폴 매카트니(Paul McCartney)는 비틀즈 멤버 중에서 가장 마지막에 헤로인을 시도했다. 그는 밴드 멤버와 다른 사람들의 끊임없는 압박에도 오랫동안 마약을 거부했다. 조지 해리슨(George Harrison)은 이렇게 인정했다.

"폴은 굉장히 소외감을 느꼈는데, 우리 모두가 그에게 조금은 잔인했다. … '우린 마약을 하는데, 넌 안 하는구나.'"4)

폴 매카트니의 전기 작가 중 한 사람은 굉장히 끔찍한 한 장면을 묘사한다.

"리처드 레스터(Richard Lester, 미국의 영화감독-역주)는 '굉장히 오싹한 통제된 악의 시도'를 지켜본 그날을 떠올린다. 그가 지금까지 본 최고의 미인 두 사람이 자기 매력을 총동원하여 폴에게 헤로인을 먹이려고 애쓰고 있었다."5)

어떤 아내들이 자신의 결혼 생활을 지키려고 시도한 일들을 내게 적어 보낸 이메일들을 독자들에게 보여줄 수 있다면 좋겠다. 그들은 이혼을 피하려고 독이 되는 남편을 달래기 위해 할 수 있는 모든 방법을 강구했는데, 지금 생각해보면 부끄러운 방법으로 윤리적인 타협을 했다.

그리스도인에게 그리스도인답게 행동하지 말라고 하는 것은 악의 극치다. 이 아내들은 과거를 돌아보면서 남편을 떠나 이혼한 것보다 버티면서 타협한 것을 더 후회한다. 악이 언제나 **'타락시킬'** 방법을 찾는다는 것을 직접 경험했기 때문이다.

유혹이나 쾌락, 약물 남용, 편견, 증오, 정욕, 탐욕… 그 무엇을 통해서든 악은 열성적으로, 사악하게, 때로는 지칠 줄 모르고 사람들을 포섭한다. 우리는 악에 대항하여 굳게 서서 악의 공격을 받는 사람들을 도와주어야 한다. 악이 존재하지 않는 척해서는 안 된다.

돌이켜보면 나도 자녀들에게 예수님 이야기를 많이 해줄 수 있어서 감사하지만 악의 현실에 대해서도 좀 더 많이 이야기해주었더라면 하는 아쉬움이 있다. 악은 불편한 주제이지만, 우리가 그에 대해 이야기하지 않으면 악은 어둠을 틈타 주저 없이 우리에게 전쟁을 선포할 것이다.

은혜로 구원받은 사람들로서, 하나님의 은혜와 자비와 용서에 대한 확고한 소망 가운데 사는 공동체로서, 결국에는 하나님이 모든 것을 바로잡으실 것을 아는 백성으로서, 우리는 기꺼이 악을 정면으로 응시하고 그 공격으로부터 서로 보호해야 한다. 창조, 타락, 구속이라는 성경의 뼈대에서부터 우리는 독이 되는 결혼과 가정에 무슨 일이 일어나는지(와 어떻게 그에 반응해야 하는지)를 살펴보려 한다.

요점 정리

- 우리는 이 세상의 악의 현실에 대해 순진하게 굴어서는 안 된다.

- 성경의 전체적인 뼈대는 이보다 더 크지만, 우리는 독이 되는 사람들을 대할 때 창조, 타락, 구속을 강조해야 한다.

- 악의 현실을 망각할 때 가장 나쁜 점은, 악을 행하려는 우리 자신의 죄된 본성을 잊어버린다는 것이다.

- 악은 해를 끼친다. 독이 되는 행동이나 사람들에게 맞설 때, 아무도 상처받지 않는 방법은 없다.

- 예수님과 바울 모두 우리에게 악의 현실에 민첩하라고 말씀하신다.

- 하나님은 많은 형태의 권위를 세우셨지만 유일한 절대 권위는 그분의 권위뿐이다. 우리는 권위를 존중하지만 그 권위가 타락하거나 남용될 때에는 악에 대항한다.

- 악은 전도자다. 악은 그 독성을 전파하기 위해 다른 사람들을 동원할 방법을 찾는다.

14장
역기능적 반응을 강화하지 말라

하나님 나라의 일을 하면서 가장 가슴 아플 때는 사랑하는 사람들이 우리 믿음을 공유하지 않거나 적극적으로 반대할 때다. 현실에서는 가족이라는 이유로 다양한 독이 되는 사람들을 어느 정도까지는 가까이 둘 수밖에 없지만, 하나님 나라 삶에서는 우리가 그들에게 최종 결정권을 줄 필요가 없다. 예수님은 **그분이 흘리신 피에 대한 충성**을 가계 혈통에 대한 충성보다 우선하신다.

내가 세상에 화평을 주러 온 줄로 생각하지 말라 화평이 아니요 검을 주러 왔노라 내가 온 것은 사람이 그 아버지와, 딸이 어머니와, 며느리가 시어머니와 불화하게 하려 함이니 사람의 원수가 자기 집안 식구리라 아버지나 어머니를 나보다 더 사랑하는 자는 내게 합당하지 아니하고 아들이나 딸을 나보다 더 사랑하는 자도 내게 합당하지 아니하며 또 자기 십자가를 지고 나를 따르지 않는 자도 내게 합당하지 아니하니라 자기 목숨을 얻는 자는 잃을 것이요 나를 위하여 자기 목숨을 잃는 자는 얻으리라(마 10:34-39).

예수님이 가족보다 믿음을 선택하신 가장 가슴 아픈 장면은 아마도 십자가에 달리셔서 이부형제 야고보가 아닌 제자 요한에게 어머니를 돌보아달라고 부탁하셨을 때일 것이다. 로마가톨릭에서는 야고보를 예수님의 이부형제가 아닌 사촌으로 믿지만, 원리는 똑같다. 예수님은 가장 가까운 혈족보다 충실한 제자를 택해 어머니를 부탁하신다.

요한복음 7장 5절은 예수님이 살아 계신 동안에 야고보가 예수님을 믿지 않았다고 말하는데, 부활 이후에 예수님이 야고보를 찾아가셨을 때는 무언가 근본적으로 바뀌어 있었다. 또 다른 이부형제(또는 사촌)였던 유다 역시 신자가 되어 신약성경에 자기 이름이 들어간 편지를 한 통 남겼다. 따라서 예수님이 홀어머니를 돌보아달라고 부탁할 만한 가까운 남자 친척은 최소한 두 명이나 있었다. 그런데도 예수님은 혈족보다 신앙이 있는 사람을 선택하셨다.

가족 관계에 절대적인 충성을 맹세하는 것은 우상숭배라 할 수 있다. 어느 여성이라도 누군가의 아내이기 이전에, 자기 인생에 대한 진지한 사명을 가진 하나님의 딸이다. 어느 부모라도 자기 자녀의 부모이기 이전에, 하나님이 부르신 일꾼이다.

제자 중에 또 한 사람이 이르되 주여 내가 먼저 가서 내 아버지를 장사하게 허락하옵소서 예수께서 이르시되 죽은 자들이 그들의 죽은 자들을 장사하게 하고 너는 나를 따르라 하시니라(마 8:21-22).

우리는 교회에서 가족에 대한 충성을 때로 최고의 충성으로 이야기하는 시대에 살고 있지만, 이는 예수님의 가르침이나 실천과 일치하지 않는다.

무릇 내게 오는 자가 자기 부모와 처자와 형제와 자매와 더욱이 자기 목숨까지 미워하지 아니하면 능히 내 제자가 되지 못하고 누구든지 자기 십자가를 지고 나를 따르지 않는 자도 능히 내 제자가 되지 못하리라 (눅 14:26-27).

여기 나오는 '미워하다'라는 단어는 '비교'의 의미를 담고 있는 말이다. 즉 친인척을 감정적으로 싫어하거나 악의로 대한다는 의미가 아니라 예수님에 대한 충성심과 비교하면 누가 보더라도 경쟁이 되지 않는다는 뜻이다. 예수님에 대한 사랑과 그분의 사역에 대한 헌신이 너무나 강해서 그 누구도, 심지어 가까운 친인척이라 하더라도 당신의 진정한 충성심에서 당신을 떼어놓을 수 없다. 당신은 언제나 예수님과 동행할 것이다.

예수님은 사역을 위해 집을 떠나실 때, 가족사로 인해 방해를 받지 않으려 하셨다. 언젠가 가족이 불쑥 찾아왔을 때 그분은 무심하게 그들을 맞이하셨는데 그 모습은 가혹해 보이기까지 한다. 그건 예수님이 가족들에게 냉담해서가 아니라, 자신의 사명에 열정을 품고 계시기에 나온 행동이었다.

예수께서 무리에게 말씀하실 때에 그의 어머니와 동생들이 예수께 말하려고 밖에 섰더니 한 사람이 예수께 여짜오되 보소서 당신의 어머니와 동생들이 당신께 말하려고 밖에 서 있나이다 하니 말하던 사람에게 대답하여 이르시되 누가 내 어머니이며 내 동생들이냐 하시고 손을 내밀어 제자들을 가리켜 이르시되 나의 어머니와 나의 동생들을 보라 누구든지 하늘에 계신 내 아버지의 뜻대로 하는 자가 내 형제요 자매요 어머니이니라 하시더라(마 12:46-50).

또 다른 시각에서 보면 예수님은 의심하는 일부 혈족보다 '충성된 사람들'(그분을 따르는 자들, 열성 제자들, 진지하게 경청하는 사람들)과 보내는 시간을 더 귀히 여기셨다. 누가 알겠는가? 가족들이 예수님께 반대하는 동안 가족들을 **떠나셨던** 예수님은 어쩌면 부활 이후에 가족들이 예수님께 다가올 수 있도록 문을 열어주신 것일지도 모른다.

여기서 예수님의 본보기가 중요한 까닭은 가족 관계는 보통 독이 되는 사람들이 우리 삶에 가장 큰 영향을 끼칠 수 있게 하는 기반이 되기 때문이다. "나는 가장 먼저 하나님께 속했고, 가족은 그다음이다"라고 자신에게 상기시키는 것은 향후 당신의 인간관계 진로를 결정할 명료성을 제공하는 것이다.

우리와 가장 가까운 관계는 혈연 가족이 아니라 믿음의 가족, 곧 '하늘에 계신 내 아버지의 뜻대로' 하는 사람들이다. 그들이 예수님의 진정한 형제자매라면 우리의 가장 가까운 형제자매도 되어야 한다. 하지만 슬프게도 믿음의 가족 가운데도 독이 되는 사람들이 있다. 우리는 여전히 창조, 타락, 구속이라는 성경의 삼중 뼈대 가운데 사는데, 이 세상에는 교회를 포함한 모든 제도가 타락의 영향을 받고 있다.

그들을 건강한 사람처럼 대하라

새로운 충성심에 따라 사는 사람은 옳은 일에 집중하고, 자신에 대한 확대 가족의 반응을 걱정하지 않는다. 우리는 영적으로 건강하지 못한 사람들을 돌보는 데 집중하기보다 거룩한 하나님을 기쁘게 해드리는 데 집중한다. 최고의 충성을 염두에 둘 때 가족과 관련된 결정은 훨씬 단순해진다. 하나님이 진정으로 나의 최우선 관심사라면, 다른 사람들의 의견은 크게 상관이 없다.

브라이언의 아내 엔지는 열심히 노력하는데도 불구하고 시어머니와 사이가 좋지 않다. 엔지는 시어머니를 위해 진심으로 기도하는 민감한 그리스도인이지만, 명절 때마다 시어머니에게서 수동적 공격성 학대를 받고 거기서 회복하는 데 몇 주씩 걸리곤 한다. 어느 해에는 엔지도 한계에 다다랐다.

"이번 성탄절을 당신 부모님과 함께 보내야 한다는 생각만으로도 난 정말 참을 수가 없어요."

브라이언의 어머니는 무엇보다도 '가족 복음'을 주기적으로 설교하는데, 특히 명절 때만 되면 그랬다. 성탄절에 나타나지 않으면 전쟁 선포로 보일 것이다. 브라이언은 자기가 어떻게 하면 좋겠냐고 나에게 물었다. 나는 실천이 어려울지는 몰라도 그것을 이해하기는 그리 어려운 일이 아니라고 생각했다.

"영적으로 말하자면, 어머니를 건강한 사람으로 대해보세요. 만약에 아들이 전화해서 '아빠, 죄송하지만, 제 결혼 생활을 위해서 올해는 부모님과 성탄절을 보낼 수 없을 것 같아요'라고 말한다면 제 마음이 아프겠지요. 하지만 전 이렇게 대답할 겁니다. '아들아, 올바른 선택을 했구나. 네 아내가 우선이다.' 건강한 사람이라면 누구든 남편에게 아내 편을 들라고 말할 겁니다. 그러니 어머니가 건강하신 것처럼 여기고, 현재 상황을 설명하면서 어머니가 건강한 사람처럼 반응하실 수 있도록 해보세요. 어머니가 그렇게 하지 않는다면 그건 당신이 아니라 **어머니** 책임입니다."

그리스도인들은 건강하지 못한 사람들이 건강한 결정을 하라는 도전을 받아 건강하지 못한 결과를 내는 것에 대해 걱정할 필요가 없다. 우리는 다른 사람의 반응을 통제할 수 없으며, 그들의 반응이 우리에게 달린 것도 아니다. 하나님이 정하신 건강한 우선순위에 따라 살아가면서 그분이 명령하신 대로 '우리의' 노력이 사랑스럽고 진실하며 온화하고 자비로워질 수 있도록 통제하면 된다.

성경적인 상담가 브래드 햄브릭이 내게 말해준 대로, 여기서는 조바심을 내거나 추측하는 것보다 슬퍼하는 것이 감정 에너지를 더 잘 활용하는 방법이므로 그 점을 계속 강조해야 한다. 분열된 관계를 슬퍼하고 나서 잊어버리는 법을 배우라. 실망이 자기 회의와 자기 과시로 변질되지 않게 하라. 당신이 어떤 일을 원치 않는다고 해서, 그렇게 되지 않은 것이 당신 탓은 아니다.

잭 디어는 *Even in Our Darkness*(어둠 가운데서도)라는 책에서 끊임없는 독이 되는 행동 때문에 말 그대로 잠잘 곳을 잃어버린 아들 이야기를 들려준다. 잭은 마지막 필사의 노력을 기울여 중독자인 아들을 다시 집으로 불러들였다. 하지만 오빠의 통제 불능 행동에 깜짝 놀란 다른 딸이 호텔 화장실 문을 걸어 잠그고 나오질 않았다. 잭의 말은 가슴이 아프지만 지혜롭다. 그는 아들에게 최후통첩을 했다. 중독 치료 시설에 들어가지 않으면 길거리에서 살게 되더라도 집에서 나가라는 것이었다.

"너는 네 곁에 있는 사람을 모두 죽이고 있어. 내가 너를 구하지는 못하더라도, 다른 사람들은 구해야겠구나."[1]

이런 상황에 이르는 것은 너무나 큰 충격이지만 일부 독이 되는 사람들(심지어 가족일지라도)을 곁에 둔 사람에게는 불가피한 일이다.

"내가 너를 구하지는 못하더라도 다른 사람들은 구해야겠구나."

가족끼리 인연을 끊거나 서로 거부하게 되는 일은 큰 충격이다. 당신이 그런 슬픈 길을 걸을 수밖에 없다면 가장 먼저 당신의 가장 확실한 소망에서 위안을 찾는 법을 배우라. 당신은 그저 독이 되는 이 땅의 가족을 잃기만 하는 것이 아니다. 하늘의 관점에서는, 위안을 주는 거룩한 하늘나라 가족을 얻을 뿐 아니라 그들의 보호를 받게 될 것이다.

독성에 맞서는 이들을 보호하시는 하나님

먼저 하나님 나라를 구하는 신자인 우리는 그 누구와도 비교할 수 없는 소망과 확신을 품고 있으며, 그 소망과 확신이야말로 독이 되는 가족과의 관계를 끊을 수 있는 기반이다(심장이 몸에서 떨어져 나가는 듯한 고통이 느껴지더라도). 성경은 하나님과 운명을 함께하는 것이 그분의 특별한 보살핌과 임재를 받는 것이라고 분명히 말한다. 이사야 52장 12절은 이렇게 말한다.

"여호와께서 너희 앞에서 행하시며 이스라엘의 하나님이 너희 뒤에서 호위하시리니."

시편 28편 7절은 "여호와는 나의 힘과 나의 방패이시니 내 마음이 그를 의지하여 도움을 얻었도다"라고 약속한다. 하나님을 의지하면 **하나님은 우리를 도우신다**. 하나님은 우리의 방패시다. 다시 말해 자녀가 당신을 저버린다 해도 당신은 혼자가 아니요, 절대 외롭지 않을 것이다. 부모가 당신을 공격한다 해도, 당신에게는 당신을 위로해줄 더욱 강력한 하늘 아버지가 계신다. 배우자가 당신에게 전쟁을 선포한다 해도, 당신을 지켜줄 전사 하나님이 계신다. 이러한 진리는 독이 되는 사람들의 공격에 맞설 때 생기는 절망과 낙담으로부터 우리를 지켜주며 우리에게 힘과 용기를 준다.

수십 년의 결혼 생활 끝에 남편을 잃고 홀로 된 로버트 모건의 어머니는 처음에는 외로워하고 남편을 쉽게 잊지 못하는 듯 보였다. 하지만 어머니는 조금씩 하나님을 의지하게 됐고 아들에게 이렇게 말했다.

"난 혼자 사는 생활에 잘 적응했어. 내가 **혼자가 아니라는 걸** 그 어느 때보다 확신하거든. 하나님과 온종일 이야기를 나눈단다. 아침에 일어나면 하나님이 나에게 인사하려고 기다리고 계시고, 밤에 잠자리에 들 때도 하나님이 깨어서 나를 지켜주시지."[2]

그의 어머니는 홀어미가 되길 원한 적은 없지만, 그렇게 되어서야 비로소 하나님과 동행하는 삶을 이해할 수 있었다. 당신은 어쩌면 당신을 '홀어미'처럼 느끼게 하는 다른 양상의 상황을 맞닥뜨릴 수 있다. 그러나 그 효과는 비슷하다. 하나님께 소망을 두면 특별한 친밀감이 생긴다. 하나님은 당신과 함께 상처받고, 당신에게 용기와 위로를 주고, 당신을 보호하면서 함께하신다. 우리는 확실한 보호자 없이 독이 되는 공격에 맞서지 않는다. 하나님은 진리를 아시며, 궁극적으로 그분의 의견만이 중요하다.

우리는 가족이라는 우상 때문에, 사랑하지만 **타락한** 사람들의 정서적·영적 건강에 취약해진다. 변덕스럽고, 악의적이며, 모호한 그들의 용인이나 거부가 우리를 괴롭히고, 상처를 주고, 상흔을 남긴다. 하나님을 예배하고 섬기는 삶은 온전히 한결같고 변함없는 하늘 아버지의 인정과 보살핌, 보호와 위로 그리고 거기서 비롯되는 안정감을 가져다준다.

마태복음 6장 33-34절에 나오는 예수님의 가르침이 어떻게 끝나는지 잊지 말라.

> 그런즉 너희는 먼저 그의 나라와 그의 의를 구하라 그리하면 이 모든 것을 너희에게 더하시리라 그러므로 내일 일을 위하여 염려하지 말라 내일 일은 내일이 염려할 것이요 한 날의 괴로움은 그날로 족하니라.

끊임없이 그 나라를 구하라. 끝까지 당신과 동행하시는 하나님을 신뢰하라.

요점 정리

- 예수님은 가족을 포함한 그 누구보다도 그분께 우리의 충성심을 두라고 분명히 명령하신다.

- 우리가 통제할 수 있는 것은 우리의 행동뿐이므로, 독이 되는 가족을 대하는 가장 좋은 방법은 그들이 건강한 사람들이고 그들의 생각이 지혜로운 것처럼 결정을 내리는 것이다. 그들이 건강한 결정에 반대한다면, 그것은 우리가 아닌 그들 책임이다.

- 가족 구성원과의 갈등으로 우리 마음이 무너질 때, 하나님은 우리의 소망과 위로자, 보호자, 우리의 가장 진실한 친구로 그분을 확실히 드러내실 것이다. 실제로 다른 사람에게 거절당하는 것은 하나님과의 영적 친밀감이 더 깊어지는 계기가 될 수 있다.

15장
가장 잔인한 공격

진정한 그리스도인에게 하나님을 기쁘시게 하는 것보다 더 중요한 문제는 없다. 우리 안에 계신 성령님이 어느 누구보다도 하나님의 의견을 중요하게 여기도록 우리의 마음을 만드시기 때문이다. 애초에 하나님의 진노를 두려워하거나 지옥을 피하고 싶은 마음 때문에 하나님께 순종하는 것이 아니다. 그분이 우리 영혼의 기쁨이시기에 우리는 그분을 사랑하고 그분에게 기쁨을 드리려 한다.

독이 되는 사람들은 악마처럼 이를 눈치채고 신자들에게 상처를 주는 무기로 종종 사용하곤 한다. 그들은 건강한 그리스도인이 얼마나 하나님을 기쁘게 해드리기를 원하는지 알기에 그것을 방해하려고 우리의 애정을 왜곡하여 우리를 조종하려 한다. 가장 흔한 비난(그 자체로 독이 되고 악한)은 우리 믿음을 의심하는 것이다.

"그리스도인이라면 용서해야 하는 거 아니야? 어째서 그리스도인답게 행동하지 않지?"

하지만 그들은 우리가 그리스도인답게 행동하는지에는 별로 관심이 없다. 그저 자신들이 바라는 대로 우리가 행동하기를 바랄 뿐이어서, 우리 믿음을 조종하고 통제하는 무기로 이용하는 것이다. 나는 그런 경우를 수도 없이 보았다. 이것은 독이 되는 사람들이 무척 좋아하는 계책이니 툭 까놓고 이야기해보자.

5퍼센트의 가능성을 경계하라

오스틴은 부모에게서 신체적인 학대를 받으며 자랐다. 알코올중독인 아버지는 마음속 분노가 터지기만을 기다리며 언제나 끓어오르고 있었다. 어머니는 주로 말로 학대했는데, 때로는 그것이 신체적 학대보다 더 아팠다. 오스틴은 어린 시절에 겪은 폭력적인 언사를 떠올리지 않으려 애쓰지만, 엉덩이에서는 아버지 허리띠의 분노가 여전히 느껴진다. 그러한 구타는 오스틴의 행동보다는 아버지의 분노가 원인이었다. 오스틴에 대한 체벌은 아들을 걱정하는 마음에서 우러나온 훈육이 아니라 아버지의 '분풀이'에 불과했다.

끔찍한 어린 시절에도 불구하고 오스틴은 하나님의 은혜로 마음의 응어리를 털어냈다. 그는 하나님이 문제가 있는 가정환경을 이용하여 자신을 예수님에 대한 믿음으로 이끄셨다고 믿는다. 어느 해 여름, 이웃에 사는 사람이 오스틴을 여름성경학교에 초대했는데 오스틴은 일주일 동안 집에서 벗어날 기회가 생겨 뛸 듯이 기뻤다. '예수님 어쩌고' 하는 내용은 그가 독이 되는 집안 분위기를 잠시 잊을 수 있다는 사실과는 아무

상관이 없었다.

캠프에서 오스틴은 진정한 회심을 했다. 하지만 그의 부모는 이러한 변화에 기뻐하기는커녕 오스틴을 비웃으며 조롱했다.

"고등학교에 가서도 그렇게 신앙심이 좋을지 두고 보자."

오스틴은 과거에 자신이 뒤섞인 동기로 순종한 것을 인정한다. 그는 하나님을 기쁘게 해드리기 위해서뿐만 아니라 부모의 회의론이 틀리기를 바랐기에 바르게 행동하기로 마음먹었다. 고등학교와 대학교를 거치면서 그의 믿음은 성장했고, 그는 학창 시절에 만난 경건한 여성과 결혼했다.

오스틴이 서른 살이 될 즈음에야 그의 부모는 자녀들과의 관계가 엉망이 된 것을 깨달았다. 자녀들이 집을 떠나 외로웠던 그들은 손자가 생기면 어린아이들과 새롭게 시작할 좋은 기회가 될 것으로 생각했다. 하지만 오스틴의 아버지는 여전히 술고래였고, 오스틴이 보기에 어머니의 분노와 날카로운 혀가 완전히 통제될 기미는 전혀 보이지 않았다. 그래서 그의 부모가 오스틴 부부에게 손자들하고만 주말을 보낼 수 있을지 묻기 시작했을 때 오스틴은 정중하지만 단호하게 대답했다. 그는 부모님 댁에 아이들만 보내는 일은 없을 것이라고 분명히 말했다.

아버지가 오스틴에게 따져 물었다.

"네 입으로 네가 그리스도인이라면서."

"네, 맞습니다." 오스틴이 대답했다.

"그리스도인이라면 용서해야 하는 거 아니냐? 넌 우릴 용서하지 않았어, 그렇지? 네가 정말로 우리를 용서했다면, 손자들이 우리 집에서 자도록 허락해야지."

독이 되는 사람들은 그리스도인들이 '어떻게 올바른 행동을 해야 하는지' 설교하는 것에 도가 텄다. 그들은 그리스도인처럼 행동해본 적도 없으면서 그리스도인들은 이렇게 행동해야 한다고 **자신들이** 생각하는 방식대로 주장하기 좋아한다. 이들의 '성경'에는 다음 세 문장이 전부다.

"하나님이 당신을 용서하셨듯이 다른 이들을 용서하라. 그리고 그들을 판단하지 말라. 그렇지 않으면 당신도 판단을 받을 것이다."

오스틴은 미끼를 물지 않았다. 오히려 더 지혜롭게, 부모 중 누구라도 자기 몰래 아이들을 초대해 자신의 결정을 흔들려고 한다면, (부모 동반으로도) 손자들을 볼 수 있는 기회를 영영 잃을 것이라고 분명히 했다.

부모를 공경한다는 것은, 자녀의 안전을 100퍼센트 확신할 수 없는 상황에 자녀를 몰아넣는다는 의미가 아니다. 잘못될 확률이 5퍼센트라도 있다고 생각한다면, 당신이 할 수 있는 가장 큰 사랑의 행동은 그 5퍼센트를 경계하는 것이다. 오스틴의 부모는 오스틴의 반응을 강요하면서 이런 상황을 만들었다. 하지만 오스틴은 부모의 실망감을 자기 탓으로 돌리거나 그들의 분노를 안타까워하지 않았다. 부모가 진심으로 잘못을 뉘우쳤다면 그들은 오스틴의 행동을 축복하며 이렇게 말했을 것이다.

"너는 정말 훌륭한 아버지로구나. 너는 우리가 젊었을 때 했더라면 좋았을, 훌륭한 아버지의 행동을 하고 있어."

그러한 태도가 진정한 참회를 입증할 것이다. 그리스도인처럼 행동하지 않는다고 아들을 비난하는 오스틴 아버지의 말은 일평생 아들을 구타했던 자신의 행동 양식을 지속하는 것에 불과했다. 이번에는 말로 때렸지만, 핵심을 찔렀다. 그 자체가 독이 되는 언어 공격이었다.

누군가 당신에게 '그리스도인답지 않은 행동'이라고 말할 때 그 미끼에 속아 넘어가지 말라. 진정으로 그리스도를 따르는 사람에게 조언을 구하라.

가스라이팅에 넘어가지 말라

남편의 반복된 부인에도 불구하고 다이앤이 품은 최악의 예감은 결국 사실로 확인됐다. 남편 제이슨의 부정이 빤히 드러난 것이다. 다이앤이 줄곧 의심했던 대로, 남편은 비서와 함께 떠난 출장에서 '회사 업무'만 하지 않았다.

독이 되는 사람들이 대부분 그렇듯, 제이슨도 가스라이팅에 능했다. 누가 봐도 바람을 피운 게 분명했는데도, 제이슨은 다이앤이 그 사실을 언급하자 그녀가 두려움과 의심이 많은 바보처럼 느끼게 만들었다.

다이앤이 남편을 공유하는 일에 관심이 없다고 말하자, 제이슨은 최근까지도 연애 감정을 느끼지 않는다고 부인했던 정부의 집으로 이사했다. 물론 둘의 결혼이 끝장난 것을 다이앤 탓으로 돌렸다. 그는 자녀들에게 이렇게 말했다.

"너희 엄마가 나를 쫓아냈다. 내가 어디 가서 살겠니? 엄마는 남자들을 믿지 않아. 엄마는 이런 비정상적이고 불안정한 생각을 하고 있어. 그리고 아마 나에 대한 거짓말들을 너희 머릿속에 집어넣고 있을 거다. 엄마가 집에서 나를 억지로 내쫓기 전까지는, 크리스털 아줌마와 나 사이에 아무 일도 없었다."

다행스럽게도 다이앤의 자녀들은 (자칭 신도라 하는) 제이슨이 별거를 통해 다른 사람과 즉시 '성관계를 시작할 수 있는 성경적 자유'가 생겼다고 생각한 것이 중대한 잘못임을 간파했다. 적어도 큰아이들은 알아챘다.

나는 이런 불륜을 많이 보았기 때문에 대개 유책 배우자가 정부에게 싫증을 내게 된다는 것을 잘 알고 있다. 이런 남자들은 믿음직한 그리스도인 아내를 떠나, 아직 어린 자녀를 둔 유부남과 동침하고 싶어 하는 사람을 찾아간다. 그것은 이기심의 극치이며, 이기심은 결코 인격의 일면에 국한되지 않는다. 그런 사람은 곧 싫증을 느낀다.

사랑의 열병은 점점 희미해지고, 전 남편은 새로운 정부가 하나님을 경외하는 여성의 성품과 용기, 축복의 절반에도 미치지 못하는 것을 깨달을 것이다. 그리고 대개는 다시 돌아가고 싶어 한다. 양심의 가책이나 가족들에 대한 염려 때문이 아니라, 자신이 처한 상황을 개선하고자 하는 이기적인 욕망에서 말이다. 나는 다이앤에게 그런 일이 생길 수 있다고 경고했다. 제이슨으로부터 전화가 걸려오기 전까지 다이앤은 내 말을 믿지 않는 듯했다.

"여보, 생각해보니 우리가 조금 성급하게 행동했던 것 같아. 우린 둘 다 그리스도인이잖아. 다시 합치려고 노력해야 할 것 같아. 하나님도 그걸 바라실 거야, 그렇게 생각하지 않나?"

다이앤은 이렇게 대답했다.

"나는 하나님이 인도하시는 대로 따를 거예요. 하지만 제일 먼저, 당신이 그 집에서 나와야 해요."

"당신이 나를 다시 받아주겠다고 먼저 약속하지 않는데, 어떻게 크리스틸을 떠나?"

다시 말하면, 제이슨은 그것이 자신에게 더 나은 선택일 때에만 옳은 일을 하고 싶어 했다. 다이앤이 더는 그런 장난에 흥미가 없다고 말하자 제이슨은 이렇게 쏘아붙였다.

"그리스도인이라면 용서해야 한다고 생각하는데 당신은 날 용서하지 못했어, 그렇지? 당신은 그리스도인답게 행동하지 않아. 어떻게 하나님이 우리가 다시 함께하는 것을 **원치 않으실** 수 있단 말이야?"

아내에 대한 제이슨의 험담을 들어본 사람이라면 죄를 지은 사람은 다이앤이라고 확신했을지도 모른다. 다시 말하지만 이것은 믿는 사람에게 할 수 있는 최악의 비난이다. 그 말에 속아 넘어가지 말라.

'그리스도인답게'라는 무기

독이 되는 사람들은 대개 우리가 그들을 대하는 솜씨보다 더 능숙하게 독이 되는 존재다. 그들은 대부분의 인생을 독처럼 살아왔고, 다른 사람들을 교묘하게 조정하는 데 능하며, 개가 죽은 다람쥐 위에서 뒹굴기를 좋아하듯 갈등을 즐긴다. 공격을 좋아하지 않는 일반 사람들은 누군가에게 '**독성**'이라는 이름표를 쉽사리 붙이지 못하는데, 그것은 다른 사람을 비참하게 만들어서 즐거워하는 데 익숙하지 않기 때문이다.

독이 되는 사람들은 당신을 미치게 만들려 한다. 가령 그들은 당신이 아는 어떠한 사실을 사실이 아닌 것처럼 행동한다. 바리새인들이 예수님께 이런 행동을 하려 했다. 요한복음에서 예수님이 그들에게 물으셨다.

너희가 어찌하여 나를 죽이려 하느냐 무리가 대답하되 당신은 귀신이 들렸도다 누가 당신을 죽이려 하나이까 (요 7:19-20).

이 상황을 잘 살펴보라. 그들은 하나님에게 '귀신이 들렸다'라고 말한다. 마찬가지로 독이 되는 방식으로 행동하는 악한 사람들은 그리스도인들을 가리켜 '악하다'라고 할 것이다.

둘째로, 그들은 예수님이 아는 사실(그들이 예수님을 죽이고자 한다는 것)을 부인함으로써 예수님이 옳다고 생각하신 것에 대해 그분 자신이 바보처럼 느끼게 만들려 했다. 그 결과가 어땠는지는 우리 모두가 알고 있다. 그들은 결국 예수님을 죽였고, 이는 그들이 예수님을 분명 죽이기 원했음을 틀림없이 보여준다. 예수님은 사실을 말씀하셨지만, 그들은 그런 예수님을 바보처럼 보이게 만들었다. 누군가 잘못된 행동을 했는데, 그 사실을 지적하는 당신을 미치게 만든다고 생각한다면 그것은 악이 활동하는 것이다. 악은 그런 식으로 작용한다. 한번은 예수님이 종교 지도자들의 악함을 지적하자 그들은 또다시 예수님께 사납게 달려들었다.

> 우리가 너를 사마리아 사람이라 또는 귀신이 들렸다 하는 말이 옳지 아니하냐(요 8:48).

하나님의 순전한 어린양 예수님에게 귀신이 들렸다니! 그러나 예수님이 '사마리아인'이라는 말도 안 되는 비난을 완벽하게 피하신 방법에 주목하라.

> 예수께서 대답하시되 나는 귀신 들린 것이 아니라 오직 내 아버지를 공경함이거늘 너희가 나를 무시하는도다(요 8:49).

예수님이 아니라 **그들이** 문제다.

또한 예수님의 행동은 우리가 독이 되는 사람들과 교류할 때 취해야 할 바로 그 행동이다. 예수님은 하늘에 계신 아버지를 공경해야 한다는 그분의 핵심 동기를 스스로 일깨우신다. 독이 되는 사람이 우리를 공격한다면 이 말을 가장 먼저 떠올리자.

"나는 그 무엇보다도 하늘에 계신 아버지를 공경한다. 당신을 기쁘게 하거나 당신의 동의를 얻어내는 것은 내 삶의 첫 번째 목표가 아니다."

예수님은 자신의 동기를 설명하신 후에 그 문제를 원래 있던 곳, 즉 독이 되는 사람에게 되돌려 보내셨다.

"나는 내 아버지를 공경하려 하므로 이것은 내 문제가 아니다. 네가 나를 공경하지 않으니 이것은 네 문제다."

독이 되는 사람들은 자신의 증오와 통제, 살의를 지적당하면 "글쎄, 너는…"이라며 툭하면 그것을 당신 탓으로 돌릴 것이다. 완벽하게 살아야만 상대의 결함을 지적할 수 있는 것은 아니다. 독이 되는 사람들은 자신의 독살스러운 행동(그 순간의 진짜 문제)이 드러나면 필사적으로 자신이 아니라 '**당신**' 탓을 하려 할 것이다. 그들의 수에 말려들지 말라. 당신은 이길 수 없다. 그들은 그 방면에서 당신보다 능하다. 그들은 오랫동안 많은 사람들에게 그런 식으로 행동해왔다. 상대적으로 당신은 그런 부류를 대하는 데 미숙할 것이다.

충고를 받아들이기 전에 그 말의 출처를 숙고하라. 만약 내 아내(헌신적이고 성숙한 신자)나 이 책을 헌정한 네 사람 중 한 사람 혹은 존경하는 목사님이 나를 불러서 "게리, 당신은 지금 신앙을 타협하고 있어요. 지금 같은 상황에서 행동하도록 부르심을 받은 신자처럼 행동하고 있지 않다고

요"라고 말한다면 나는 내가 잘못했다고 생각하면서 최대한 주의 깊게 기도하는 마음으로 들을 것이다. 그러나 신자도 아닌(혹은 몇 년 몇 달을 신자답게 행동하지 않았던) 사람이 그런 비난을 퍼붓는다면 그 출처를 숙고하는 것이 현명하다.

이렇게 생각해보자. 건강한 신자라면 거만한 태도로 누군가에게 그가 그리스도인이 아니라거나 그리스도인답지 않게 행동한다고 말할 수 있겠는가? 그것이 신랄한 비난이라는 것은 당신도 안다. 그들의 책략을 꿰뚫어 보는 법을 배우라. **그들은 자신들이 원하는 행동을 당신이 하기를 바라는 것만큼이나 당신이 그리스도인처럼 행동하기를 원하지 않는다.** 그리고 그들은 당신에게 상처를 주려고 예수님을 무기로 사용한다. 예수님은 그들이 따르고 숭배하는 주님이 아니다. 예수님을 구세주가 아닌 무기로 사용하려는 사람들은 자신들이 예수님을 따르는 것에 대해 아무것도 모른다는 것을 증명하는 셈이다.

당신은 관여할 필요가 없다

정신 나간 사람들을 이해하려 애쓰다가는 당신만 미치게 될 것이다. 책임감 있고 객관적인 제삼자라면 누구나, 자녀들이 자기 부모와 따로 시간을 보내는 것을 허용하지 않는 오스틴의 결정을 보고 그를 칭찬할 것이다. 목사라면 누구나, 진정으로 뉘우친다면 우선 크리스털을 떠나야 한다고 제이슨에게 말할 것이다.

독이 되는 사람들의 망상에 관여할 필요가 없다. 비논리적인 사람들과 논리를 따져봐야 소용이 없고, 영적으로 눈먼 사람과는 깊이 있는 신학 토론이 불가능하다. 그냥 이렇게 말하라.

"난 결정을 내렸어요. 당신이 정말로 내가 신앙을 타협하고 있다고 생각한다면 기도해주시면 고맙겠습니다. 하지만 이렇게 될 거예요."

결국 우리는 현명한 조언을 구하고 느헤미야의 신조를 따라 산다. **"내 하나님이여 나를 기억하사 복을 주옵소서"**(느 13:31).

'당신이 그리스도인처럼 행동하는지'의 여부는 독이 되는 사람이 아니라 바로 하나님에게 인정받아야 한다. 그게 중요하다. "나는 내 아버지를 공경한다"라고 말씀하시는 예수님과 함께 그 자리를 떠나라.

요점 정리

- 독이 되는 사람들은 그리스도인들에게 "어쩜 당신은 그렇게 그리스도인처럼 행동하지 않을 수 있나요?"라는 신랄한 비판을 자주 퍼붓는다.

- 예수님은 자신의 말과 행동, 결정을 통해 독이 되는 사람이 아닌, 하늘에 계신 아버지를 만족시켜드리는 게 자신의 동기라고 밝히시면서, 악이라 불리는 오명을 어떻게 다뤄야 하는지 본보기를 보여주셨다.

- 독이 되는 사람들은 그들의 독성보다 우리가 그들의 독성에 어떻게 반응하는지를 더 문제 삼으려 할 것이다.

- 기억하라. 독이 되는 사람들은 당신이 그리스도인처럼 행동하는지에 대해 전혀 관심이 없다. 그들은 그들이 원하는 행동을 당신이 하게끔 하기 위해 예수님의 이름을 이용할 뿐이다.

16장
독이 되는 부모

내가 기억하는 가장 어린 시절의 성경 공부는 워싱턴 주 퓌앨럽 제일 침례교회의 오랜 신자인 헬렌 스나이더 선생님의 가르침이었다. 선생님은 무릎을 꿇고 앉아 우리를 가르치면서 에베소서 6장 2-3절에 나오는 부모 공경의 계명을 강조했다.

"네 아버지와 어머니를 공경하라 이것은 약속이 있는 첫 계명이니 이로써 네가 잘되고 땅에서 장수하리라."

그 말씀과 의미는 내 마음에 깊이 새겨졌다.

마가복음 7장에서 예수님은 자기 부모에게 줄 돈을 성전에 바쳐서 이 계명을 교묘히 피하려는 바리새인들을 비난하셨다. 나는 어린 나이였지만, 그것이 인정사정 볼 것 없는 대립이었음을 알 수 있었다.

"네 부모를 돌보아라. 네 부모를 공경해야 한다."

이 계명이 얼마나 중요한지, 예수님이 왜 이 명령을 강조하셨는지, 새

언약의 삶에서조차 바울이 왜 초대교회에 이 명령을 상기시켰는지 우리는 쉽게 이해할 수 있다. 하나님이 주신 권위를 존중하지 않으면 혼돈이 가득하게 되기 때문이다. 하지만 이미 살펴보았듯이 단 하나의 권위, 곧 하나님의 권위만이 절대적이다.

감사하게도 나는 건강하고 영적으로 깨어 있는 부모 밑에서 성장했다. 그러나 어떤 사람들은 (글로 적기에도) 끔찍한 일이 일어나는, 그래서 차라리 탈출하는 편이 나은 가정에서 성장한다.

가정생활을 강력하게 지지한 체스터턴(G. K. Chesterton)은 언젠가 엘리자베스 배럿(Elizabeth Barrett)의 어린 시절을 '미친 남자 집'에 사는 것으로 묘사했는데, 이는 에드워드 배럿(Edward Barrett)이 딸 엘리자베스를 '집 안 가구의 일부'로 취급했기 때문이다.[1] 선한 척하며 능수능란하게 그 모습을 드러내는 악의 소리를 들어보라.

최악의 폭군은 공포로 통치하는 사람이 아니다. 최악의 폭군은 사랑으로 통치하며 하프를 타듯 그것을 이용하는 사람이다.[2]

독이 되는 행동의 근원에 남을 통제하려는 욕망이 얼마나 빈번히 자리 잡고 있는지 주목하라. *Brave New Family: G. K. Chesterton on Men and Women, Children, Sex, Divorce, Marriage and the Family*(용감하고 새로운 가정: G. K. 체스터턴이 말하는 남녀, 자녀, 성, 이혼, 결혼, 가족)의 편집자 알바로 데 실바(Alvaro de Sliva)는 체스터턴의 관점에 대해 논평하며 이렇게 말한다.

"일부 전통 가정들에서는 순전히 '부모 편'의 선의로 권위를 주장하는 것이 만연하여, 집이 아니라 작은 수용소에 가까워 보이기도 한다.[3]

16장 독이 되는 부모   231

그런 경우는, 하나님이 선하게 창조하신 것을 인간이 악으로 바꾸고 있는 것이다. 하나님은 부모에게 섬기고 사랑하는 권위를 주신다. 변태적인 안락과 환상에 맞춰 가학적으로 행사하라고 주신 게 아니다. 데 실바는 이렇게 설명한다.

> 가정에는 반드시 권위가 있어야 하지만, 가정은 단순히 다른 사람 위에 군림하기 위한 권위나 권위에 대한 변명이 아니다.[4]

아버지가 섬김의 정신이 아니라 폭군의 정신으로 자신을 위해 사람들을 통제하는 것을 즐길 때, 아버지가 자기 마음대로 아내와 아이들을 통제할 때, 아버지가 자신의 역할을 섬김으로 여기지 않고 자신의 거대한 자아가 마사지를 받는 권리 정도로 여길 때, 그 아버지가 자신의 폭정을 정당화하기 위해 찾아보아야 할 마지막 장소가 바로 성경이다. 사랑이라는 미명하에 그는 악으로 다스리는데, 이는 사랑의 의미를 왜곡하므로 진정한 악이다. 소중히 여겨야 할 아내를 비하하고, 진정한 사랑의 의미와 실천을 배워야 할 자녀들을 혼란스럽게 만든다(물론 어머니와 아내도 똑같이 독이 되는 행동에 빠질 수 있음을 잊지 말라).

우리 사명이 악에 맞서는 것이라면, 악한 부모가 저지른 해악에 대해서도 기꺼이 이야기해야 한다. 그것은 독이 되는 부모의 자녀들에게 특히나 몹시 고통스러운 일이다. 유명한 정신과 의사이자 작가인 스캇 펙은 이렇게 말한다.

> 자기 혈통의 악을 받아들이는 일은 아마도 한 인간이 맞닥뜨릴 수 있는 가장

힘들고 고통스러운 심리적 과제일 것이다. 대부분은 실패하여 피해자로 남는다. 꼭 필요한 혹독한 시각을 개발하는 데 제대로 성공한 사람들은 그 이름을 댈 수 있는 이들이다.[5]

우리가 독이 되는 부모를 독이라고 부르지 못한다면, 독이 되는 부모의 자녀들은 외롭게 남겨질 것이다.

어느 중산층 부모의 끔찍한 악

바비는 악을 바라보는 우리 부모 세대의 관점을 완전히 바꾸어놓았다. 스캇 펙은 1983년에 베스트셀러 『거짓의 사람들』을 썼다. 펙에게는 악을 과학적으로 조사해보고 싶은 열망이 있었다. 일반적으로 과학은 악을 그 범주로 고려하지 않지만, 펙은 악을 현미경에 올려두고 빈틈없는 집중력으로 조사하고 싶었다.

펙은 사람들을 상담하면서, 끔찍한 악이 겉보기에는 점잖고 근면한 중산층 부모의 가면을 쓰기도 한다는 것을 발견했다. 펙의 책을 읽은 사람이라면 우울증 때문에 펙 박사에게 보내진 열다섯 살짜리 소년 바비를 잊지 못할 것이다. 바비의 형은 22구경 소총으로 머리를 쏘아 자살했다. 바비는 우울증 징후를 보이기 시작했고, 펙 박사에게 보내졌다.

펙 박사가 가정생활이 어떤지를 물었을 때, 처음에 바비는 자기 부모를 차로 보이스카우트 모임에 데려다주는 '좋은' 사람으로 묘사했다. 그는 부모가 '잘해준다'라고 주장하면서도, 가끔은 소리도 질렀다고 인정했다. 펙 박사가 바비에게 성탄절 선물에 관해 물어보기 전까지는 별다른 특이 사항은 없어 보였다. 바비는 테니스 라켓을 원했지만, 부모님이 실제로 무엇을 주었느냐는 질문을 받고 이렇게 대답했다.

"총이요."

다음은 펙 박사의 책에 나오는 내용이다.

"총이라고?" 나는 바보같이 되물었다.

"네."

"무슨 총이었지?" 내가 천천히 물었다.

"22구경이요."

"22구경 권총 말이니?"

"아뇨, 22구경 소총이요."

오랜 침묵이 흘렀다. 나는 방향 감각을 잃어버린 것만 같아 상담을 중단하고 집에 가고 싶었다. 결국 나는 내가 해야만 하는 말을 어렵게 꺼냈다.

"네 형이 22구경 소총으로 자살한 걸로 알고 있는데."

"맞아요."

"형이 가지고 있던 것과 같은 종류의 총을 받고 기분이 어땠니?"

"같은 종류의 총이 아니었어요."

기분이 좀 나아지기 시작했다. 어쩌면 난 그저 혼란스러웠던 것 같다.

"미안하구나. 난 두 총이 같은 종류라고 생각했어."

"같은 종류의 총이 아니에요." 바비가 대답했다. "바로 그 총이에요."

"그 총이라고?"

"네."

"그러니까… 그게 네 형의 총이었다는 거니?"

이젠 정말 몹시도 집에 가고 싶었다.

"네."

"부모님이 성탄절 선물로 형의 총을 주었단 말이야? 자살에 쓴 그 총을?"

"네."[6]

펙 박사는 바비를 그 집에 둔 채로 치료하려는 것은 말라리아에 걸린 사람을 모기가 가득한 텐트 안에 둔 채 치료하려는 것과 같다는 것을 깨달았다. 물론 그들은 부인하겠지만, 바비의 부모는 바비에게 자살한 형의 전철을 밟도록 하는 것이나 마찬가지였다. 어떻게 부모가 되어서 아들에게 그의 형이 자살에 사용한 총을 선물로 줄 수 있는가?

이후에 더 이야기가 오가면서, 펙 박사는 바비가 헬렌 숙모를 좋아하는 것을 알게 됐는데 (불 보듯 뻔한 일이었지만) 그의 어머니는 헬렌을 '잘난척쟁이'라고 부르며 좋아하지 않았다. 펙 박사가 바비의 부모와 만나 바비를 통해 알게 된 가정의 문제점 몇 가지를 거론하자 바비의 아버지는 불편한 기색을 내보이기 시작했다.

"이봐요, 박사님, 무슨 말씀을 에둘러 하시는지 모르겠습니다. 당신이 무슨 경찰이라도 되는 양 이런 질문들을 하는군요. 우린 잘못한 것이 없습니다. 부모에게서 아이를 떼어낼 속셈이라면, 당신에게는 그런 권리가 없어요. 우린 그 녀석을 위해서 열심히 일해왔단 말입니다. 우린 좋은 부모였다고요."[7]

이 아버지가 바비의 안전과 정신 건강을 염려하기보다 자신의 권위를 반드시 존중받아야 하는 '좋은 아버지'로 보이는 데 더 신경을 쓰고 있는 점에 주목하라.

펙 박사가 성탄절 총 선물 이야기를 꺼내자, 바비의 아버지는 펙 박사가 '총기 소지 반대파'가 틀림없다는 비판으로 되받아쳤다. 능숙한 솜씨로 약간의 법적인 위협을 들이대긴 했지만, 펙 박사는 결국 바비가 헬렌 숙모와 (잠시만이라도) 함께 지내면서 정신과 치료를 받도록 부모의 동의를 끌어냈다.

부모의 집이 아니라 헬렌 숙모네로 간다는 사실을 아는 것만으로도 이후 몇 주에 걸쳐 바비의 정신 건강은 엄청나게 향상됐으며, 이전의 자해로 인한 몸의 상처도 아물기 시작했다. 그 후 몇 달 동안 그가 받은 정신과 치료는 효과가 있었다.

바비의 이야기는 악이 언제나 염소수염을 기르고 쇠스랑을 끌며 나타나는 것은 아니라고 경고한다. 항상 악의와 함께 그 모습을 드러내지도 않는다. 사랑, 믿음, 정당한 권위 심지어는 성경의 언어를 사용하기도 한다. **그러나 악은 언제나 파괴적이다.** 때로는 빠르게, 때로는 느리게, 하지만 결국엔 해를 끼친다.

내 여동생은 정부와 비영리 플랫폼 양쪽에서 제공하는 아동 보호 서비스를 위해 일하는 용감한 여성이다. 그녀는 아들 넷을 훌륭하게 길러낸, 내가 아는 가장 헌신적인 어머니 가운데 한 명이다. 여동생은 자녀 양육에 무척이나 열정적이어서 부모의 권리나 권위에 대해 무신경하지 못할 것이다. 하지만 내 동생이 워싱턴 주 타코마 법원에서 아동 해방 '터미네이터'라는 별명으로 불리던 때가 있었다. 그녀는 자녀가 순종하도록 부모가 어떻게 사랑해야 하는지를 아는 교양을 갖췄지만, 선이 아닌 악을 위해 권위가 사용될 때의 철저한 파괴력도 알고 있다.

세상에 완벽한 부모는 없으므로 우리는 누군가가 우리 행동이나 말을 판단하고 다음과 같이 결론 내리는 것을 두려워하게 된다. "당신은 아이들의 부모가 될 자격이 없습니다." 여동생 린다는 자신이 의뢰받은 사건에 판사의 주목이 필요할 즈음이면 한 아이가 위험에 처해 신체적으로, 정서적으로 파괴당하고 있다는 데에는 의심의 여지가 없다고 잘라 말했다.

독이 되는 부모들을 다룰 때 우리도 똑같은 교양이 필요하다. 권위와 부모의 권리는 높이 평가하지만 악하고 교묘한 속임수는 참지 않아야 한다. 사도 바울은 고린도 교인들에게 편지를 쓰면서 이러한 이중성을 인지했다.

"그러므로 내가 떠나 있을 때에 이렇게 쓰는 것은 대면할 때에 주께서 너희를 넘어뜨리려 하지 않고 세우려 하여 내게 주신 그 권한을 따라 엄하지 않게 하려 함이라"(고후 13:10).

하나님은 부모에게 **자녀들을 넘어뜨리지 않고 세우는** 권위를 주셨다. 누군가 개입하여 그 권위에 도전하는 것은 무서운 일이다. 하지만 그보다 더 최악은, 부모의 권위가 힘없는 자녀를 파괴할 때 당신이 눈을 감고 거기에 도전하지 않는 것이다.

옛것을 버리고, 새것을 받아들이라

나는 문제가 있는 가정에서 자란 젊은 여성들이 어떠한 영적 함정에 빈번히 빠지는 것을 보았다. 어린 시절을 보낸 가정에 대한 부정적인 각인에도, 그들은 결혼에서는 매우 현명한 선택을 하게 된다. 목사인 내게 이는 큰 기쁨을 가져다준다. 하나님이 이상적이지 않은 환경에서 경건한 두 사람을 불러내셔서 함께 건강한 가정을 이루게 하시는 모습을 지켜보는 것이 얼마나 기쁜지 모른다.

그다음에 흔한 유혹이 뒤따른다. 매우 영악한 영적 훼방이다. 이 여성은 문제가 있는 가정을 벗어나 이제 제대로 된 가정에 정착했다. 오래지 않아(고작 몇 달 뒤에) 이 여성은 문제가 있는 원가족으로 돌아가 그것을 바로잡아야 한다고 생각한다.

그런 사람들에게 내가 해주는 조언은, 바로잡을 수 없는 관계를 바로잡으려는 것은 결국 실패하게 되어 있어서 그들이 정상적인 가정을 성장시키는 데 필요한 시간을 잡아먹기만 한다는 것이다. 원가족을 바로잡으려는 노력은 대부분 좋은 투자가 아니다. 건강하지 않은 어머니와 건강한 관계를 맺을 수 없다. 건강하지 않은 아버지와 건강한 관계를 성장시킬 수 없다. 원가족을 고치겠다고, 친밀한 결혼 생활을 가꾸고 자녀들을 양육할 시간을 빼앗는 것은 바보 같은 짓이다. 그것은 마치 건실하고 괜찮은 회사에서 월급 받는 일자리를 그만두고 라스베이거스에서 도박을 하는 것과 같다.

당신이 부모와 긍정적인 관계를 맺고 싶어 한다는 것을 안다. 누군들 그렇지 않겠는가? 하지만 슬프게도, 어떤 사람들의 경우에는 그 부모의 영적 상태가 다음 두 가지 선택 중 하나를 남기며 그런 바람을 불가능하게 만든다: 첫째, 자신들은 문제가 없다고 생각하며 절대 변하지 않을 문제 가정을 구하려 애쓰는 데 시간과 감정 에너지를 계속 사용하든가 아니면 둘째, 당신의 시간과 에너지를 당신의 새로운 가정에 투자하는 것이다. 깊이 있게 성장시키고, 사랑 안에 단단하게 만들며, 당신이 늘 바라던 가족을 가질 수 있는 두 번째 기회로 하나님의 새로운 창조물을 받으라.

인생이란 상실과 함께 살아가는 법을 배우는 것이다. 모든 것을 바로잡고 회복하려는 요구는 성경의 뼈대 가운데 '타락' 부분을 무시하는 것이며, 이는 새로운 삶이 가능한 곳에 새로운 씨앗을 뿌리지 못하게 한다. 당신의 시간과 에너지, 집중력은 제한되어 있다. **웬만큼 좋은** 투자를 하는 데 만족하지 말라. 날마다 당신의 시간을 **최고**에 투자할 수 있게 힘쓰라. 배우자와 더 가까워질수록 당신의 가정은 당신의 미래나 현재의 자녀들에게 영적으로 더욱 건강해질 것이다.

결혼 생활을 유지하기 위해서는 '한때' 고백한 서약에 의존하지 않고 부부로서 꾸준히 성장하는 것이 중요하다. 직장을 비롯한 여러 책임 때문에, 계속해서 결혼 생활을 정성껏 가꾸기보다는 그저 흘러가는 대로 내버려두기 쉽다. 남편이나 아내가 그저 반나절뿐이라도 문제가 있던 원가족으로 돌아가려는 것은 '혹시나' 하는 마음으로 로또 복권을 사는 것과 같다. 차라리 다른 곳에 그 돈을 쓰는 편이 나을 것이다.

당신은 당신 부모의 부모가 아니다. 당신 부모가 자녀들과 건강한 관계를 맺지 않기로 했다면, 그것은 당신 책임이 아니며 당신이 바로잡을 수 있는 문제가 아니다. 상처를 인정하고("난 정말 이렇게 살고 싶지 않았어"), 그 다음에는 믿음직한 사람들과 건강한 인간관계에 투자하면서 당신의 현재 가정을 최대한 건강하게 만드는 일에 모든 에너지를 쏟으라.

만약 우리가 독이 되는 관계(생산적인 경우가 손에 꼽을 만한)를 바로잡으려는 시도 대신에 잃어버린 것에 대해 애도하는 법(이런 애도는 건강한 것이다)을 배운다면 교회는 엄청나게 많은 생산적인 시간, 기쁨이 넘치는 시간을 절약해줄 것이다. 애도는 대개 영적 건강을 향상시키고 적어도 개인적으로는 상황을 개선해준다. 역기능을 제 기능으로 회복시키려는 시도는 많은 시간을 잡아먹고 대개 상황을 악화시킨다. **독성을 다룰 때는 바로 잡기보다 애도하는 편이 대부분 더 낫다.**

당신이 그 자리를 떠나 슬퍼하고 나서 다시 돌아올 때는, 정말 조심하면서 현명한 조언을 구해야 한다. 원가족에 대한 당신의 충실함과 성령님의 역사가 진정한 마음의 변화와 확신을 가져온다면 그리고 하나님이 그렇게 한 단계 발전하기를 요구하신다면, 앞으로 '충성된' 사람이 될 누군가에게 다시 투자해도 좋다.

하지만 그전까지는 안 된다.

적당한 선 긋기

어떤 부모는 '독이 되는' 사람은 아니지만 가끔은 독이 되는 방식으로 행동하기도 한다.

제시카는 모든 분야에서 우등생이다. 하나님을 사랑하고, 하나님 나라를 열심히 섬기는 원대한 꿈을 꾼다. 제시카는 아이비리그 대학을 졸업하고 젊은 나이에 혁신적인 사업을 시작했다.

제시카에게는 다섯 살 많은 언니가 있는데, 잘못 선택한 결혼으로 지금은 혼자 어린아이를 키우는 만년 실업자. 가난에 허덕이는 언니와 엄청나게 성공한 동생이라는 관계는 수년간 독이 되는 상황을 만들어 왔다. 언니는 자신이 할 수 있는 모든 방법을 강구하여 제시카의 코를 납작하게 만든다. 제시카의 불운은 거기에서 그치지 않는다. 어머니도 거의 언니 편을 들기 때문이다. 제시카의 어머니는 습관처럼 이렇게 말한다.

"네가 언니를 도와줘야지. 언니는 너처럼 혜택을 받지 못했잖니."

물론 제시카의 언니가 지금과 같은 처지에 놓이게 된 것은 선택 때문이지, 혜택을 못 받아서가 아니다. 둘은 같은 집에서 자랐다. 한 사람은 신앙이 있었지만 다른 한 사람은 그렇지 않았다. 한 사람은 악착같이 공부했지만 다른 한 사람은 앞날을 준비하는 것보다 파티를 즐기는 것이 더 시급하다고 생각했다.

사업을 시작하려고 고향으로 돌아온 제시카는 아이를 봐달라는 요청을 주기적으로 받기 시작했는데 대부분 매우 급하게 연락이 왔다. 처음에는 부탁을 들어주었지만 점점 더 짜증이 나기 시작했다. 제시카는 자기 사업을 했기 때문에 상사의 허락을 받을 필요가 없었고 가족들은 그 점을 이용하고 있었다. 제시카의 멘토인 제니퍼는 이 상황이 제시카가 한층 더 성숙할 기회라 생각하고 이렇게 말했다.

"제시카, 사업가들의 전기를 읽어보았을 거야. 성공한 사람들은 모두 다 거절하는 법을 배워야 했어."

"하지만 제가 거절하면 언니는 이렇게 말해요. '그리스도인들은 자비로워야 하는 줄 알았는데.'"

"네 언니는 그리스도인의 올바른 행동을 판단할 수 있는 적절한 사람이 아니야. 네 신앙을 악용하고 있을 뿐이지. 그런 대화는 시간 낭비야. 자신을 정당화하거나 설명하려 하지 마. 그냥 '미안하지만 안 되겠어'라고 말해."

"하지만 엄마는 언니 편인걸요."

"잘 들어, 제시카. 네 어머니도 언니도, 이 정도로 성공하려면 얼마만큼 노력이 필요한지 몰라. 하나님은 네게 특별한 은사와 소명을 주셨어.

네가 지금 하는 일은 다음 올림픽을 위해 훈련하는 국가대표 선수들 못지않게 중요해. 언니가 자기를 도와줄 친구들을 구하지 못했는데, 어머니가 친구들과의 브리지 게임을 포기하기는커녕 본인의 일을 그만두고 언니를 도울 생각이 없다면, 언니는 어떻게 할 것 같아? 조카가 저 혼자 동네를 돌아다니지는 않겠지. 게다가, 네가 만약 시카고에 계속 있었다면 어땠을까? 이건 언니의 문제지, 네 문제가 아니야. 그런데 이 일이 네가 해야 할 일들에 훼방을 놓고 있어."

이 문제를 **관계의 측면에서** 바라보는 제시카는 가슴이 아팠다. 언니는 "난 네가 예수님의 본보기를 보여줘야 한다고 생각했어" 전략을, 엄마는 죄책감을 무기로 사용했다. 제시카는 그 게임에서 계속 지고 있었다.

제니퍼는 제시카에게 '**사명**'(제시카는 좋은 일을 하고 있다)에 집중하라고 말했다. 성공하려면 집중과 노력이 필요하다. 가치 있는 선택 앞에 언니의 형편없는 선택이 걸림돌이 되도록 내버려두어서는 안 된다.

제시카는 이기적으로 굴고 싶지 않지만(그래서도 안 된다), 잘못된 렌즈로 제시카의 결정을 바라보면 정말로 그녀가 이기적으로 보이게 된다. 장기적인 관점에서, 제시카가 자기의 사명을 속인다면 도움받는 사람보다 상처받는 사람이 더 많을 것이다. 그러니 언니와 어머니의 심기를 불편하게 하지 않으려고 애쓰는 것이 이기적인 선택일 것이다. 그들의 요청을 거절하는 것은 이기적인 것이 아니다.

그래서 어떻게 됐을까? 제시카의 조카는 단 1분도 길거리에 방치되지 않았고, 어머니는 명절 가족 모임에 빠짐없이 그녀를 초대했다. 제시카의 언니가 언제나 제시카를 마음에 들어 하지는 않지만, 전에도 그러했듯 앞으로도 제시카로 인해 진심으로 기뻐하지는 않을 것이다. 그러므로 실제 손해는 없고 제시카의 경력에 큰 이득이 있었을 뿐이다.

제시카 이야기와 앞선 바비 이야기, 이에 덧붙여 (잠시 후에 우리가 만나게 될) 에스더 이야기의 중요한 차이점에 주목하라. 나는 제시카의 어머니가 제시카의 사명에 독이 되는 방식으로 행동할 때가 있다고 해서 그의 어머니가 독이 된다고 말하지는 않겠다. 제시카의 멘토는 (정확히 말하자면 내가 보기에) 어머니를 낮잡아 보고 모녀 관계를 끊으라고 말하지 않았다. 오히려 적당한 선을 그으라고 격려했다.

우리는 이따금 독이 되는 방식으로 행동하는 부모(당신은 부모와의 관계를 유지하고 성장시키면서 부모의 학대를 감당할 수 있다)와 당신이 얼른 도망쳐야 하는, 뼛속까지 독이 가득해 보이는 부모를 구별하는 법을 배워야 한다.

안타깝게도 에스더는 후자의 경우였다.

괜찮은 척은 이제 그만

에스더 플리스 앨런(Esther Fleece Allen)은 다수의 정부 기관에서 일한 밀레니얼 세대 작가이자 강연자로 CNN, 〈USA 투데이〉, 〈크리스채니티 투데이〉, 〈아웃리치〉 잡지 등에서 주목을 받았다. 수많은 젊은이들이 교회를 떠나고 있는 상황에서, 교회가 밀레니얼 세대를 이해하고 그들을 교회로 불러들여 사로잡을 수 있게 돕는 에스더의 능력은 하나님 나라 건설에 특히 전략적이다.

에스더의 삶은 문제투성이 어린 시절로부터 한 여성을 부르신 하나님의 은혜로운 자비의 이야기다. 에스더의 부모에게는 모두 '문제'(자세히는 언급하지 않겠다)가 있었으므로 어린 시절 에스더의 생존 전략 중 하나는 일기 쓰기였다. 에스더는 일기에 자신의 좌절감과 질문들을 쏟아냈고, 문제 가정에서 사는 것을 이해하기 위해 몸부림쳤다.

에스더는 열 살이 되던 해에 법정에서 최악의 경험을 했다. 부모가 이혼하면서 에스더의 양육권을 두고 다툼을 벌였다. 정말 끔찍했다. 에스더 말을 빌리자면, 학대 가정에서 자란 여자아이가 가장 하고 싶지 않은 일은 모르는 사람들 앞에서 자신의 가정에 관한 질문에 대답하는 것이다. 그것은 모든 면에서 불쾌했다. 부모 사이의 불타는 적개심으로 증폭된 수치심과 두려움이 법정에 있는 그녀를 뒤덮었다.

재판 도중에 에스더 아버지의 변호사가 '증거물'을 제출하겠다고 했다. 그는 에스더의 일기장이 든 투명한 비닐봉지를 들어 올렸다. 에스더는 깜짝 놀랐다. 그들이 일기장을 찾아내서가 아니라, 모르는 사람이 이미 그 일기를 읽고는 에스더의 어머니가 얼마나 끔찍한지를 증명하려고 낯선 사람들 앞에서 큰 소리로 읽으려 했기 때문이다.

에스더는 눈물을 주체하지 못하고 그 자리에서 무너져 내렸다. 더는 못 참아! 에스더는 '앞으로 일기는 한 글자도 쓰지 않겠어'라고 스스로 약속하고 있었다. 일기장은 에스더의 피난처였다. 그런 일기가 가족 전쟁에서 무기로 돌변하는 것을 보는 것은 최악의 신성모독처럼 느껴졌다. 판사는 모든 사람 앞에서 에스더에게 "뚝 그쳐"라고 말하고는, "예나 아니오로만 대답하라"고 말했다. 어떤 여자아이든 그런 상황에 처할 수 있다는 사실이 끔찍하지만, 그것이 바로 에스더가 성장한 가족이요, 문제 많은 가정에서 에스더가 감내해야 할 환경이었다.

몇 년 후, 법원은 에스더의 아버지가 에스더를 양육할 수 있을 만큼 안정적이지 않다고 판단하여 어머니에게 양육권을 주었다. 그로부터 몇 년 뒤, 어머니는 에스더를 포기했다. 다행히도 건실한 그리스도인 가정에서 에스더를 거두었다. 그들은 이 귀한 아이가 가정위탁보호소를 이리저리 떠돌도록 내버려두지는 않을 것이다.

에스더의 신앙은 성장했고, 그로부터 10년이 채 안 되어 작품 덕분에 전국적인 관심을 받기 시작했다. 새로운 삶이 가져다준 큰 축복 가운데 하나는 처음으로 아파트를 마련한 것이었다. 위협적인 혼란 가운데 성장한 그녀는 평화와 기쁨, 생명이 숨 쉬는 안전한 가정을 만들 수 있다는 사실에 치유가 되는 기분이었다. 에스더는 자기가 원하는 대로 집을 꾸몄다. 그곳은 그녀가 친구들을 초대하고, 성경 공부 모임을 하고, 기도하고, 쉴 수 있는 안전한 공간이 됐다. 매일 저녁 돌아올 수 있는 안전한 집이 있다는 것은 마치 천국에 있는 듯한 기분이었다.

독이 되는 사람들은 내려놓는 것을 좋아하지 않는다. 누군가 그들의 오염을 피해 도망친다는 생각을 견디지 못한다. 에스더가 유명해지자 아버지는 에스더가 사는 곳을 알아내서 찾아가기로 결심했다. 한 번이 아니라 여러 번! 아버지가 그녀를 스토킹하기 시작했다고 말하는 것이 가장 정확한 표현일 것이다. 에스더의 집은 더는 안전한 피난처가 아니라 잠재적 위험과 원치 않는 만남이 도사리는 곳이 되어버렸다.

한 여성이 감당하기에는 너무 버거운 짐이었다. 독이 되는 아버지의 손아귀에서 벗어나 믿음을 찾고 하나님 나라에서 열매 맺는 일꾼이 되려고 했으나, 자신이 만든 안전하고 새로운 세상을 망가뜨리려는, 독이 되는 바로 그 아버지의 공격을 받게 된다면?

다행히 에스더의 교회는 아버지가 에스더에 대한 접근 금지 명령을 받게 하는 등 에스더가 현명한 선택을 할 수 있도록 지지하고 도왔다.

에스더의 아버지가 그 명령을 위반하자, 교회는 아버지를 기소하여 감옥에 보낸 에스더를 지지했다. 객관적인 관찰자에게는 분명 옳은 일 같아 보여도 에스더에게는 쉬운 일이 아니었다. 에스더는 이런 생각으로 괴로웠다. '세상에 어떤 딸이 제 아버지를 감옥에 보낸단 말인가?'

정답은 무엇일까? 하나님 나라에서 옳은 일을 하고자 용기를 그러모은 귀한 종은 그럴 수 있다. 이런 상황을 대비해서 하나님이 정부를 만드셨다. 에스더는 그저 자신을 보호한 것이 아니라 하나님이 주신 사역을 보호한 것이다. 아버지가 에스더를 계속 공포에 떨게 한다면, 그 아버지는 하나님이 에스더를 통해 하시는 일을 다른 사람들에게서 빼앗는 셈이다. 아버지에게 접근 금지 명령을 내린 것은 감탄할 정도로 이타적인 행동이었다.

에스더 이야기에서 가장 마음에 드는 것은 그녀의 용기다. 에스더는 그 용기로 아버지가 걸어온 독이 되는 게임을 거절하고 독이 되는 사람에게 맞섰으며, 자기 가족의 독성에 오염되지 않았다(결국에는 가족을 용서하는 데까지 이르렀다). 그리고 여전히 계속되고 있는 에스더 가정의 독성이 그녀의 사명을 훼방하지 못하게 했다.

그녀의 이야기는 거기서 한 걸음 더 나아간다. 다시는 일기를 쓰지 않겠다고 법정에서 다짐한 어린 에스더를 기억하는가? 우리가 모두 예수님과 몇 번이고 사랑에 빠지게 되는 것이 바로 이 부분이다. 예수님은 완전히 망가지고 부서진 인생을 거두어 그 희생자들을 '정복자 이상으로' 변화시키신다. 2017년에 에스더의 첫 번째 책 *No More Faking Fine*(괜찮은 척은 이제 그만)이 출간됐다. 이 책은 치유 과정에서 **애도**의 능력을 되찾으라는, 교회를 향한 예언적 요청이다.

나는 테네시 주 내슈빌 컨트리 음악 명예의 전당(Country Music Hall of Fame)에서 열린 출판 기념 만찬에 참석하는 영광을 얻었다. 만찬이 열린 박물관 안쪽 홀의 벽에는 컨트리 음악 명예의 전당에 입성한 사람들을 기념하는 명패가 붙어 있었다. 에스더는 재치를 발휘하여 모든 참석자가 명패들을 둘러보도록 이끌고는 이렇게 물었다.

"이 박물관은 얼마나 많은 애도의 노래를 기념하고 있을까요?"

모두 웃음을 터뜨렸다.

그리고 잠시 후 에스더가 말했다.

"그러면 기독교 서점에서 우리는 얼마나 많은 애도의 책들을 찾아볼 수 있을까요?"

모두 생각에 잠긴 듯 침묵이 흘렀다. 그러나 에스더는 예언자적인 목소리로 교회에 요청하고 있다. 그간 외면해왔지만 성경적이고 영적으로 건강한 애도를 실천하자고 말이다.

에스더의 이야기는 하나님이 과거와 현재에 독이 되는 사람들에게서 어떻게 우리를 끌어올리시고, 지금도 우리를 통해 그분의 사역을 계속하고 계신지를 강력하게 증언해준다. 하나님을 향한 우리의 사역을 방해할 사람은 아무도 없다. 우리 부모조차도.

요점 정리

- 성경은 우리에게 부모를 공경하라고 명령하지만, 동시에 오직 하나님의 권위만이 절대적이라고 말해준다.

- 바비 이야기는 '조용한 악'이 얼마나 많은 해악을 끼칠 수 있는지를 모든 세대에 일깨웠다. 우리는 부모의 권위와 권리를 높이 평가하는 동시에, 독이 되는 교묘한 속임수를 참지 말아야 한다.

- 예수님은 '자리를 피하는 본보기'를 보여주셨다. 이는 문제 있는 가정에서 자란 사람들과 과거로 돌아가 그 가정을 바로잡고 싶어 하는 사람들에게 특히 도움이 된다. 독이 되는 원가족을 재설계하려 애쓰기보다 건강한 새 가정을 세우는 편이 훨씬 훌륭한 시간 사용이다.

- 독이 되는 가정의 문제점과 마주했을 때는 소통하고 바로잡기보다는 슬퍼하는 것이 대부분 훨씬 더 효과적이다.

- 부모가 독이 되는 **사람**은 아니더라도, 한두 가지 특정한 방식으로 독이 되는 **행동**을 할 수는 있다. 그것은 우리가 부모와 관계를 끊어야 한다는 뜻이 아니라 적당한 선을 그어야 할 필요가 있다는 뜻이다.

- 에스더는 먼저 하나님 나라를 구하기 위해서 독이 되는 가정환경에서 벗어나는 훌륭한 본보기를 보여준다.

17장
힘든 결혼 vs. 독이 되는 결혼

이 책을 여기서부터 읽기 시작한 독자가 있다면, 멈추고 처음부터 읽기를 바란다. 내가 하나님은 힘든 결혼 생활마저도 우리의 성장을 위해 사용하신다는 내용 등을 포함하여 결혼에 관한 책을 굉장히 많이 썼던 탓에, 내가 이 책에서 독이 되는 결혼 관계에 대해 무슨 이야기를 할지 궁금해할 사람들이 많을 것이다. 하지만 전후 관계를 무시하고 이번 장만 따로 떼어서 읽지 않기를 바란다. 나는 이 책 앞부분에서 이 장에 언급한 결론들을 위한 기초를 닦았다. 이 장을 읽기 전에 앞부분, 특히 2장, 13-14장을 먼저 읽는다면 더 많은 유익을 얻을 것이다.

힘든 것과 독이 되는 것은 전혀 다르다

결혼은 실로 엄청난 치유의 장이 될 수 있다. 라이언과 타라는 심리적

종속 관계 성향이 있는 자칭 알코올중독 및 섹스중독자들로, 여섯 자녀를 둔 혼합 가족(각각의 자녀를 데리고 재혼한 뒤 둘 사이에서 새롭게 자녀를 낳은 부부 중심의 한 가족-역주)을 꾸리려 애쓰고 있다. 흡사 재난 영화의 대본처럼 보이지만 하나님의 은혜는 그들이 가진 문제보다 더 강력했고, 두 사람은 치유와 회복을 향해 나아가면서 그분의 능력에 의지하는 법을 배웠다.

하나님이 망가지고 죄 많은 두 사람을 택하여 영적인 '약속의 땅'으로 인도하시는 것을 지켜보는 것은 얼마나 큰 기쁨인지 모른다. 두 죄인의 힘든 결혼 생활이 사형 선고가 될 필요는 없다. 오히려 온전함과 치유를 불러오는 전략이 될 수 있다.

라이언과 타라 모두 자신이 때로는 독이 되는 행동을 했다고 말하겠지만, 이들은 은혜와 회개를 통해 새로운 삶을 살고 있으며 꾸준히 서로를 세워준다. 한 사람이 약해지면 다른 사람이 강해진다. 한 사람에게 엄격한 사랑이 필요하면 다른 한 사람이 상대방을 질책한다. 이런 증언을 듣는 것은 정말 멋진 일이다. 기쁨이 흘러넘친다.

하지만 슬프게도, 결혼을 통해 거룩함을 끌어내는 그 친밀함은 결혼의 어둠을 가리기 쉽다. 그러므로 독이 되는 결혼 생활을 다룰 때 우리(친구들과 목회자들, 가족 구성원들)는 지혜롭고 신중하게 분별력을 발휘해야 한다.

이번 장은 특히 쓰기 힘들었다. 이런 생각들로 인한 분노의 역풍 때문이 아니라 나는 결혼 생활을 지키려는 성향이 강하기 때문이다. 오늘날까지 자신들의 결혼 생활이 유지되고 있는 것은 내 저서인『결혼, 영성에 눈뜨다』때문이라고 말한(또는 이메일을 보낸) 부부가 얼마나 많은지 그 숫자를 헤아리기 힘들 정도다.

결혼 생활의 어려움 배후에는 하나님의 목적이 있으며, 『결혼, 영성에 눈뜨다』에 나오는 '이를 악물고 교훈을 배우는 것'으로부터 『게리 토마스의 행복한 결혼학교』에 나오는 즐거움과 기쁨으로 옮겨 가는 것이 가능함을 다른 사람들이 우리의 고군분투에서 배우는 동안, 우리 결혼 생활의 문제들도 해결된 것은 굉장한 보상처럼 느껴진다. 몇몇 부부가 아기를 품에 안고 이렇게 말하는 모습은 더 큰 만족을 주었다.

"우리 결혼은 엉망진창이었어요. 우리 부부는 이혼 일보 직전이었는데『결혼, 영성에 눈뜨다』가 우리를 돌려세웠죠. 박사님이 그 책을 쓰지 않았다면 이 아이는 없었을 거예요."

그렇기는 해도, '**힘든 결혼**'과 '**독이 되는** 결혼'은 결정적인 차이가 있다. 전자는 이기심과 영적인 미숙함, 교만을 벗어나 좀 더 그리스도 닮는 법을 배우고 상대방을 최우선에 두겠다고 다짐하는 두 죄인이 힘겹게 만들어가는 결혼이다. 때로는 견딜 수 없이 힘들지만, 굉장히 멋진 (절대 거기서 도망치고 싶지는 않을) 과정이다. 하나님은 실망스런 결혼 생활을 사용하셔서 우리로 하여금 죄에 눈뜨게 하시고, 우리를 참회로 이끄시며, 그리하여 우리가 생명과 사랑의 새로운 길로 나아가게 하신다.

힘들지만 독이 되지는 않는 결혼은 비그리스도인 배우자와의 사이에서 존재하기도 한다. 나는 하나님을 향한 믿음과 사랑 가운데 성장했지만 예수님을 따르지 않는 남편과 결혼한 여성들과 이야기를 나눈 적이 있다. 그런 결혼 관계에는 늘 어느 정도 실망이 있기 마련이지만 그 실망감은 독성에는 한참 미치지 못한다.

이기적인 여성과 결혼한 남성들도 있다. 이들은 아내에게서 받는 영적 공급이 거의 없기 때문에 더욱 열심히 하나님을 예배해야 한다. 이는 몹시 실망스럽긴 하지만 독이 되지는 않는다.

이에 반해 **독이 되는** 결혼은 그저 실망스럽기만 한 것이 아니라 **파괴적**이기까지 하다. 이런 결혼의 특징은 배우자가 회개하기를 거부하는 데서 비롯된, 수치심을 모르는 통제 행위다. 아마도 한쪽 배우자에게 상대방의 삶을 장악하고 빨아들이는 살기가 있을 것이다. 혹은 상대방을 파괴하는 데서 병적인 쾌락을 얻는 남편이나 아내는 증오를 좋아할 것이다.

우리는 가장 아름다운 것들이 추하고 교묘한 속임수와 학대의 도구로 뒤바뀌는 타락한 세상에 살고 있다. 어떤 독성은 굉장히 심각한 수준에 도달할 수도 있으므로, 악에 맞선다는 명목 아래 배우자 일방이 예수님처럼 행동하고 자리를 떠나야 할 때가 있다.

이혼이 유일한 선택

크리스틴은 몸이 허약했다. 키가 170센티미터가 넘는데 몸무게는 45킬로그램밖에 나가지 않았다. 그런데도 크리스틴이 감자칩을 입 근처로 가져가기만 하면 남편 릭은 이렇게 말했다. "정말 먹을 거야?"

크리스틴은 릭이 왜 자신이 무엇을 먹는지에 신경을 쓰는지 알 수 없었다. 두 사람은 8년 동안 부부 관계를 하지 않았다. 크리스틴은 스트립 쇼, 거품 목욕, 촛불 저녁 식사, '방구석에서 물구나무서기만 빼고, 남편이 나를 쳐다보게 하려고 할 수 있는 모든 방법'을 써서 남편의 관심을 끌려 했지만 헛수고였다. 남들은 이 부부를 '바비 인형 커플'이라고 불렀지만 크리스틴은 자신이 세상에서 가장 못생긴 여자처럼 느껴지기 시작했다.

릭은 진짜 아내보다 외설물, 심지어 매춘부를 더 좋아했다. 사실 그는 빅토리아 시크릿(미국의 유명 여성 속옷 브랜드-역주) 카탈로그와 베이비오일을 욕조 위에 의도적으로 놓아두며 외설물을 악용했다. 그는 혼자서 몇 시간이고 욕실에 있다가 다 쓴 콘돔은 여봐란듯이 쓰레기통에 버렸다.

크리스틴은 '순종적인 그리스도인 아내'라면 이러한 무례도 견뎌내야 한다고 믿으며 꾹꾹 참았다. 부부는 7년 동안 심리상담가를 열세 명이나 만났다. 크리스틴은 결혼 생활을 제대로 해보려 애썼지만 어느 운명적인 성탄절 아침, 릭은 크리스틴에게 이렇게 말했다.

"더는 당신을 사랑하지 않아. 이혼하자."

솔직히 크리스틴은 안도감을 느꼈다. 그리스도인인 그녀는 결혼 생활을 '바로잡기' 위해 생각할 수 있는 모든 방법을 시도했는데, 이제 이 문제를 손에서 내려놓게 되어 큰 짐을 벗는 기분이었다. 릭이 이렇게 한마디를 덧붙이기 전까지만 해도 말이다.

"사실은 당신이 좀 아픈 것 같아서 정신병원에 집어넣으려고."

"여보, 난 머리가 잘못된 게 아니라 마음이 아픈 거예요. 당신은 날 안팎으로 샅샅이 죽였어요. 난 머리가 잘못된 게 아니라 지친 거라고요."

크리스틴을 정신병원에 보내겠다는 협박은 크리스틴의 마음에 공포심을 불어넣기 위한 술수에 불과했다. 이미 지칠 대로 지친 아내를 조금이라도 더 통제하기 위한 또 다른 의미의 기선 제압이었다. 결국 크리스틴은 둘 중 하나를 선택해야 한다는 것을 알게 됐다. 자신이 망가지든가, 결혼 생활을 끝내든가. 크리스틴은 이혼을 청구하기로 하고 릭에게 말했다.

"나는 이게 내 문제가 아니라 당신 문제라고 결론을 내렸어요."

릭은 분통을 터뜨렸다. 주방 조리대 위의 물건을 몽땅 집어 던지고, 크리스틴의 안경을 후려쳐서 떨어뜨리고, 그녀의 목을 졸랐다. 되돌아 생각하면 크리스틴은 자신이 너무 오래 참다가 떠난 것을 알지만 자신의 행동을 참고 견딘 이유를 이해한다.

"나는 결혼 생활을 지키기 위해 최선을 다했다고 예수님 앞에 서서 말할 수 있길 바랐던 것 같아요."

그러던 어느 날 아침, 시편 116편 16절을 읽던 크리스틴은 마침내 모든 것을 내려놓을 용기를 얻었다.

여호와여 나는 진실로 주의 종이요
주의 여종의 아들 곧 주의 종이라
주께서 나의 결박을 푸셨나이다

예상대로 릭은 더 못되게 굴었다. 그와 크리스틴 사이에는 두 자녀가 있었는데, 릭은 모든 은행 계좌를 해지하고 신용카드를 취소하고는 고소하다는 듯 크리스틴에게 말했다.

"나 없으면 당신은 알거지야."

릭이 벌어오는 돈 외에는 수입이 없었던 크리스틴은 두 딸을 먹여 살리기 위해 남편에게 식비를 요구할 수밖에 없었다. 그는 음흉한 미소를 지으며 크리스틴에게 5달러를 건넸다. 크리스틴이 차마 집에 가서 딸들 얼굴을 볼 용기가 나지 않아 동네를 배회하고 있을 때 어떤 이웃 사람이 그녀를 멈추어 세우고 이렇게 권했다.

"크리스틴, 어서 집을 내놓는 게 좋을 거예요. 당신이 그 집을 유지할 방도가 없는데, 절박한 상황에서 집을 팔려 하면 힘들어져요."

집에 돌아온 크리스틴은 침실에 주저앉아 하나님 앞에 고개를 숙였다.

"하나님, 제발 저와 제 딸들을 보호해주세요. 우리가 이 집을 잃지 않게 해주세요."

크리스틴은 환상 비슷한 것을 통해 예수님이 그녀를 어떤 방으로 데리고 들어가 확신과 긍정의 말로 위로해주시는 모습을 볼 수 있었다. 예수님은 이 고통스러운 시련을 통해 크리스틴을 가까이 이끄시는 듯했지만 크리스틴의 교회는 그분의 뒤를 따르지 않았다. 독이 되는 릭의 행동을 포함하여 모든 상황을 아는 일부 교인들은 여전히 그녀를 지지해주었지만, 이혼을 청구한 사람이 크리스틴이라는 사실이 알려지자마자 그녀는 성가대에서 쫓겨났다.

하나님은 크리스틴과 딸들을 위해 기적 같은 방법을 예비하셨다. 딸들의 하교 시간에 맞춰 퇴근할 수 있는, 말도 안 되게 멋진 일자리를 구했고, 1년 반 동안 앞마당 잔디 깎는 비용을 자비로운 누군가가 대신 지불해주었으며(지금까지도 크리스틴은 누구인지 모른다), 무료 치과 진료를 받았고, 현관문 앞에는 식료품이 든 봉투가 놓여 있었다.

몇 년이 지나자, 이제 교회는 크리스틴을 찬양 사역에 다시 받아들일 의향이 있는 듯했다. 크리스틴은 어린이 찬양 프로그램을 맡았다. 교회에서는 1년에 한 번 브로드웨이 스타일의 대규모 연극을 무대에 올렸는데, 전임 연출자가 떠나자 드디어 크리스틴에게 연출 제의가 들어왔다.

시간이 흐르면서 교인들 머릿속의 크리스틴은 '이혼녀'에서 '싱글맘'으로 바뀌었다. 싱글맘은 편견보다 동정심을 더 많이 불러일으켰고, 연극부 엄마들은 연극을 훌륭하게 연출해준 그녀에게 감사의 의미로 500달러를 모금하여 마트 상품권을 전달했다. 크리스틴은 눈물을 흘렸다. 그저 돈 때문만은 아니었다. 교인들의 따뜻한 말이 그녀를 울렸다.

"괜찮아요. 우린 당신을 판단하지 않아요. 돕고 싶어요."

연극이 끝나고 나서 점잖은 그리스도인 여성 한 명이 많은 사람들이 하고 싶었던 이야기를 꺼냈다.

"크리스틴, 하나님이 당신을 사역자로 완전히 회복시키셨어요. 당신 얼굴에서 빛이 나요. 얼마나 큰 축복인지 몰라요."

영적으로 말하자면 이 일은 봄의 해빙을 불러왔다. 크리스틴은 여성 성경 공부 모임을 인도해달라는 요청을 받았고 그 모임은 풍성한 열매를 맺으며 부흥했다. 수년 후에는 멋진 그리스도인 남성을 만났다. 두 사람은 결혼해서 함께 가르치는 사역을 시작했다. 크리스틴은 전 남편 릭이 아무도 당신 사역을 알아봐주는 사람이 없을 거라면서 그녀의 수고를 조롱했던 것을 떠올린다. 크리스틴의 새 남편은 7년 내내 단 한 번도 빠지지 않고 크리스틴이 가르치는 모든 수업에 출석했다. 그는 가장 큰 소리로 웃고, 가장 많이 울고, 그 누구보다도 자주 큰 목소리로 '아멘'이라 외쳤다. 크리스틴은 남편과 함께하는 사역이 자기 자신뿐만 아니라 수많은 다른 사람에게 '생명을 가져다준다'고 말한다.

예수님과 바울이 말하는 것만큼 사명이 중요하다면, 크리스틴의 행동이 가져온 최종 결과는 풍성한 수확이었다. 어떤 사람들은 그녀를 (이혼했기 때문에) '원칙을 어긴' 사람으로 정의할 수도 있다. 그녀는 매일같이 영적인 살해와 폭행을 당하며 죽음을 향해 가고 있었다. 이제는 생명과 소망으로 숨 쉬며 적극적으로 다른 이들을 섬긴다. 그녀는 절대로 남편을 떠나고 싶지 않았지만 독성을 떠나야만 했다는 것을 마침내 깨달았다. 수치심을 모르는 독이 되는 남자와 결혼했기에 이혼은 그녀가 할 수 있는 유일한 선택이었다.

방종의 무기 vs. 은혜의 선물

이혼을 방종의 무기로 사용할 때(어느 한쪽이 결혼 서약을 지키는 데 싫증이 나거나 자기 생각에 더 나은 사람을 찾았다는 이유로 배우자를 떠날 때), 피해자를 지지하고 난장판을 수습하는 일이 다른 이들에게 넘겨질 때, 우리는 그런 이기적인 어리석음을 증오하게 된다. 이와 대조적으로, 수치심과 포기를 모르는 악을 대면할 때 이혼은 **무기**보다는 **효과적인 도구**가 된다. 본인도 학대받는 결혼 생활에서 벗어나 학대에서 살아남은 사람들의 지지자가 된 메건 콕스(Megan Cox)는 자신의 이혼을 '은혜의 선물'이라 말한다.

악은 분명 존재하기에 우리는 이혼 **청구**라는 사실보다 이혼의 **원인**을 비난해야 한다. 크리스틴은 독이 되는 결혼 생활 가운데 파괴되고 있었고, 그 결혼과 상관없던 사역은 완전히 주저앉아버렸다. 영적인 삶과 다른 이들을 위한 사역으로 충만한 지금 그녀의 모습을 보면, 지난 13년의 결혼 생활이 크리스틴과 하나님 나라에 얼마나 큰 타격을 주었는지 깨닫게 된다.

나는 화학요법을 받아야 하는 사람들이 겪게 되는 고통을 싫어하는 것과 마찬가지로 이혼을 증오한다. 얼마나 큰 슬픔인가! 그러나 생명을 위협하는 암을 공격하기 위해 의사가 그러한 조치를 처방해야 한다면, 우리는 그것을 '필요악'이라 부른다. 독이 되는 사람 때문에 배우자가 어쩔 수 없이 이혼이라는 보호를 요구할 수밖에 없다면, 진리 편에서 행동하는 사람을 비난해서는 안 된다. 오히려 결혼을 이용해 피해자를 먹잇감으로 삼는, 독이 되는 배우자를 비난하라.

메건 콕스는 이 책의 초고를 읽고 나서 이렇게 말했다.

"이혼 전에 일어난 일이 진짜 비극이죠. 이혼 서류 나부랭이는 그저 완전히 망가진 결혼에 정부가 도장을 찍어 승인한 것일 뿐이에요. 그 피폐함은 분명 서명한 서류보다 훨씬 더 악했어요. 우리 모두는 수년(혹은 수십 년) 동안 겪은 독성과 어둠, 학대가 주는 고통을 정말로 증오해야 할 겁니다. 결혼을 구하는 것은 고귀한 일이지만 예수님은 생명을 구하기 위해 죽으셨어요. 생명이 결혼보다 더 중요합니다. 예수님은 결혼보다 생명을 더 귀히 여기십니다."

결혼 생활을 제대로 해보려고 할 수 있는 모든 것을 다 한 크리스틴을 존경한다. 크리스틴 전 남편의 불륜 행각을 보고도, 이혼이 크리스틴에게 '성경적인' 선택이 아니었다고 말할 사람은 거의 없을 것이다. 그렇지만 교회 성가대에서 그녀를 쫓아내서 그 선택에 대한 대가를 치르게 한 것은 마음이 아프다.

정말로 학대적이거나 독이 되지 않는데도 단순히 불만스러운 결혼 생활에서 벗어나고 싶어 자신이 독이 되는 배우자와 결혼했다고 주장하는 사람들이 있을 위험은 언제나 존재한다. **모든 참된 가르침은 적용의 틈새에서 왜곡된다.** 그러나 이런 왜곡의 가능성을 지나치게 염려한 나머지, 인격과 사역이 짓눌린, 심지어는 진짜 독이 되는 공격에 살해당한 하나님의 참된 종을 지지하고 보호해야 할 필요에 눈을 감아서는 안 된다.

언젠가 예수님은 이렇게 말씀하셨다.

"하나님의 나라를 위하여 집이나 아내나 형제나 부모나 자녀를 버린 자는 현세에 여러 배를 받고 내세에 영생을 받지 못할 자가 없느니라" (눅 18:29-30).

예수님을 섬기기 위해 **배우자까지도** 버려야 하는 사람들이 있다고 예수님이 노골적으로 말씀하시는 부분을 이해하겠는가?

그들은 회개하지 않았다. 그저 멈추기 싫을 뿐이다

그리스도 안에서 형제자매 된 이들이 악과 관계를 끊으려 할 때 우리가 지지해야 하는 이유는, 일부 독이 되는 배우자들은 자신이 배우자를 잃을 거라 생각되면 뉘우치는 '**시늉**'을 하기 때문이다. 이는 모두 보여주기 위한 것이지, 정말로 마음이 바뀐 게 아니다. 그들은 순진한 목회자들과 동료 그리스도인들에게 이렇게 말하는 데 도가 텄다.

"정말 죄송합니다. 제가 다 엉망진창으로 만들었네요. 저는 화해하고 싶은데 아내가 저를 용서하지 않을 거예요. 저는 눈물을 흘리고 심지어 금식도 했습니다. 가족들이 한 번만 더 기회를 준다면 그들이 원하는 대로 무엇이든 하겠습니다."

그들은 **화해**라는 말을 좋아한다. 그것이 심오한 뜻의 신학 용어라서 독실한 신자들의 심금을 울린다는 것을 알기 때문이다. 그러나 그 내막을 압박하면, 그들이 하나님과 그분의 방법과 화해하기를 **실행**에 옮기고 싶어 하지 않는 것을 금세 알게 된다. 영적 타락을 이해하지 못하는 사람은 당연히 그 결혼을 '구출하고' 싶을 것이다.

나는 유책 배우자들이 자신에게 이미 수천 번 기회가 주어졌고 그들이 절대로 하지 않은 유일한 한 가지가 기도였음은 언급하지도 않으면서, 위에 나오는 대사를 읊어대는 것을 본 적이 있다. 그들은 배우자에게 충실한 적이 한 번도 없었으면서 배우자들을 공포로 몰아넣는 자신의 능력을 잃게 될까 두려워 "배우자는 저를 용서하지 않을 거예요. 성경은 우리에게 용서를 명령하는데도 말이지요" 전략을 쓴다.

이런 일은 흔히 일어난다. 나는 진심으로 성경의 뼈대를 받아들이고 나서야 비로소 이 끔찍한 악을 알아보고 인정할 수 있었다. 어떤 사람들은 자기 배우자를 먹잇감으로 삼을 기회를 잃어버리는 것은 상상도 하지 못한다. 그래서 눈물을 흘리고, 회개하는 척하고, 변화를 약속한다. 그러나 그것은 배우자를 지속적으로 학대할 수 있는 공간에 잡아둘 수 있을 때까지만이다.

그들은 겸손히 회개하는 마음으로 화해하려 하지 않고, 학대의 기반을 유지하려 한다. 그들은 학대를 통해 정말로 병적인 만족감을 얻으려 한다. 그들의 가장 큰 두려움은 그것을 지속하는 능력을 잃어버리는 것이므로, 배우자에게 지속적으로 상처를 주지 못하게 될까 두려워한다. 따라서 자신의 통제력을 유지하기 위해 열정적으로 다른 그리스도인들의 공감을 얻고자 한다.

독이 되는 남편이나 아내가 '평판 좋은 그리스도인'처럼 보인다는 사실은 그들 편에서는 교묘한 위장이 될 수 있다. 악을 영구화하려는 욕망에 빠진, 독이 되는 '똑똑한' 사람들은 발각되지 않으려면 변장이 필요하다는 사실을 잘 안다. 스캇 펙은 이렇게 경고한다.

악한 사람들의 주된 동기는 위장인 까닭에 악한 사람들이 가장 흔히 발견되는 장소들 가운데 하나는 바로 교회다. 우리 문화에서 교회의 집사나 눈에 띄는 높은 직분자가 되는 것보다 자신의 악을 잘 숨길 수 있는 길이 또 있을까? 그것은 다른 사람에게는 물론 자기 자신에게까지 자신의 악을 숨길 수 있는 최상의 길이다.' … 그렇다고 나는 종교인들 대부분이 그런 악한 사람들이라든가 사람들의 종교적인 동기가 그렇게 겉 다르고 속 다르다고 말하려는 것은 아니다. 다만 악한 사람들에게는 종교가 보장하는 위장과 은폐를 찾아 그 경건 속으로 숨어 들어가려는 성향이 있다는 얘기를 하려는 것이다.[1]

자신도 모르게 악의 기반을 유지하기보다 거기에 대항할 수 있을 만큼 민첩하고 현명해지는 법을 배우자.

제도보다 사람이 먼저다

친한 친구인 마이크 디트먼(Mike Dittman) 박사가 내게 이런 심오한 한 마디를 건네며 이 이분법(하나님은 잘못 적용한 이혼을 싫어하신다. 그리고 동시에 독이 되는 결혼으로 무너지고 있는 사람들을 구원하기 원하신다)을 잘 생각해보라고 도전했다.

"게리, 하나님은 껍질에는 관심이 없으시다네. 그 안에 있는 사람들에게 관심이 있으시지."

마이크는 교회를 이야기한 것이지만 이를 결혼에 적용해보자. 명심하자, 마이크의 사역은 지역 교회와 목회자들에게 초점이 맞춰져 있다. 그의 말이 뜻하는 바는 이렇다. 어떤 특정 교회가 '무너진다면' 하나님은 무너진 그 조직의 껍질보다 교회를 구성하는 사람들을 더 신경 쓰신다.

하나님은 상처받은 이 사람들을 위한 새로운 껍질이 되어줄 또 다른 교회, 아마도 훨씬 더 건강한 교회를 같은 자리에 세우실 수 있다.

누가 이런 사실을 부정할 수 있겠는가? 선교 기관, 교회 건물, 비영리 단체, 학교 같은 껍질은 아무리 좋은 상태라 하더라도 껍질에 불과하다. 일부는 영광으로 나아가지만, 일부는 타락하여 악행에 빠진다. 일부는 밝은 불빛 대신에 어둠의 대리인이 된다. 하나님은 껍질이 아니라 **사람들**에게 관심이 많으시다.

하나님은 안식일을 도입하셨고, 구약성경에서는 이를 무척 진지하게 받아들여 누군가 안식일을 어긴 경우에는 **돌로 쳐 죽이는** 벌을 받았다 (민수기 15장 32-36절을 보라). 안식일을 거룩하게 지키는 것은 분명 하나님께 중요했다. 그러나 신약성경에서 안식일이 사람들에게 해를 끼치는 것으로 변질되자 예수님은 이를 반박하셨다.

"안식일이 사람을 위하여 있는 것이요, 사람이 안식일을 위하여 있는 것이 아니니"(막 2:27).

하나님이 파괴하고 일으켜 세우신 나라들을 보라. 그분이 지으라고 명령하시고 파괴되도록 내버려두신 성전들을 보라. 그분이 높였다가 초라하게 만드신 통치자들을 보라. 크게 번성했다가 지금은 사라져버린 교회들을 보라. 역사를 통틀어 하나님은 껍질보다 사람들을 좋아하셨다. 어쩌면 우리는 결혼도 같은 식으로 보아야 할 것이다.

나는 하나님이 모든 망가진 결혼을 치유하고 구속하실 수 있으며, 그렇게 하기 원하신다고 믿는다. 그러나 개개인은 성령님께 저항할 수 있으며 실제로 저항한다. 교회처럼 결혼도 어느 정도는 껍질이다. 결혼이라는 껍질이 사람들을 학대하고 상처를 주는 데 사용된다면 하나님은 그것을 거두어 가실 것이다.

어떤 남자가 자신이 '성경적인 이혼 사유'(대부분 성적인 외도와 가족에 대한 방임으로 표현되는)를 가족들에게 제공하지 않았으므로 그들이 자신의 학대를 피할 수 없을 거라 가정하고 회개를 거부한 채 아내와 자녀들을 비웃으며 먹잇감으로 삼을 때 그리스도인들이 그것을 지지한다면(이는 결혼이라는 껍질이 그 안에 있는 여성과 아이들보다 더 중요하다고 말하는 것이나 다름없다) 나는 우리가 하나님의 마음을 잃었다고 생각한다.

하나님은 이스라엘 백성의 땅과 성전, 심지어 그들의 자유보다 이스라엘 백성에게 더 관심이 있으셨다. 그분은 자기 백성을 벌하고 회복하며 궁극적으로 다시 세우기 위해 껍질을 부서뜨리셨다.

정신적인 문제나 중독 증세가 있는 아내가, 혹은 회복을 위해 노력하지 않는 아내가, 혹은 하나님과 완전히 멀어진 아내가 경건한 남편에게 이혼을 강요할 때 우리가 이 남편이 앞으로 더는 공개적으로 사역할 수 없다고 말한다면, 우리는 하나님의 한 아들의 영혼보다 껍질을 더 귀히 여기는 셈이다. 이 아내가 남편의 사역은 물론 그 자녀들의 가정까지 파괴하게 내버려둔다면, 우리는 살기 넘치는 악과 협력한 것이다.

우리가 망가지고 있는 사람들을 모른 체하고 껍질을 보존하려 한다면, 성경의 추는 우리에게 불리하다. 우리는 마이크가 한 말을 기억해야 한다.

"하나님은 껍질에는 관심이 없으시다네. 그 안에 있는 사람들에게 관심이 있으시지."

이혼은 가장 먼저 던질 질문이 아니다

성경은 결혼을 귀히 여기고 있지만 결혼 생활의 붕괴에 직면했을 때 던져야 할 첫 번째 질문은 '이혼해도 괜찮을까?'나 '이혼을 해야 할까?'가 아니다. 가장 적절한 출발점은 **'안전'**이고 그다음이 **'회복'**이다. 이혼에 관한 질문은 그 이후다.

첫 번째 단계는 독이 되는 폭력이나 반격에서 자신을 구하는 것이다.

두 번째 단계는 맨 처음 당신을 독이 되는 관계로 이끈 원인을 파악하는 것이다. 당신은 교활한 사람에게 속았는가, 아니면 당신 안에 있는 무언가가 당신으로 하여금 독이 되는 방식으로 통제당하거나 대접받게 만들었는가? 이를 다루는 목적은 자책하거나 비난하기 위해서가 아니라 똑같은 실수를 다시는 범하지 않도록 하기 위해서다.

세 번째 단계는 배우자에게 철저한 회개를 요구하는 것이다. 그들의 상황을 바꾸되 **지금 당장** 바꾸어야 함을 확실히 해야 한다.

이것이 가장 중요한 세 가지 문제다. 회개를 검증하고 증명하는 동안에 결혼 생활의 지속 가능성 여부는 나중에 다룰 일이다. 진실성과 사명감으로 독이 되는 사람들과 결혼한 일부 배우자들은 스스로 독이 되는 방식으로 반응하게 되어버렸다. 그들은 사랑하는 사람의 독성을 고치려고 애쓰면서 자신을 희생하고, 자신을 탓하고, 스스로 지쳐버렸다. 그런 노력이 (자신도 모르게) 이루어낸 유일한 결과는 독이 되는 사람들이 자신의 독성을 인식하지 못하게 된 것이다.

때로는 배우자가 할 수 있는 가장 사랑스러운 행동은 예수님처럼 잠시 그 자리를 피해 독이 되는 사람이, 아마도 난생처음으로, 자신의 독이 되는 행동의 결과를 마주하게 하는 것이다. 떠난다고 해서 영영 돌아올 수 없다는 의미는 아니다. 그저 앞으로는 독이 되는 활동에 참여하지 않을 것이라는 뜻이다. 영원히 떠나야 할지, 잠시 전략적으로 떠나야 할지 알아내려 애쓰느라 스스로 곤경에 빠뜨리지 말라. 그것은 나중에 결정할 수 있다. 결혼이라는 이름으로 독이 되는 행동을 허용하거나 용인하거나 견디지 않겠다는 당신의 새로운 각오만 있으면 됐다.

다수의 이혼 경험자들은 **결혼 실패가 곧 인생 실패는 아니라는 사실**을 기억하고 죄책감에서 벗어나야 한다. 결혼은 그르칠 수 있다. 그렇다고 당신에게 원인이 없다는 뜻은 아니다. 결혼 생활에서 완벽한 사람은 없으니 말이다. 그러나 어느 누구도 독이 되는 사람과 결혼 생활을 유지할 수 있었는지 아닌지로 자신을 규정해서는 안 된다! 자신의 영적·정신적 건강과 분별력을 심각한 위험에 빠뜨리지 않고 그런 사람과 결혼을 지속할 수 있는 사람은 아무도 없었을 것이다.

이 책 앞부분에서 '인과응보의 법칙'에 대해 이야기했다. 이 법칙을 깨뜨린 한 가지 결과는 독이 되는 배우자는 더 건강한 배우자를 잃을 수 있다는 것이다. 노골적이고 분명하게 말해, 남편이나 아내가 계속 성적으로 부적절하게 행동한다면 그 사람은 당신을 잃게 된다는 것을 알아야 한다. 그들이 가하는 숱한 학대로 당신의 영혼이 위축된다면 더는 그들과 살 수 없다고 인정해도 괜찮다. 그들이 자신의 독이 되는 행동을 덮기 위해 당신이 거짓말을 한다고 주장한다면, 당신은 그들에게 저항해도 좋다고 허락만 받은 것이 아니라 그렇게 하라는 명령도 받은 것이다.

그것은 사랑에서 실패한 것이 아니라, 사랑을 실천하는 것이다. 독이 되는 사람에게 맞서는 것은 골치 아픈 일일 수 있다. 하지만 골치 아픈 일회성 폭발이 지속적인 독성 중독보다 영적 손실이 적다. 이런 독이 되는 행동은 사람을 즉시 나가떨어지게 하지는 않지만 여러 해 동안 시름시름 아프게 한다. 개인적으로는, 만성 자가면역질환보다 뼈가 부러지는 편이 낫다고 생각한다. 독이 되는 상사에게 생기를 빨리는 것보다는 직장을 그만두고 다른 일자리를 찾는 편이 낫다. 그리고 필요하다면, 도망치지 않아서 남은 평생 영적으로 아픈 것보다 이혼의 공포와 충격을 대면하는 편이 낫다.

학대받는 배우자에게 가장 위험한 순간은 거기서 벗어나려 애쓰는 때라는 사실을 명심하라. 별거(와 별거 가능성을 이야기하는 것까지 포함해서)는 그 과정을 전문적으로 잘 다룰 수 있는 숙련된 상담가로부터 안내받아야 한다. 통제하는 사람들은 자신의 통제력이 약해진다고 생각하면 보다 폭력적이 될 수 있다. 숙련된 안내자 없이 이 문제를 제기하거나 드러내지는 말라.

부르심을 받고, 사랑을 얻고, 지키심을 받은 자

나는 독이 되는 상황에서 벗어나야 한다는 사실에 마음 아파하는 사람들에게 호소하며 이 장을 맺으려 한다. 여기서 나는 예언자보다는 성직자 역할을 맡겠다. 유다는 눈앞에 어려운 길을 앞둔 사람들에게 위로의 말을 건넨다. 편지의 시작 부분에서 그는 혼란에 빠진 교회에 이렇게 말한다.

'부르심을 받은 자' 곧 하나님 아버지 안에서 **'사랑'**을 얻고 예수 그리스도를 위하여 '**지키심**'을 받은 자들에게 편지하노라(유 1:1).

세상의 비난은 마음을 상하게 하고 영혼을 파괴한다.
"넌 바보야."
"넌 패배자야."
나도 파괴적인 자기 비하에 열을 올린 적이 있었다.
"난 정말 한심해."
"난 비호감이야."
성경만이 나를 욕할 수 있는 유일한 원천임을 알게 됐을 때 인생이 달라졌다. 그리고 유다는 우리가 만끽할 수 있는 멋진 이름 세 가지를 선사한다.

첫 번째 이름은 '**부르심을 받은 자**'다. 당신의 과거가 난장판이었더라도 하나님은 당신을 영광스러운 미래로 안내하기로 작정하신다. 하나님은 당신을 사용하실 수 있으며 사용하실 것이다. 그 정도로 능력 있고 단호하신 분이다. 당신이나 다른 사람들이 저지른 그 어떤 일도, 순종하는 예배자가 받을 그리스도 안에 있는 미래의 부르심을 방해할 수 없다. 지금 막 당신이 인생 최악의 죄를 저질렀다 하더라도, 하나님은 여전히 지금 이 순간부터 당신을 '부르심을 받은 자'라고 부르실 것이다.

회개하고, 하나님의 용서를 받고, 그분께 당신의 다음 발걸음을 맡기라. 물론 당신은 "너희는 먼저 그의 나라와 그의 의를 구하라 그리하면 이 모든 것을 너희에게 더하시리라"는 마태복음 6장 33절을 절대로 완수하지는 못할 것이다. 그러나 또한 엄청난 죄를 지어서 마태복음 6장 33절을 무효화하는 일도 없을 것이다. 이것이 당신 인생에서 날마다 새로워진 순종으로 향하는 길이다. 당신은 '**부르심을 받은 자**'다.

두 번째 이름은 '**사랑을 얻은 자**'다. 하나님은 목수가 망치를 사용하듯 당신을 사용하시지 않는다. 당신은 하나님께 굉장히 중요하다. 일개 종이 아니라 아들과 딸이다. 당신이 아프면 하나님도 아파하신다. 그렇기에 당신이 안전한 곳에 머무는 것이 예배 행위가 될 수 있다. 다른 사람들이 당신에게 상처를 주지 못하게 하는 것은 그분께 큰 고통을 주는 원인을 제거하는 것이다.

그리스어로 '사랑'에 해당하는 말은 '아가페'(agape)에서 파생했지만, 사실은 좀 더 폭넓은 이미지다. 당신을 '감싸고 있는' 하나님의 사랑이라는 이미지를 떠올리면 가장 적당하다. 하나님의 사랑이 당신을 온통 둘러싸고 있는데, 이것이 세 번째 이름에 신빙성을 부여한다.

당신은 '**지키심을 받은 자**'다.

지키심을 받은 자란 당신이 예수 그리스도의 보호 아래 안전하다는 뜻이다. 과거에 당신을 협박하고 상처 입혔던 독이 되는 사람을 두고 초조해하는 것은 당신의 소명이 아니다. 지금 당신을 지켜보고 계시는 능력의 구세주를 묵상하라. 모든 것을 알아내거나 미래를 예견하거나 더 지혜롭고 강한 사람이 되는 능력이 있다고 해서 안전해지지 않는다. 당신의 안전은 예수 그리스도의 완전한 지식과 은혜와 능력에 달려 있다. 예수님이 **친히 당신을 지키실** 것이다. 적은 두려움과 위협, 염려, 죄책감으로 당신을 계속 내리칠지도 모른다. 하나님이 주신 세 이름을 떠올리며 맞서 싸우라.

"나는 부르심을 받은 자야."

"나는 사랑을 얻은 자야."

"나는 지키심을 받은 자야."

부르심을 받고, 사랑을 얻고, 지키심을 받은 자! 당신은 예수 그리스도의 섬김 안에서 안전하다.

- 우리를 거룩함과 행복으로 인도할 수 있는 결혼의 친밀감이 어둠을 가리기도 한다.

- 힘든 결혼 생활과 독이 되는 결혼 생활에는 큰 차이가 있다. 힘든 결혼 생활은 영적 성장을 도울 수 있지만, 독이 되는 결혼 생활은 한쪽이나 양쪽 배우자 모두에게서 생명을 쥐어짠다.

- 크리스틴의 이야기는 결혼 생활에서 상처를 받고 개인적인 파멸에 이른 사람들 그러고 나서 이혼이 새로운 삶과 하나님을 향한 새로운 섬김에 이르는 길임을 깨달은 사람들의 전형이다.

- 악은 분명 존재하기에 우리는 단지 이혼을 '청구했다'는 사실보다 이혼의 '원인'을 주목해야 한다.

- 일부 독이 되는 사람들은 변화를 원해서가 아니라 학대의 기반을 보존하고 싶어 회개를 가장하곤 한다.

- 구약과 신약을 통틀어 하나님이 '껍질'에 관심이 없으시다는 점은 분명해 보인다. 하나님은 그 껍질 안의 사람들에 관심이 있으시다. 하나님이 만드시고 임명하시고 관심을 두시는 제도들을, 통제력을 지닌 학대에 대한 눈가림으로 사용해서는 안 된다.

- 독이 되는 결혼 생활을 하고 있을지 모른다고 생각될 때 첫 번째로 던져야 할 질문은 이혼이 아니다. 안전을 최우선으로 고려해야 한다. 단기적인 문제를 명심하고, 장기적인 문제는 나중을 위해 남겨둔다.

- 독이 되는 상황으로부터 벗어나는 과정에서 상처와 어려움을 겪고 있다면 하나님이 우리에게 주신 세 가지 이름을 기억하라. 당신은 부르심을 받은 자, 사랑을 얻은 자, 지키심을 받은 자다.

18장
이혼하지 않고 독성에서 벗어나는 법

나는 지금껏 독성이 마치 일방적인 거래인 것처럼 말해왔다. 독이 되는 사람과 건강한 사람이 있고, 그래서 독이 되는 사람의 독성이 강해지면 건강한 사람은 예수님의 뒤를 따라 떠나는 것을 고려해보아야 한다고 말이다.

자신의 마음을 살피고 성령님의 깨닫게 하심에 민감하게 반응하는 사람이라면, 누구나 그런 성격 묘사가 늘 현실을 반영하지는 않음을 알고 있다. 나는 일반적으로 독이 되는 사람들이 있고, 때때로 우리는 그런 배우자를 떠나야 할 필요가 있다고 믿는다. 하지만 대부분의 경우에, 독성을 비롯한 여러 나쁜 행동은 연속적으로 드러나며 **'양쪽'** 배우자에 의해 표출된다. 아마도 한쪽이 다른 한쪽보다 더 심하기는 하겠지만 둘 다에게 나타나는 건 확실하다.

용기 있고 멋진 부부 다린과 레슬리는 이 책의 독자들을 위해 자신들의 삶을 공개했다. 이 부부의 엄청난 이야기는 두 사람이 결혼 후 처음 20년 동안 겪은 상호 간의 독성에서 벗어날 수 있도록 하나님이 어떻게 도우셨는지를 보여준다.

그들은 서로에게서 독이 되는 반응을 보았다. 그러나 배우자에게는 약간 독성이 있다고 꼬리표를 붙이면서 자신의 독이 되는 행동을 못 본 체한다면, 긍정적인 일은 절대 일어나지 않고 부정적인 일은 점점 더 악화되기만 할 것이다.

다린과 레슬리의 이야기는 감동적인 구속과 은혜의 이야기다. 이 이야기는 독성의 첫 번째 징후를 보고 반드시 결혼 생활을 포기할 필요는 없다는 증거다. 양쪽 배우자가 회개하고 하나님께 굴복한다면 결혼 생활을 포기하지 않고도 독성에서 벗어날 수 있다.

불화

다린과 레슬리는 조그만 사업체를 같이 운영한다. 매일 함께 일하고 밤이면 함께 잠드는 생활은 독이 되는 태도가 생겨나 창궐할 기회를 만든다. 언젠가 레슬리는 다린이 고객에게 '즉시' 이행하겠다고 약속했던 청구서를 지불하는 일을 잊어버렸다. 청구서가 아직 지불되지 않았다는 말을 고객에게서 전해 들은 다린은 당황스럽고 속이 상해 레슬리에게 알려주었다.

당시 레슬리는 '미안해요'라든가 '내가 잘못했어요'라고 좀처럼 말할 수 없을 만큼 자기방어적인 날카로운 감정을 품고 살고 있었다. 그런데 다린의 분노가 레슬리의 마음 문을 꽉 닫게 만들면서 상황은 더욱 악화됐다.

레슬리는 다린의 성난 행동을 언급하며 자신이 사과하지 않는 것을 정당화했다. 대화로 일을 해결하는 대신, 레슬리는 사과를 거부하고 그저 묵묵히 청구서를 지불했다.

고객은 만족했지만 다린은 그렇지 못했다. 그의 입장에서는 아직 끝난 일이 아니었다. 사업주인 그는 근본적인 문제가 해결된 게 아니기에 그런 실수는 얼마든지 또 반복될 수 있다고 생각했다.

"당신 사과 안 할 거야?" 그가 물었다.

"그냥 청구서를 지불하고 아무 일도 없었다는 듯이 그럴 순 없어."

다린의 강압적인 반응은 레슬리를 더 깊은 침묵과 궁지로 몰아넣었다. 다린은 이 말 한마디로 상황을 종료시켰다.

"당신은 당신이 틀렸다고 절대 인정 안 하지. 왜 사과를 못 해?"

이 말은 레슬리가 '절대로 사과하지 않겠다'는 마음을 더욱 굳히게 만들 뿐이었다. 레슬리가 생각하기에 문제는 자신의 행동이 아니라 다린의 반응이었다. 그리고 그녀는 거기에 굴복할 생각이 없었다.

독선이 결혼 생활을 영적인 하수구로 밀어넣는 부분이 바로 이 지점이다. 다린과 레슬리 모두 상대방의 건강하지 못한 행동 양식을 지적할 수 있었는데, 그래서 두 사람 모두 자신의 건강하지 못한 반응을 정당화할 수 있다고 여겼다.

오해와 불만

또 다른 건강하지 못한 행동 양식은 성적 친밀감과 관련이 있다. 호텔에서 하룻밤을 묵어야 하는 출장을 갈 때면 다린은 그가 '사전 작업'(preplay)이라 부르는 것에 열심을 내곤 했다. 다린은 그날 저녁 호텔에서 성적 친밀감을 즐기고 싶을 때면 아내의 흥미를 돋우기 위해 온종일 상냥하고 다정하게 굴곤 했다. 그는 여성이 '전자레인지'가 아니라 '뚝배기'라고 이해했다. 아내가 달아오르기까지는 시간이 필요했고, 그래서 그는 사랑스럽게 교태를 부리고 다정하게 굴고 은근한 말로 암시를 던지는 등 최선을 다하곤 했다.

문제는 반대로 이야기하는 많은 책에도 불구하고, 레슬리는 뚝배기보다 오히려 전자레인지에 가까웠다는 것이다. 레슬리는 일과 놀이를 구분하며 온종일 근무 태세를 취한다. 말을 많이 하지도 않고 외설적인 농담엔 대꾸도 하지 않는다. 레슬리는 애무를 즐기며 여유를 부리기보다 업무를 정리하고 싶어 한다.

그 쌀쌀맞음 때문에 다린은 마음 문을 닫아버렸다. 레슬리가 제동을 건다고 생각한 그는 자신도 똑같이 행동했다. 다린은 레슬리의 마음이 동하지 않는데 혼자서 지나치게 열을 올리고 싶지 않았다. 날이 저물어 일이 끝나자 레슬리는 머릿속에 있는 '재미' 스위치를 켜고 이렇게 말했다. "자, 내가 왔어!"

다린은 온종일 섹스를 기대하긴 했지만 레슬리의 갑작스러운 관심에 정말로 화가 났다. 몇 시간 동안 무시당하면서 토라져 있던 그는 "지금 장난해?"라고 말하곤 했다.

이런 종류의 흔한 오해가 20여 년간의 결혼 생활 내내 이어졌다. 언제나 똑같은 악순환이었다. 레슬리의 불통 때문에 다린은 점점 더 화가 났다. 그는 아내에게 말로 쏘아붙이거나 비꼬는 말을 사용해 응수하곤 했다. 그 결과로 두 사람은 점점 더 멀어질 뿐이었다.

"아내에게 저급한 불만을 품고 살았죠." 다린은 이렇게 인정한다.

독에 독으로 맞서기

솔직히 다린의 행동이 독이 되는 것은 맞지만 레슬리도 침묵 전략을 활용해 자신만의 독이 되는 방법으로 반응했다. 레슬리는 진짜 문제를 거론하는 대신 비아냥거리며 반응했다.

"당신 말이 맞아. 난 이 세상에서 제일 나쁜 사람이야. 난 아내 역할에 소질이 없어."

이는 교묘한 방어다. 레슬리의 '모든 것'이 나쁘다면 그녀가 할 수 있는 일은 아무것도 없으니 자신이 노력해야 할 이유도 없다.

다린은 이렇게 회고한다.

"우리의 독성은 서로를 갉아먹었어요. 레슬리는 자신이 무언가를 잘못 생각할 수도 있다는 것을 인정할 수 없었죠. 아내는 뭔가를 바꾸어야 한다거나 사소한 문제들을 다루어야 한다고 생각하지 않았어요. 아내 마음속의 나는 굉장히 교활하고 언제나 건방진 설교로 상처를 주는 사람이었으니까요."

다린은 레슬리의 침묵 전략과 사과하지 않는 성향이 독이 된다는 것을 상담가들에게 증명할 수 있었고, 레슬리는 빈정거림과 판단은 여자에게서 사랑스러운 반응을 끌어내기 어렵다는 것을 상담가들에게 증명할 수 있었다.

다린과 레슬리 이야기는, 하나님의 은혜로 한 부부가 **'결혼'**이 아니라

'독성'에서 떠나는 법을 배울 수 있는 곳으로 가는 길을 알려준다.

남편이 달라지기 시작하다

2006년 여름에 변화가 찾아왔다. 다린과 레슬리의 교회에서 내 책 『결혼, 영성에 눈뜨다』 세미나가 열렸고, 세미나에 이어 지역 단체와 함께 하는 독서 모임이 개최됐다. 『결혼, 영성에 눈뜨다』가 하나님은 우리의 모습을 영적으로 빚기 위해 힘든 결혼 생활조차도 사용하실 수 있다는 데 초점을 맞추고 있으므로 이 일은 다린에게 자신의 결혼 생활과 마음을 다른 시각으로 볼 수 있는 기회가 됐다.

그보다 더 의미가 있는 것은, 다린의 마음에 역사하신 성령님이었다. 하나님은 다린의 불만 뒤에 숨어 있던 영적 질병을 드러내시기 위해 수많은 사건을 세심히 조직하셨다. 다린의 결혼 생활 상태, 자녀 문제, 사업과 교회에 닥친 어려움 등 모든 것이 안에서 붕괴하기 시작했다.

그것은 아름다운 붕괴였다. 그 덕에 결국 다린은 유일한 해결책에 도달했기 때문이다. 다린은 남편과 아버지로서, 사업주와 교인으로서 몹시도 성공을 바랐지만, 제대로 되는 것은 아무것도 없었다. 그의 말대로 '상황이 바뀌기 시작한 건, 하나님 아버지가 나를 사랑하시도록 내가 내버려두지 않았다는 사실을 성령님이 비로소 드러내주시기 시작했을 때'였다.

"부분적으로는 내가 아버지와 문제가 있었기 때문에 내 실적으로 내 정체성을 포장했습니다. 내 삶의 많은 부분이 그랬듯이, 레슬리도 우상이 됐죠."

다린은 잠결에도 복음을 말할 수 있을 정도였다.

"그 복음이 이전엔 내가 결코 몰랐던 방식으로 소중해졌어요. 내가 나아갈 수 있는 유일한 장소가 십자가임을 깨닫자 십자가가 소중해졌습니다. 예수님이 내가 갚을 수 없는 빚을 갚아주셨죠. 나는 예수님이 나를 위해 갚아주신 빚에 미치지도 못하는 책임을 다른 사람들에게 묻고 있었던 겁니다."

다린은 복음을 이렇게 정의한다.

"복음은 예수 그리스도가 내 죄를 향한 하나님의 의로우신 분노에서 나를 구하시려고 고난을 받아 십자가에서 죽으시고 부활하셨다는, 과분하고 믿을 수 없는 좋은 소식입니다. 그래서 내가 그분을, 그분이 나를 영원히 알 수 있게 됐습니다. 예수님은 내가 전혀 알지 못했던 아버지의 사랑을 알 수 있도록 내가 결코 보답할 수 없는 빚을 갚으셨습니다."

다린이 아내와의 관계를 바로잡기 위해서는 하나님과의 관계를 바로잡는 것이 필수 조건이었다. 그는 아내에게 베풀기 이전에 하나님으로부터 받아야만 했는데, 그렇지 않으면 그가 하나님께 구해야 할 것을 끊임없이 아내에게 요구하게 될 것이었다.

하나님이 자신을 얼마나 많이 용서하셨는지를 묵상하다 보니, 레슬리가 청구서 지불을 잊어버렸다거나 불통이라는 사실은 비교조차 되지 않았다. 다린은 또한 더 나은 결혼 생활을 하고 싶은 욕심 뒤에 숨은 나쁜 충동도 보았다.

"현재 28년째인 결혼 생활의 첫 20년을 아내에게 내 요구를 이해시키고 충족시키게 만들려고 애쓰느라 허비했습니다. 터무니없이 이기적인 그 말들은 입에 올리기조차 힘들지만, 이제 하나님의 은혜로 그것이 사실이었다는 것을 알게 됐습니다."

다린과 레슬리가 독실한 그리스도인이었다는 점을 명심하라.

"우린 둘 다 예수님을 따르고 사역에 열정적인 신자였고, 교회 지도자들에게 순종했으며, 교회에서는 하나님의 목적을 섬겼습니다. 하지만 각자에게 커다란 좌절감을 주는 결혼 생활의 문제는 정작 의견 일치를 보지 못했죠."

다린은 새로운 정체성을 발견하면서 동시에 독성을 극복하기 시작했다.

"하나님은 내 실적이 아니라 복음에 내 정체성을 뿌리내려야 함을 친절하게 보여주셨습니다. 나를 실망시킨 사람들과 나를 향한 분노가 쓴 뿌리를 내리기 시작하자 아버지의 부드러운 사랑이 서서히 외관적으로 내 삶에서 사라졌습니다. 나는 아버지와 관련된 온갖 종류의 문제, 합법적인 공격, 다른 사람들의 실패를 들먹이면서 내 분노를 정당화하려 했습니다.

하지만 내가 갚을 수 없는 빚을 갚기 위해 예수 그리스도가 하신 일에 비추어 보니, 다른 사람들, 특히나 아내가 내게 준 상처에 대해 더는 누군가에게 책임을 물을 수가 없더군요. 복음은 나에게 생명보다 소중한 것이 됐습니다.

하나님은 내가 레슬리에 대해 내린 결론들이 하나님 입장에서는 몰인정할 뿐만 아니라 터무니없는 거짓임을 드러내셨지요. 아, 실패는 쉽게 확인할 수 있었지만, 나는 이해하는 마음으로 아내와 함께 살려 하지 않았고, 그러한 사실이 내 기도와 하나님과의 관계를 방해했습니다.

옳고자 하는 욕구와 이해받고자 하는 욕구는 우상을 숭배하는 보초병처럼 아내와 나 사이에 서 있었어요. 하나님이 사랑으로 죄를 깨닫게 해 주셔서 나는 겸손히 몸을 낮추고, 내가 짓고 있던 죄를 회개하고, 아내를 용서하고 계속해서 용서했습니다. 그리고 하나님께 구해야 할 것들을 아내에게 기대하는 일도 그만두었지요."

물론 하룻밤 사이에 이런 변화가 일어나지는 않았다. 다린의 생각과 마음이 재정비되는 데는 몇 달이 걸렸다. 그는 이렇게 말했다.

"맨 처음엔 완전히 다르게 행동하는 것이 **무척** 어색했습니다. 하지만 하나님이 그분의 영과 은혜로 나를 가르치셨죠. 이처럼 새로운 방식으로 아내를 바라보는 법을 배우면서, 내가 인내하고 상냥하고 자비를 베풀기로 마음먹을 때마다 하나님의 기쁨을 느낄 수 있습니다."

마지막 문장이 너무나 마음에 든다.

"내가 인내하고 상냥하고 자비를 베풀기로 마음먹을 때마다 하나님의 기쁨을 느낄 수 있습니다."

내가 사역하는 동안 다른 말로 표현하려 했던 것이 바로 이것이다. 하나님께 마땅히 해드리는 모습으로 배우자를 대한다면, 비록 배우자가 반응하지 않는다고 하더라도 그곳에는 멋진 예배의 순간이 있다. 물론 일부 심각한 경우에는, 예수님처럼 그 자리를 떠날 용기를 모으는 것이 그런 예배의 순간에 포함되기도 한다. 또 어떤 경우에는, 우리를 향한 예수님의 최고의 사랑에 기초하여 아낌없는 하나님의 은혜와 사랑으로 골치 아픈 행동에 반응하는 법을 배우는 것이 곧 예배가 된다.

아내도 달라지기 시작하다

다린의 마음이 바뀌자 레슬리도 바뀌었다. 다린이 먼저 바뀌자, 두 사람의 교착 상태가 풀렸다. 그러니 남성들이여, 귀를 기울여보자. 다린은 레슬리의 마음이 돌아오기까지 '거의 1년 동안' 아무 소득 없이 자신을 바꿔야 했다. 다린은 이렇게 설명한다.

"내가 아내에 대한 기대를 내려놓으면, 아내가 자신이 원하던 모습으로 자유로이 살 수 있다는 것을 깨닫게 됐습니다. 아내가 고마워하지 않거나 내 변화를 알아차리지도 못할 땐 한동안 상처가 됐죠. 하지만 나는 아내를 위해 변한 것이 아니라, 하나님께 순종한 것입니다. 그러니 아내의 반응은 고려 대상이 아니었습니다. 그러는 사이, 마침내 아내가 조금씩 더 웃고 즐거워하기 시작하더군요."

레슬리는 다린이 마치 "굉장히 큰 진정제를 삼킨 것 같다"라고 그에게 말했다. 레슬리는 이렇게 설명한다.

"솔직히 말해, 전에는 남편과는 끝났다고 생각했어요. 내 태도와 말투는 이런 식이었죠. '당신은 언제나 옳고, 나는 언제나 틀려. 그러니 왜 귀찮게 살아?' 교회 목사님이 남편의 태도를 문제 삼자, 남편은 내가 그를 다정하게 대하기 힘들게 만드는 행동들을 그만두었어요. 하지만 여전히 의심스러웠죠. '좋아, 남편의 행동과 내 반응을 좀 봐. 어쩌면 나한테 문제가 있는지도 몰라'라고 스스로 인정하기까지 시간이 걸렸어요. 남편이 목사님께 순종하고 있고 변화를 위해 최선을 다하고 있다는 것을 알았기 때문에 내 잘못을 살펴보기에 좀 더 안전한 곳에 있다고 생각했죠. 그리고 결국엔 내가 어디서 잘못했는지 알게 됐어요."

레슬리에게 변화란, 어린 시절의 일들로 인해 자신이 믿게 된 거짓말과 자아상을 포함하여 친밀감과 성에 대한 거대한 요새와 마주한다는 뜻이었다.

"더는 그런 거짓말들에 협조하지 않고, 자유로워졌죠. 이제는 나를 방해하고 남편을 거부하게 만드는 그런 거짓말들을 하지 않고도 남편과 대화할 수 있는 좋은 상황이 됐어요."

다린은 이런 상황을 망가뜨리지 않으려고 조심했다.

"나는 느긋하게 자리에 앉아 감사한 마음으로 지켜보며 아내가 따라오는 걸 격려했습니다. 아내에게 그 어떤 새로운 기대도 품지 않으려 조심했지요. 내가 달라지기까지 꽤 오랜 시간이 걸렸기에 아내에게도 변화가 천천히 일어날 것을 알고 있었어요. 솔직히 힘들었습니다. 아내에게 진전이 있었지만 느렸어요. 그래도 차이가 있다면, 아내는 그 필요성을 이해하고 자신을 향한 하나님의 은혜에 반응하고 있다는 것입니다."

결혼 생활의 독성에 맞서는 어려운 일을 해낸 다린과 레슬리는 다른 부부들에게도 도움의 손길을 건넬 수 있게 됐다. 레슬리는 여성 사역에 대한 새로운 각오를 다졌다. 예전 같으면, 자기 남편이 얼마나 어렵고 까다로운지 이야기하는 아내들과 어울리기를 좋아했을 것이다. 이제는 조금 다른 시각으로 본다.

"내가 보기에 우리 여성들에게는 자신도 모르는 사이에 굴복하게 되는 합법적인 요새가 있습니다. 아내들이 남편에게 눈을 부라린다거나, 무례하게 굴거나, 남편이 언제나 100퍼센트 틀렸다고 가정하는 것이 사회와 심지어 교회에서조차 일반적이고 예상 가능한 일이라, 아내들은 절대 사과할 필요가 없어요."

나는 레슬리가 말하는 상황을 경험한 적이 있다. 남자들의 죄가 두드러지고 대개 큰 상처가 되기에 많은 아내가 '그보다 작은' 본인의 죄는 문제 될 것이 없다고 여기고, 따라서 그들은 남편들이 거의 완벽에 가까워질 때까지 면죄부를 얻는다(학대당하고 있는 아내에게는 이런 이야기를 적용하는 것이 위험하다. 따라서 이와 관련된 현명한 조언을 받는 편이 도움이 된다). 그러나 많은 결혼 생활에서, 아내들은 남편의 독이 되는 행동이 '더 나쁘게' 느껴진다고 해서 자신들의 독이 되는 행동에 대해 하나님이 면제권을 주시지는 않는다는 사실에 반드시 귀를 기울여야 한다.

레슬리는 이렇게 설명한다.

"다린이 강인하고 남자다운 성격이기 때문에 남편이 교묘하게 조종하는 사람이고 나는 피해자라는 거짓말을 믿었어요. 하나님은 사실은 정반대였다는 것을 보여주셨습니다. 애정과 존경, 소통은 접어둔 채 '내가' 걸핏하면 조종자 역할을 했죠."

같은 사람, 달라진 결혼 생활

자신의 독성에 눈뜬 다린과 레슬리는 지난 8년 동안 눈에 띄게 달라진 결혼 생활을 만들어냈다. 레슬리는 여전히 업무에서 실수한다. 의사소통이나 출장 여행에서의 '사전 작업'도 여전히 어렵기만 하다. 하지만 부부가 이러한 차이를 다루는 방법은 완전히 달라졌다. 다린은 이렇게 말했다.

"레슬리는 조금 더 자발적으로 내 말을 듣고 숙고합니다. 그래서 내 계획을 밀어붙여야 할 필요가 없죠. 몇 달씩 걸리던 일들이 요즘은 몇 주면 되고, 몇 주가 걸리던 일들은 며칠, 며칠이 걸리던 일들은 몇 시간이면 됩니다. 만사가 훨씬 빨리 해결됩니다."

지속적인 수입원을 위해 일 년 중 가장 중요한 최근 행사에서 레슬리는 심각하고 공개적인 계산 실수를 했다. 레슬리는 침묵으로 반응하는 대신 즉시 다린에게 말했다.

"미안해. 당신이 한 말을 듣고도 그렇게 하지 않았어. 용서해줘."

다린과 레슬리는 만사가 해결된 것처럼 행동하지 않으려고 주의한다. 삶과 결혼은 그런 식으로 풀리지 않는다. 레슬리는 이렇게 말한다.

"출장 중 사전 작업이요? 여전히 노력 중이죠. 나를 향한 남편의 기대에 대해 하나님이 경종을 울리셨던 것처럼, 하나님은 내려놓기 힘들었던 내 과거를 일깨워주셨습니다. 하지만 이젠 모든 일을 남편과 공유하기 때문에 남편은 기대를 낮추게 됐어요."

두 사람이 '이런 문제들을 다룰 새로운 전략을 배우기 위해' 다음 휴가 때 『게리 토마스의 행복한 결혼학교』를 가져가겠다고 말하자 나는 감격했다. 다린은 이렇게 지적한다.

"레슬리가 그 책을 읽는다는 것이나 어떻게 하면 나를 소중히 여기는 방법을 배울 수 있는지 알아본다는 사실 자체가 우리에겐 엄청난 일입니다."

레슬리는 이렇게 말한다.

"나는 일과 시간에 좀 더 적극적으로 의사소통을 하고 문자 메시지를 보내는 것처럼 소소한 일들을 하는 작은 발걸음을 뗐습니다. 큰 차이가 있다면, 예전과 달리 더는 변화를 선택 사항으로 보지 않는다는 것이에요. 나는 의사를 전달하고, 남편에 대한 감정과 남편이 내게 어떤 의미인지를 말로 남편에게 분명히 해야 할 **필요**가 있습니다."

레슬리에게 말하지는 않았지만, 그 말을 듣고 보니 다린은 사랑받는 남편이 되는 길을 제대로 가고 있다는 생각이 든다.

하나님이 이기신다

다린은 자신이 독이 되는 행동에서 벗어날 수 있었던 것은 복음에 드러난 하늘 아버지의 사랑을 받았기 때문이라고 강조한다.

"독성에서 빠져나오는 길은 개인적으로 하늘에 계신 우리 아버지의 사랑에 영향을 받고, 배우자를 위한 그분의 마음을 얻는 것입니다. 내가 그것을 받을 때, 하나님은 아내를 향한 그분의 마음을 내게도 보여주십니다.

하나님은 내가 아내에 대해 내린 결론에 동의하시지 않았습니다. 나는 하나님이 언제나 내게 동의하고, 내 편이라 믿었는데, 그것은 독이 되는 행동을 더 강화했을 뿐이죠. 나는 레슬리가 틀렸다고 확신했습니다.

하나님이 나를 얼마나 사랑하시고 용납하시고 인정하시는지, 성경에 나와 있는 나를 향한 하나님 말씀을 받아들이자, 느낌상 전혀 다른 곳에 와 있는 것 같더군요. 시간이 조금 걸리긴 했지만, 그런 생각에 사로잡히자 결혼 자체보다도 더 큰 영향을 끼쳤습니다. 나는 아이들에게 더는 짜증을 내지 않게 됐습니다.

전에 느끼던 분노도 더는 느끼지 않았고요. 이제는 분노를 폭발시키며 화를 표현하기 위한 명분도 찾지 않습니다. 사람의 분노는 하나님이 요구하시는 의로운 삶을 가져오지 않습니다. 나는 독선과 교만, 어리석음을 부채질했던, 이해받고자 하는 욕구에서 나를 해방시키신 아버지께 매일 감사합니다.

하나님이 우리 각 사람에게 우리를 얼마나 사랑하는지 드러내시고 우리도 그렇게 서로 사랑하도록 은혜를 주시는 동안, 우리는 어떻게 하면 다시 사랑에 빠질 수 있을지 한 번에 한 걸음씩 배우고 있습니다. 하나님이 이루신 엄청난 역사 때문에 우리 중 누구도 자신의 옛 모습을 알아보기 힘들다고 말하는 것도 과언은 아니죠."

거룩하고 순전하신 하나님의 임재는 더럽혀지고 독이 되는 결혼에 대한 최고의 해결책이다. 하나님의 능력과 진리 때문에, 결혼을 유지하기보다 독성을 떠나는 편이 안전할 때는 그렇게 하는 것이 바람직하다.

요점 정리

- 배우자의 독이 되는 행동을 문제 삼으면서 자신의 독이 되는 행동을 용인할 때 결혼 생활에서 독이 되는 행동은 지속되고 증가한다. 각 배우자는 상대가 어떻게 행동하는지와 관계없이 각자의 행동을 모두 자백해야 한다.
- 불만은 종종 오해에서 싹튼다. 레슬리의 냉정함에 대한 다린의 불만은 레슬리가 '전자레인지'가 아닌 '뚝배기'일 것이라는 오해에 어느 정도 기초한다. 배우자를 판단하기 전에, 고정관념에서 벗어나 당신이 배우자를 진심으로 이해하고 있는지 확인하라.
- 배우자의 독이 되는 행동에 자신의 독이 되는 행동으로 반응하는 것(예를 들어, 빈정거림에 침묵 전략으로 대응하는 것)은 상황을 악화시킬 뿐이다.
- 결혼 생활의 많은 문제는 영적 현실, 특히 하나님의 은혜를 보지 못한 데서 비롯된다. 우리가 하나님의 사랑과 인정을 이해하고 **그 실재를 바탕으로 살아갈 때** 우리는 배우자를 전혀 다르게 대할 수 있다.
- 치유되지 않고 남겨진 오랜 상처는 현재의 인간관계를 오염시킬 수 있다. 레슬리는 성적 친밀감에 관한 현재의 불만을 바로잡기 위해 과거의 학대 문제를 해결해야 했다. 현재의 배우자를 사랑하기 위해서 당신의 과거를 해결해야 할 경우도 있다.
- 결혼 생활이 교착 상태에 빠지면, 대부분 한쪽 배우자가 변화를 주도하려 애쓴다. 그리고 상대 배우자가 따라올 때까지 인내한다. 레슬리와 다린의 경우에는 그 공백이 거의 일 년이었다.
- 하나님이 우리 죄를 깨닫게 하실 때, 우리는 (레슬리가 그랬던 것처럼) 우리가 배우자를 판단하는 바로 그것(조종하는 것)이 하나님이 말씀하시는 우리의 가장 큰 죄임을 알게 될 것이다.
- 남편은 모두 나쁘다거나 아내는 전부 참는다는 식의 젠더 전쟁을 통해서는 아무것도 얻을 수 없다. 우리는 자신의 배우자를 어떻게 대할 것인지에 대해 각자 '하나님 앞에서' 책임을 다해야 한다.
- 하나님의 은혜는 지속적인 변화와 개인의 성장이 싹트는 근본적인 진리다.

19장
독이 되는 자녀

 샤니스는 슬하에 성장한 두 딸을 두었다. 그녀는 훌륭한 교사에 적극적인 친구다. 사람들은 결혼 생활이나 자녀 교육, 교회에서 위기를 겪고 있을 때면 가장 먼저 샤니스에게 전화를 걸곤 한다.
 그녀의 딸 중 하나는, 영적으로 말하자면, 인간 레킹볼(공사장에서 건물을 철거할 때 쓰는 크고 무거운 쇠공—역주)이다. 그 딸은 연거푸 나쁜 선택을 하면서 상황이 최악의 고비에 다다를 때까지 기다렸다가 자기를 구해달라고 엄마에게 전화를 한다. 전화는 언제나 절박했다.
 "엄마가 도와주지 않으면 난 오늘 밤 길바닥에서 자야 할 거야."
 샤니스의 딸은 아주 약간의 완충재("금요일이면 난 길바닥에 나앉게 될 거야")만 있어도 엄마가 뜸 들일 것을 알고 있다. 하지만 앞으로 24시간 안에 길바닥에 나앉게 된다면, 엄마는 대개 무장 해제되어서 하던 일을 모두 내려놓고 지갑을 열어 '마지막으로 딱 한 번 더' 딸을 도와준다.

그런 비상사태에 대처하다 보니 샤니스는 딸의 위기 상황에 대응하려고 개인 일정을 취소하고, 교회 강의를 취소하고, 남편과 함께하는 시간을 희생할 수밖에 없었다. 결국 샤니스는 상황을 파악하고 이렇게 말했다.

"안됐지만, 지금 당장 모든 걸 내려놓을 수는 없어."

그러다 (아직 결혼하지 않은) 딸이 임신했다. 성인이 된 딸을 거절하는 것은 그렇다고 치자. 하지만 아직 어린 손녀를 어떻게 거절하겠는가? 샤니스 모녀는 이전처럼 틀에 박힌 악순환을 시작했고, 이 악순환은 샤니스가 딸과 손녀를 파멸에서 구하느라 자기 삶의 절반을 허비한다고 느낄 때까지 계속됐다. 딸은 '회복'이 되자마자 샤니스에겐 거의 신경도 쓰지 않은 채 떠나고, 몇 달이 지나면 또 다른 위기에 휘말려 궁지에 빠져 되돌아왔다.

많은 사람들은 샤니스의 딸이 샤니스를 이용하고 학대할 수 있었던 원동력이 '**죄책감**'이라고 말할 것이다. 그러나 여기서는 죄책감이 엉뚱한 곳을 향하고 있다. 어떤 사람들은 '**염려**'라고 말할 것이다. 하지만 어떤 외부 관찰자가 보더라도 결국 이런 구조는 도움이 되지 않는다. 내가 보기에 샤니스는 '**자신의 사명을 과소평가했기에**' 꾹 참으면서 영혼 깊은 곳에서는 해서는 안 된다는 것을 알고 있는 행동을 계속하게 됐다.

샤니스가 싸워야 할 중요한 싸움이 몇 가지 있었다. 하나님은 그녀가 '먼저 그의 나라를 구하면서' 감당해야 할 명확한 책임을 주셨다. 나머지 딸은 물론이고, 가르치는 사역, 그녀가 공식적·비공식적으로 멘토링하는 여성 네트워크, 다른 사람들을 격려하는 굳건한 결혼 생활 등이 그것이다. 문제 자녀를 구하려고 모든 것을 내려놓느라 그녀는 선한 일을 희생하고 있다. 그 희생이 독이 되는 딸에게 아무런 눈에 띄는 변화도 초래하지 못하는데도 말이다.

만약 샤니스의 희생이 보람이 있어 딸이 인생을 잘 정리한다면 그것은 또 다른 문제일 것이다. 그러나 샤니스는 점점 **악화되는** 것처럼 보이는 믿을 수 없는 사람에게 시간을 사용하느라 믿음직한 사람들을 떠나고 있었다.

우리는 우리가 싸워야 할 싸움이 무엇이고, 남들이 싸워야 하는 싸움이 무엇인지 배워야 한다. 우리는 자녀가 성인이 됐다고 해서 버리지 않는다. 당연히 그래서는 안 된다. 하지만 자신의 싸움을 희생하지 않고서는 우리가 자녀들의 싸움을 대신할 수 없다는 것도 안다.

부모들이여, 적극적인 양육 시기가 지나면 당신의 초점을 재설정해야 한다. 자녀의 첫 21년 혹은 22년에 크게 투자했기를 바란다. 내가 지금 조언하는 내용은 독이 되는 '미성년' 자녀들에게 해당하는 이야기가 아니다. 이번 장은 자신의 싸움을 책임져야 할 적절한 나이에 이른 '성인' 자녀들을 위한 것이다. 당신은 자신의 싸움을 무시한 채 자녀들의 싸움을 대신할 수 없음을 깨닫게 될 것이다. 그리고 당신의 싸움이 중요하다는 것도. '먼저 무책임한 아이를 계속 구하라'가 아니라 '먼저 그의 나라를 구하라'가 옳다.

다음은 이러한 진리를 깨달은 부모들이 발견한 행복한 교훈이다. 성인 자녀를 대신해 싸우는 일을 멈추면, 자녀를 훨씬 더 많이 즐거워할 수 있게 된다. 당신은 더는 그들을 바로잡아야 한다는 생각으로 관계를 정의하지 않는다. 그들을 어떻게 변화시킬 수 있을지에 대한 끊임없는 전략 구상 대신, 자녀들의 이야기를 듣고 공감한다.

기도와 소망 품기를 그만둔 적이 있는가? 당연히 없을 것이다. 어떻게 그럴 수가 있겠는가? 그러나 또한 기억해야 할 것은 이것이 '그들의' 싸움이라는 것이다. 방탕한 아들이나 딸이 회개하여 집으로 얼굴을 향한다면 당신은 그들을 집으로 데려갈 것이다. 하지만 이는 그 점을 이용하여 당신의 약점을 경멸하고 당신을 먹잇감으로 삼는, 수치심을 모르는 죄인을 뒤쫓는 것과는 다르다. 기억하라. 탕자의 아버지는 아들이 **'떠났을 때'**가 아니라 **'돌아왔을 때'** 두 팔로 아들을 끌어안았다. 예수님과 마찬가지로, 탕자의 아버지는 아들이 떠나가는 것을 기꺼이 지켜보았다.

한발 물러나도 좋다. 하나님이 앞서 가신다

신자가 누리는 큰 혜택 중 하나는, 하나님이 우리 자녀들을 위해 우리보다 더 열심히 싸우신다는 사실을 아는 것이다. 히브리서 기자는 이렇게 말한다.

"예수는 영원히 계시므로 그 제사장 직분도 갈리지 아니하느니라 그러므로 자기를 힘입어 하나님께 나아가는 자들을 온전히 구원하실 수 있으니 이는 그가 항상 살아 계셔서 그들을 위하여 간구하심이라"(히 7:24-25).

하나님은 당신 자녀의 삶에 무관심한 **'관찰자'**가 아니시다. 그분은 당신의 자녀에게 구애하시려고 가장 적당한 때에 가장 적당한 방어와 가장 적당한 공격을 가하는 **'총사령관'**이시다. 당신이 한발 물러서는 것은 관심이 부족해서가 아니다. 오히려 당신 자녀의 창조주에 대한 신앙과 신뢰의 고백이다. 그리스도인 부모가 한발 물러나는 유일한 이유는 하늘에 계신 우리 아버지가 앞으로 나서실 것이라는 확신 때문이다.

때로 하나님은 우리가 인간 힘의 한계에 다다라서야 이 교훈을 배우게 하시는데, 나는 몸으로 그 교훈을 체험한 적이 있다. 더운 날씨에 긴 마라톤을 뛰고 나서 쓰러진 것이다. 그날, 뜨거운 열기와 습기 때문에 조직위원회는 건강에 문제가 있는 사람들에게는 달리지 말고, 다른 선수들에게는 적당히 속도를 줄이라고 경고했다. 나는 속도를 줄일 생각이 없었다. 보스턴 마라톤 출전권을 따기 위해 다른 코스를 달리려고 이미 비행기 표까지 구입해두었기 때문이다.

20킬로미터를 조금 넘은 지점에서 나는 자만심의 대가를 치렀고, 그 다음 두 시간 동안 거대한 사우나를 기다시피 하여 최근 가장 느렸던 기록에 거의 30분을 더하여 간신히 결승선을 통과했다. 결승선 안내원 중 한 사람이 나를 한 번 보더니 곧바로 의료진에게 데려갔다. 누군가가 나를 눕혔고 간호사 한 사람이 내 팔에 식염수를 놓으려고 혈관을 찾느라 애를 썼다. 시간이 한참 걸렸다. 그들은 내 머리를 다리 높이보다 낮추고 의사에게 도움을 청했는데, 그때 누군가 이렇게 말했다. "오, 안 돼!"

보통은 나를 돌보는 의료진이 "오, 안 돼"라고 말하는 것을 들었다면 나는 현재 상황을 곧바로 알고 싶었을 것이다. 하지만 나는 완전히 녹초 상태에다 제정신이 아니었기 때문에 내 인생을 통틀어 가장 굴욕적인 에피소드에 등장하게 됐다. 나는 그냥 이렇게 생각했다.

'이미 마라톤은 끝났어. 이건 이 사람들 몫이야. 이 사람들을 돕기 위해 내가 할 수 있는 건 아무것도 없어. 의사가 원인을 알아내거나 알아내지 못하거나 둘 중 하나야. 나는 여기서 아무런 도움이 못 돼. 그냥 옆에 가만히 있어야겠어.'

당신은 뜨겁고 격렬한 마라톤을 뛰고 나서 누군가 "오, 안 돼"라고 말하는 것과 같은 상황에 당신의 자녀 중 한 명과 함께 처하게 될지도 모른다.

"그 집 아이가 요즘 무슨 일에 빠져 있는지 들었어요?"

"누가 당신에게 그 나쁜 소식을 전해주던가요?"

"자, 이제 법대로 해야겠군요!"

의료진을 만난 나처럼, 훌륭한 의사이신 하나님을 신뢰해도 괜찮다.

'나는 완전히 지쳤어. 내가 할 수 있는 모든 것을, 어쩌면 필요 이상으로 다 했어. 지금 시점에서 이 일은 예수님께 달렸어. 더는 내가 덧붙일 것이 없고, '오, 안 돼' 다음에 무슨 말이 나올지 내가 안다 해도 아무 상관이 없지. 하나님이 고쳐주실 거야. 그렇지 않으면, 이건 못 고치는 거야.'

예수님과 유다에 대한 장에서 배운 내용을 기억하는가? 이 세상이나 심지어 우리가 사랑하는 사람들이 특정한 죄를 짓지 못하게 하는 것은 우리가 할 일이 아니다. 가족 관계는 다면적이어서 단일 문제로 축소되어서는 안 된다. 단일 문제만 있는 관계("이 문제를 해결해라", "이번 경기에서 이겨라")는 팀 동료나 직장 동료 사이에서나 가능하다. 가족 관계에서는 다양한 가능성을 열어두라. 당신이 동의할 수 있는 일에 동의하고, 하나님이 인도하시는 대로 간절히 기도하라. 하지만 훌륭한 의사가 그분의 시간에, 그분의 방식대로, 그분의 일을 하실 것을 신뢰하라.

부모이기 전에 그리스도인

브랜던에게는 다 자란 세 자녀, 딸 둘과 아들 하나가 있다. 아들은 통제 불능이어서 브랜던은 마음속 깊이 괴로웠다. 아들의 성공을 바라는 것은 남자의 자존심일 수도 있다고 인정하지만, 그는 아들이 더 나은 선택을 하도록 윽박지르느라 스스로 지치고 말았다. 그의 상담사는 브랜던과 수년째 상담을 이어오고 있어서 전반적인 가족 관계를 알고 있다.

"브랜던, 당신에겐 훌륭한 직장에 취직한 멋진 두 딸이 있어요. 그런데 당신은 대부분 시간을 아들을 생각하고 아들과 대화하는 데 쓰고 있어요. 사실, 당신은 두 딸을 긍정하고 이해하는 시간을 '합친' 것보다 아들 걱정에 더 많은 시간을 쓰는 것 같아요. 딸들이 소외감을 느끼는 것은 물론이고, 딸들에게서 빼앗은 이 모든 관심이 아들에게 도움이 되지 않아요. 오히려 상황을 더 악화시키고 있는 것 같아요. 이제 변화를 줄 때가 되지 않았나요?"

브랜던은 상담사가 '지나치게 심리학적'일지도 모른다고 생각해서 목회자의 의견을 들어보기로 했다.

"목사님, 어쨌거나 탕자의 아버지는 재산의 절반을 아들에게 주지 않았습니까?" 브랜던이 지적했다.

나는 이렇게 대답했다.

"그 비유의 요점이나 목적은 그게 아닙니다. 게다가 그런 식으로 본다고 하더라도 아버지는 탕자가 맨 처음 집을 나갔을 때 뒤쫓아가지 않았죠, 그렇지 않습니까? 아들이 떠나가게 내버려두었죠. 아버지는 아들이 형편없는 선택의 쓴맛을 경험하도록 했습니다. 그리고 그동안 맏아들은 아버지를 독차지했죠."

어떤 자녀가 힘들게 할 때 (아마 자신도 모르게) 믿을 만한 아이들에게 시간과 신경을 덜 쓰면서 당신이 가진 에너지 대부분을 그 아이를 구하는 데 쏟아붓고 싶은 유혹이 드는 것은 당연하다. 이는 이 책에서 지금껏 논의

한 성경적 본보기와는 '정반대'다. **독이 되는 사람들에게 시간을 낭비하지 말고, 믿음직한 사람들에게 그 시간을 투자하라.**

내게 탈선한 자녀가 있다면 우리 집 문은 언제나 열려 있을 것이다. 아이들이 돌아온다면 나는 그들에게 달려갈 것이다. 독성이 당신을 파괴하거나 해를 끼친다면 당신은 독이 되는 그들을 떠나라. 그들이 만약 독이 되는 것을 멈춘다면 돌아와도 환영을 받을 것이다. 그러는 사이에 나는 나의 시간과 에너지, 기도를 다른 사람들을 가르칠 자격이 있는 충성된 자녀들에게 투자할 것이다.

나는 부모이기 전에 그리스도인이다. 우리 아이들의 아빠이기 전에 하늘에 계신 내 아버지의 아들이자 종이다. 그리고 예수님은 나에게 교회에 **더 많은 일꾼**이 절실히 필요하다고 말씀하신다.

"이에 제자들에게 이르시되 추수할 것은 많되 일꾼이 적으니 그러므로 추수하는 주인에게 청하여 추수할 일꾼들을 보내 주소서 하라 하시니라"(마 9:37-38).

그 일꾼들이 결국 식당을 차리든, 교회를 목회하든, 아이를 기르든, 판사나 경찰로 근무하든, 환자를 수술하든, 자동차 수리점을 운영하든 간에, 우리는 먼저 그 나라와 그 의를 창의적이고 열정적으로 구하는 사람들에게로 가야 한다. 그런 사람들을 훈련하고 제자로 삼아야 한다. 믿을 수 없고 완고하며 독이 되는 친척들(특히 아들이나 딸)을 구원할 수 있다는 희망 때문에 잘 훈련된 충성된 사람들을 교회에서 빼앗지 말라.

당신에게 다른 사람들을 가르칠 자격이 있는 믿음직한 자녀가 있다면, 당신이 교회에 줄 수 있는 가장 큰 선물은 그 자녀의 마음과 영혼에 깊이 투자하고 그들에게 먼저 하나님 나라를 구하는 진심 어린 열정을 가득 채워주는 것이다. **믿음직한 아이들이 자기 형제(들)의 믿음직하지 못함에 대한 대가를 치르지 않게 하라.**

아울러, 하나님을 위한 **당신의 사명**이 자녀의 독이 되는 이기심에 의해 희생되지 않게 하라. 샤니스는 하나님의 부르심과 은사를 받았고, 그녀의 사역은 중요하다. 딸은 하나님이 자기 삶에 의도하신 목적을 성취하지 못할 수도 있다(그건 정말로 슬픈 일이다). 그러나 샤니스가 딸이 '그녀의' 삶을 향한 하나님의 뜻을 방해하도록 내버려둔다면, 그 비극은 두 배가 될 것이다. 무책임한 자들의 무책임에 선을 그어라. 그것이 퍼져 당신 것이 되지 않게 하라.

무책임한 자들에 선을 그으라

열 처녀 비유에서 다섯 여인은 밤새 버틸 수 있는 기름을 충분히 가져오는 것을 잊어버렸지만, 나머지 다섯은 기름을 충분히 가져왔다. 엉뚱한 곳에 정신이 팔린 신부 들러리들은 최악의 시점에 자신들의 램프가 꺼지는 것을 보고 책임감 있는 신부 들러리들에게 기름을 조금 나누어 달라고 사정했다. 책임감 있는 신부 들러리들이 말했다.

"우리와 너희가 쓰기에 다 부족할까 하노니 차라리 파는 자들에게 가서 너희 쓸 것을 사라"(마 25:9).

그다음 장면은 당신도 알 것이다. 무책임한 신부 들러리들이 다시 돌아오기까지는 시간이 너무 오래 걸렸고, 그들은 연회를 놓쳤다. 예수님은 자신을 희생하지 않았다고 해서 '슬기로운' 여인들을 나무라시지 않는다. 그들을 위기로 몰고 간 부주의에 대해 '어리석은' 여인들을 나무라신다.

당신에게 만약 독이 되는 사람에게 나누어줄 여벌 셔츠가 있다면 친절하게 주어도 좋다. 충성된 사람의 시간을 빼앗지 않고도 까다로운 사람에게 시간을 줄 수 있다면 그렇게 하라. 그러나 당신의 투자가 다른 충성된 사람들에 대한 투자를 포함하여 당신의 사역을 완수하고 당신의 싸움을 싸우는 것을 방해한다면, 그때는 재평가해야 할 때다. 단호히 거절해야 할 때다. 심지어 당신 자녀까지도 말이다.

자녀를 바로잡으시는 분은 하나님

아리아나는 아들이 내린 도덕적 선택에 가슴이 아팠다. 그중에서도 더 가슴 아픈 것은, 아리아나가 아들에게 이 모든 일 가운데 예수님이 어디 계시냐고 물었을 때 아들이 한 대답이었다. 아들은 이렇게 말했다.

"그건 다시 생각해봐야겠어요. 예수님에 대해 한동안 의심이 들었거든요."

그 말은 아리아나가 평생 들은 말 중에 가장 고통스러운 말이었을 것이다. 그래서 자신이 어머니로서 어디서부터 잘못한 것인지를 자발적으로 비판하기 시작했다. 어쩌면 아리아나는 아들에게 홈스쿨링을 시켰어야 했는지도 모른다. 어쩌면 아리아나는 아들이 십대였을 때 너무 바빴는지도 모른다. 어쩌면 아리아나가 믿음을 충분히 강조하지 않았는지도 모른다.

아이들이 어른이 되면 부모들은 완전히 새로운 종류의 약점에 직면한다. 아이들이 어렸을 때는 아이들의 안전을 두려워했지만, 아이들 주변

환경을 많은 부분 통제할 수 있었으므로 이러한 두려움은 감당할 수 있었다. 아이들이 독립할 때가 되면 '통제'는 악과 독이 된다. 아이들은 이제 그들 나름의 인격체가 됐다. 아이들의 선택은 우리 가슴을 무너뜨리기도 하는데 이는 완전히 다른 차원의 고통이다.

마음을 다해 예수님을 사랑하고, 건실한 교회에서 아이들을 양육하고, 신앙의 기본을 심어주기 위해 가정교육에 특별한 노력을 기울인다 해도 그것이 우리가 기대하는 어떤 결과를 '반드시' 보장해주는 건 아니다. 목회자로서 나는 이런 슬픈 소식을 전한다는 게 마음 아프다. 우리는 컴퓨터를 프로그래밍하는 것이 아니라, 하나님의 형상대로 창조된 사람을 양육하고 있고, 그 형상에는 선택하는 능력이 포함된다. 나는 아리아나에게 예수님이 '신자들에게 말씀하시는' 마가복음 13장 12-13절을 소개했다.

"자식들이 부모를 대적하여 죽게 하리라 또 너희가 내 이름으로 말미암아 모든 사람에게 미움을 받을 것이나."

우리 중 그 누구도 하고 싶지 않은 약속을 통해 예수님은 어떤 신자들은 자녀가 단순히 부모에게 대적하는 것이 아니라 그들의 주님에게 대적하는 모습을 볼 것이라고 예언하셨다. 우리가 그리스도의 고난을 함께하는 것에는 진리의 실천에서 떠나간 사랑하는 이들로 인한 슬픔도 포함될 것이다. 아리아나의 반응은 전형적이었다.

"저는 마땅히 행할 길을 아이에게 가르치면 결국에 그것을 떠나지 않을 거라는 말씀이 더 좋네요."

우리 둘 다 웃었다. 누군들 그렇지 않겠는가?

예수님이 말씀하신 또 다른 가혹한 약속은 특별히 자녀들에게 초점이 맞춰진 듯하다.

"이 후부터 한 집에 다섯 사람이 있어 분쟁하되 셋이 둘과, 둘이 셋과 하리니 아버지가 아들과, 아들이 아버지와, 어머니가 딸과, 딸이 어머니와, 시어머니가 며느리와, 며느리가 시어머니와 분쟁하리라 하시니라"(눅 12:52-53).

하나님 나라의 일은 논쟁을 부른다. 피할 방법이 없다. 그리고 우리가 하나님 나라의 일과 자신을 동일시하여 그것이 정체성의 일부가 된다면(예수님은 그렇게 권고하신다), 다른 사람들이 하나님 나라를 거부할 때 우리까지 거부하고 우리에게 등을 돌리게 될 공산이 크다. 그것은 당신이 실패했다는 뜻이 아니다. **당신을 비난하기 위해서가 아니라 준비시키기 위해** 그런 일이 일어날 것이라고 예수님이 말씀하셨다.

스티브 월케 박사는 죄의식에 젖어 슬퍼하는 부모들에게 이렇게 말한다.

"하나님이 아담과 하와를 위해 완벽한 세상을 창조하셨지만, 그들의 범죄를 막기에는 부족했을 때, 삼위일체 하나님이 '우리가 뭘 잘못했을까?'라고 질문했을 거라고 생각합니까?"[1]

하나님이 난데없이 불러내어 왕위에 올릴 정도로 매우 특별한 사람으로 만든 다윗왕도 생각해볼 수 있다. 다윗은 간통과 살인으로 화답했다. 당신은 하나님이 '내가 어떻게 달리 할 수 있었을까? 내가 더 좋은 아버지였다면 좋았을 텐데…'라고 생각하셨을 것 같은가?

예수님이 유다에게 놀라운 가르침과 완벽한 조언, 아무도 주지 못했던 명실상부한 최고의 본보기를 보여주며 완벽한 메시아로 사셨는데도, 그 모든 증거가 유다에게는 충분하지 않았을 때, 예수님이 이렇게 물으

셨던가? '내가 뭘 잘못했지?'

좋은 부모가 되어 자녀들이 절대 빗나가지 않게 만들겠다고 생각하는 것은 우리가 삼위일체 하나님을 능가할 수 있다고 생각하는 것이다. 부모인 당신은 아이들을 위해 완벽한 에덴동산의 경험을 창조할 수 없지만, 만약 그럴 수 있다 해도 아이들은 그곳을 난장판으로 만들 것이다.

"내가 뭘 잘못했지?"라는 질문에 대한 진짜 답이 있다면, 바로 이것이다. "당신은 죄 가운데 태어났고, 모든 가족 구성원이 죄 가운데 태어난 세상에서 살고 있다."

당신이 이를 초래했다는 생각 뒤에 숨은 이단은 **"당신이 그것을 바로 잡을 수 있다"**는 논리적 확장이다. 그렇지만 반항에 대한 하나님의 해결책은 당신이 아니라 **'예수님'**이다. 그분의 은혜와 용서, 지혜, 능력, 구원, 그것이 궁극적인 해결책이자 궁극적인 '피난처'다. 우리가 그 답이 되길 원하는 만큼이나 우리는 답이 아니다. 예수님이 그 답이시다.

그런데 예수님은 **'우리의 희망'**이시기도 하다. 아들이 "당신은 우리 아버지가 아니에요"라고 말한다고 해서, 사랑하는 아빠가 "그래도 너는 여전히 내 아들이다"라고 말하는 것을 막을 수는 없다. 그것은 아이들이 떠나가는 모습을 보는 부모들에게 희망이 된다. 그들의 죄를 위해 죽으시고 다시 사신 예수님의 희생이 있고, 여전히 그들을 자기 소유로 주장하시는 하늘에 계신 사랑의 아버지가 계시며, 그들이 죄를 깨닫고 돌아오게 하려고 초과 근무를 하시는 능력의 성령님이 계신다.

대부분은 자녀들의 구원이 우리에게 달려 있지 않다는 사실을 안다. 여기에 상심한 부모들을 위한 안식처가 있으니, 바로 자녀들의 회개 역시 우리에게 달려 있지 않다는 사실이다.

요점 정리

- 부모들이여, 당신의 사명이 중요하다. 자기들의 싸움을 제대로 수행하지 않는 자녀들을 구하기 위해 당신의 싸움을 희생하지 말라.

- 하나님은 훌륭한 영적 의사이시기에 당신은 늘 자녀들을 고치려 애쓰지 않고도 자녀들을 계속 기뻐할 수 있다. 우리는 우리가 절대 이해할 수 없는 방법으로 하나님이 보이지 않는 곳에서 일하고 계신 것을 믿는다.

- 믿음직한 자녀들이 믿음직하지 않은 자녀(들)의 방해에 희생되지 않게 하라. 믿음직한 자녀들에게 집중해서 투자하라. 우리는 더 많은 일꾼이 필요하다!

- 예수님은 한 비유에서 준비되어 있지 않은 무책임한 여인들을 꾸짖으신다. 예수님은 책임감 있는 여인들이 무책임한 여인들을 돕지 않았다고 꾸짖으시지 않는다.

- 예수님은 부모들에게 그들 자녀의 일부는 하나님을 따르지 않을 것이라고 경고하면서 이해하기 힘든 가르침을 주신다. 이 말씀은 자녀들이 부모에게도 대적할 수 있다는 뜻이다.

- 우리는 올바른 말과 행동을 찾아낼 수 있는 자신의 능력이 아니라, 방탕한 자녀들을 교화하고자 하시는 하나님의 능력과 의지에 소망을 두어야 한다.

20장
독을 애정으로 바꾸는 법

"사람들을 신경 쓰지 않았어요. 내가 누굴 짓밟고 그들을 어떻게 대했는지 관심이 없었어요. 난 아마 직장에서 고대 이집트의 노예 감독관 같은 사람이었을 겁니다. 어쩌면 그보다 더 심했을 거예요. 나를 위해서 일하는 사람들은 짓밟고 함부로 대하면서, 내가 필요한 지원을 받지 못한다고 생각되면 회의실에 들어가 사장에게 욕을 퍼부을 수 있었으니까요. 뭐든 성취하려면 그렇게 해야만 한다고 생각했죠."

더그의 고백이다.

독이 되는 그의 태도는 업무 외적인 활동으로 옮겨갔다.

"인터넷 자동차 동호회 게시판에 가서는 일부러 까칠하게 굴었고 툭 하면 완전 막돼먹은 짓을 했습니다. 그곳은 나의 분노와 울화를 내지를 수 있는 곳이었죠. 나는 자동차를 가장 잘 아는 회원 중 한 사람이 됐는데, 그건 그저 나보다 아는 게 없는 사람들에게 잘난 척을 하고 근본적으로는 그 사람들을 학대하기 위해서였어요. 그곳에 가서 내가 썼던 글들을 읽으면 정말 부끄럽습니다. 그건 이따금 누군가가 나를 불쾌하게 해서 내가 부적절하게 반응하는 것과는 다릅니다. 희생양을 찾아내서 신중하게 공격했죠. 난 그런 갈등에 중독됐고, 그것을 유발할 수 있다면 물불을 가리지 않았어요. 그것은 나에게 쉬지 않고 계속되는 강박이었습니다."

이 책 초반부에서 독이 되는 사람들은 **갈등을 즐긴다**고 이야기한 것을 기억하는가? 더그의 표현에 주목하라. 그는 '갈등에 중독됐고' 일부러 그런 상황을 만들었다. 더그는 다음과 같이 솔직히 인정했다.

"나의 분노는 아내와 아들로부터 시작해서 직장 상사, 동료, 부하 직원, 매일 일상에서 무작위로 마주치는 사람들에 이르기까지 모든 인간관계에 스며들었습니다. 난 언제나 화를 낼 준비가 되어 있었죠. 잔디 깎는 기계가 먹통이거나 엉뚱한 곳에 놓아둔 스패너 같은 사소한 일들이 한때는 내게 엄청난 문제였습니다. 나는 화낼 핑곗거리를 찾았고, 그런 분노는 내가 받은 불쾌감의 정도와 비례하지 않았습니다. 모 아니면 도였는데, 보통은 안 좋은 쪽이었죠. 지금 되돌아보면 내가 왜 그런 감정에 그토록 사로잡혀 있었는지 모르겠습니다.

분노는 사건들이 내 통제 밖에 있을 때 확실히 더 심각해졌습니다. 펑크 난 타이어 때문에 격분했고, 업무와 관련된 예상치 못한 지연이나 계획 변경은 직원들에게 스트레스를 푸는 빌미가 됐습니다. 생산 목표가 기대에 미치지 못하면 부하 직원들에게 미친 듯 화를 냈고요. 누가 내 차 앞으로 갑자기 끼어든다거나 교통 체증 때문에 화가 나면 보복을 했습니다. 특히나 누군가 탓할 사람만 있다면, 장비가 고장 난 것만으로도 욕을 하고 공구를 집어 던지기에 충분했죠. 그냥 넘어가는 일은 아무것도 없었습니다."

더그의 행동은 5장에서 다룬 '증오를 사랑하는' 독성(증오로 연료를 공급받고 에너지를 얻고 동기부여를 받는 사람들)의 정의를 대표적으로 보여준다. 그의 완전한 탈바꿈은 하나님의 사랑과 은혜가 우리의 독성에서 우리를 어떻게 구하는지에 대한 감동적인 이야기다. 더그의 경우가 극단적인 사례처럼 들릴 수도 있지만, 우리가 진심으로 독이 되는 행동을 증오한다면 우리는 **우리**에게서 비롯되는 독성부터 먼저 살피고 처리해야 한다.

분주함, 짜증, 피곤함, 과거의 상처나 영적인 질병으로 인해 독이 되는 행동을 시작하는 것을 특히 경계해야 한다. 프란치스코회 사제인 리처드 로어(Richard Rohr)는 이렇게 말한다.

내가 한 말 중에 가장 많이 인용되는 말은 이것이다. **"당신이 고통을 다른 모습으로 바꾸지 않으면 당신은 언제나 그것을 전염시킬 것이다."** 내가 어떻게 고통을 겪어야 하는지 모르면 언제나 다른 누군가가 고통을 겪어야 한다. 결국은 그것이 핵심이다.[1]

하나님이 우리에게 통제하라고 맡긴 유일한 사람은 우리 자신뿐이다. 자제는 성경의 명령이자 성령의 열매다. 우리가 보았듯이, 다른 사람을 통제하려 하는 것은 사람을 죽이려는 사탄의 전략이다. 그러므로 이 세상의 독성에 맞서는 제1의 방어선은 **'자기 통제'**를 실천하는 신자들이 시작해야 한다. 개개인이 각자의 독이 되는 방식을 떠나라는 성경의 명령을 해결하지 않으면 독성에 대한 어떤 논의도 끝나지 않을 것이다.

독에 독으로 반응하지 않을 수 있는 비결

바울이 골로새 교회에 보낸 서신이 특히나 매력적인 까닭은, 그리스도인으로서 어떻게 행동해야 하는지 전혀 알지 못하는 젊은 그리스도인 공동체에 보낸 편지이기 때문이다. 그들에게는 자기보다 앞서 신자가 된 조부모가 없었다. 그들은 수십 년간 믿음의 길을 걸어오면서 그리스도인들이 살아가는 방식의 본보기가 되어줄 성숙한 신자들을 알지 못했다. 골로새에서 신앙은 **전혀 새로운** 것이었다. 모든 사람이 어떤 면에서 앞선 세대로부터 아무런 영향을 받지 못한, 시원찮은 선구자였다.

그들은 자신이 아는 최초의 그리스도인이어서, 자기들이 어떻게 처신해야 하는지를 분명하고 정확하게 가르쳐달라고 바울에게 요구했다. 화려한 미사여구 하나 없이 바울은 골로새 교회를 향해 그리스도인들이 마땅히 지향해야 하는 행동, 우리의 신앙과 믿음이 태도와 행동에 미치는 영향을 노골적이고 분명하게 말했다.

바울은 골로새 교회를 향해 신자처럼 처신하는 핵심 요소는 우선 무언가를 벗어버리는 것이라고 말한다.

"이제는 너희가 이 모든 것을 벗어 버리라 곧 분함과 노여움과 악의와 비방과 너희 입의 부끄러운 말이라"(골 3:8).

다시 말해 '독이 되지 말라'는 것이다. 다른 사람들에게 의도적으로 상처를 주는 인간적인 습성은 우리 내면에서 모두 사라져야 한다.

그러고서 바울은 골로새 교회가 입어야 할 것을 이야기한다.

"그러므로 너희는 하나님이 택하사 거룩하고 사랑 받는 자처럼 긍휼과 자비와 겸손과 온유와 오래 참음을 옷 입고"(골 3:12).

이러한 자질들은 독성과 정반대다. 긍휼이란 다른 사람들에게 등을 돌리는 것이 아니라, 그들을 불쌍히 여기는 것이다. 자비란 상처를 주는 것이 아니라 돕고자 하는 것이다. 겸손이란 다른 사람들을 통제하지 않고, 그들을 먼저 생각하는 것이다. 온유란 냉혹하지 않고 다정한 것이며, 오래 참음이란 까칠하게 굴지 않고 격려하는 것이다.

개인의 완전한 변화에서 결정적인 무언가에 주목하라. 바울은 골로새 교회에 **어떻게 처신할지** 말하기에 앞서 그들이 '하나님이 택하사 거룩하고 사랑받는 자처럼' **하나님의 사랑을 받고 귀하게 여김을 받고 있음**을 상기시킨다.

하나님의 택하심과 사랑을 아는 것은 우리가 다른 사람들을 사랑하고 독이 되는 것을 거부할 수 있는 근본적인 마음가짐이다. 하나님이 우리를 택하시고 사랑하신 것을 기억한다면, 하나님 안에서 우리의 모든 영적 욕구가 충족되어 우리는 독이 되는 사람이 되지 않고도 독이 되는 세상에서 살아갈 수 있다. 독이 되는 사람들로 가득한, 독이 되는 세상에 사는 우리는 독이 되는 대접을 '받을' 것이다. 우리는 여전히 독이 되는 세상 속에서 우리를 택하시고 우리를 자비로운 삶으로 이끄신 은혜로운 하나님의 사랑으로 살고 동기를 부여받음으로써 독이 되는 방법으로 반응하는 것을 피한다.

독이 되는 사람들은 못되게 굴고 통제하고 상처를 주면서 병적인 만족을 찾는다. 신자들은 하나님의 택하심과 사랑을 받아서 참된 만족을 찾는다. 그 사랑이 너무 커서 우리는 사람들이 우리 욕구를 채워줄 것을 기대하지 않는다. 사람들을 통제하거나 그들에게 상처를 주려 하지 않는다. 우리는 우리가 알게 된 것과 똑같은, 하나님 안에서의 기쁨과 만족을 그들도 경험하길 바란다.

　하나님의 사랑과 인정은 서로 싸우는 것이 이해되지 않는 삶의 차원으로 우리를 끌어올린다. 하나님 때문에 행복하다고 느낄 때면 다른 사람이 내게 한 행동이나 생각이 그리 중요하지 않다. 하나님의 의견이 다른 사람의 생각보다 우월하기 때문이다. 다른 사람의 공격을 받아도 하나님의 보호가 나를 안심시킨다. 하나님의 인정은 사람들의 반대나 증오보다 더 큰 목소리를 낸다. 하나님이 우리를 영적으로 잘 돌보아주셨음을 드러내는 주된 방법 중 하나는 우리가 다른 사람들을 어떻게 돌보아주느냐다.

자신의 독성 해결하기

　더그의 분노는 그가 자신의 '다메섹으로 가는 길'이라 표현한 곳에서 사그라들기 시작했다. 그는 텍사스 주 휴스턴의 한 모텔 방에 앉아서, 이제 음란물을 끊겠다고 '백 번째로 다짐하고' 있었다. 꼼꼼한 그는 음란물에서 벗어나는 것에 대해 다른 사람들이 어떻게 이야기하는지 보려고 인터넷에 접속했다가 우연히 기독교 게시판을 발견했다.

　그는 남편의 음란물 사용에 대한 아내들의 반응에 충격을 받고는 자신의 습관이 아내에게 얼마나 큰 고통을 주었는지 이해하게 됐다. 그리고 그 게시판에 다음과 같은 경고와 함께 댓글을 달기 시작했다.

　"나는 그리스도인이 아닙니다. 그리스도인이 될 생각도 없고요. 사실, 그리스도인들과는 아무것도 엮이고 싶지 않습니다. 하지만 당신들이 내가 이 음란물 문제에 대해 알아야 하는 뭔가를 알고 있는 듯하니 그에 대한 정보를 부탁드립니다."

더그의 격렬한 분노 때문에 게시판에 있던 한 목사는 그에게 공개적으로 글을 올리지 말라고 요청했다. 그러면서도 더그와는 사적으로 계속 연락을 주고받았다. 더그는 감동하여 앞으로 모든 음란물을 끊겠다고 맹세하면서 그와 함께 아내의 용서를 구하는 짤막한 사과 편지를 쓰기로 했다. 다른 아내들의 고통을 알게 된 후, 더그는 남편으로 실패한 '모든' 면에서(음란물 사용 외에도) 민감해졌고 그의 '짤막한 사과 편지'는 일곱 장으로 늘어났다.

"그때가 우리 결혼 생활의 전환점이었죠." 더그가 이야기한다.

"분노가 어떻게 나를 통제하고 있는지 명백해졌습니다. 아내의 의붓아버지는 화를 잘 내는 분이었습니다. 나는 그런 사람이 되고 싶지 않았는데, 어떤 면에서는 내가 그분보다 훨씬 더 심하다는 걸 깨달았어요. 물리적으로는 아니지만 말이나 감정적으로 그랬죠. 그런 깨달음이 나를 깨뜨렸습니다. 이렇게 혼잣말을 했어요. '그런 사람이 되어서는 안 돼. 내가 어떤 사람이 될지는 모르겠지만, 더는 그런 사람은 안 돼.'"

게시판에서 만난 목사의 개인적인 조언과 회복 축제(Celebrate Recovery, 12단계로 구성된 기독교 중심의 다양한 문제 행동 개선 프로그램—역주)를 통해 더그는 예수 그리스도의 주되심에 순복했다. 회복 축제에서 배운 중독에 대한 교훈과 더불어 그의 삶에 임재하신 성령님은 그가 독이 되는 분노와 증오를 떨쳐버리자 그의 삶을 완전히 변화시키셨다.

"내게 꼭 필요한 기술을 조금씩 개발하고 있습니다. 전에 내가 사용하던 기술이 분노, 학대, 따돌림이었다면 내 일상의 가장 큰 변화는 사람들을 다루는 새로운 방법을 배우고 있다는 겁니다. 경청하고 오래 참고 통제를 포기하는 새로운 습관들은 예전에 분노가 그랬던 것처럼 나에게 무척 익숙하게 느껴지기 시작합니다."

'올바른 삶'보다 '예수님 닮는 삶' 추구하기

안타깝게도 골로새 교회를 향한 분명하고 설득력 있는 바울의 말에도 불구하고 오늘날 교회는 비열함을 거부하지 않기로 소문이 자자하다. 실제로도 많은 사람들이 교회가 유난히 비열하다고 생각하는데 특히나 우리와 동의하지 않는 사람들에게 더 그러하다.

달라스 윌라드는 언젠가 그리스도인들이 왜 그리도 비열하냐는 질문을 받았다. 그는 그리스도인들은 그리스도를 닮는 것보다 올바르게 되는 것을 얼마만큼 더 중요시하느냐에 따라 비열해지는 경향이 있다고 대답했다. 물론 그 둘이 상호 배타적이지는 않지만 예수님의 말씀과 바울의 편지를 택하심을 받고 사랑을 얻은 사람들에게 보내는 하나님의 연애편지로 받아들이는 대신, 아직 믿지 않는 사람들에게 전쟁을 선포하는 말의 무기로 사용할 때 우리는 이 둘을 상호 배타적으로 만들 수 있다.

나는 당신이 이 마지막 문장 때문에 성급해지지 않길 바란다. 신약성경에 있는 하나님의 '명령과 법칙'은 우리가 믿지 않는 사람들에게 던지는 언어 폭탄으로 의도되지 않았다. 예수님의 권위를 받아들이지 않는 사람이라면 우리는 그가 성경의 가르침에 귀를 기울이리라고 기대할 수 없다. 하나님이 우리 마음을 사로잡으시면, 적절한 행동을 알려주신 하나님의 말씀이 사랑에서 나왔고 궁극적으로 우리의 가장 큰 유익을 위해 주어졌음을 알게 된다.

우리가 먼저 하나님을 사랑하기 전에는 하나님 말씀을 사랑할 수 없다. 그러므로 중요한 것을 최우선으로 지켜라. 사실을 가지고서라도 사람을 조롱하는 것은 통제하는 것과 비슷하게 독이 될 수 있다. 어쨌든 그것은 조롱이다. 방법이 중요하다.

로자리아 버터필드의 친구는 그녀의 성행동을 입 밖에도 꺼내지 않았다. 친구는 그녀가 하나님과 멀어진 것이 진짜 문제라고 생각했고, 그것은 옳았다. 다린이 복음의 진리를 깨닫고 그 진리가 마음을 꿰뚫자 변화가 찾아왔다. 더그가 자신만의 '다메섹으로 가는 길'에서 예수님을 만났을 때 그의 삶이 완전히 바뀌었다. 올바른 삶에 관한 설교는 예수님 **다음**이어야지, 그보다 앞서서는 안 된다.

신자인 우리가 듣고 조금은 두려워해야 할 사실이 있다. 예수님께 귀를 기울여보면, 그분은 성적인 죄를 지은 사람들에게 가장 큰 긍휼을 보이시고 비열한 사람들을 더 많이 판단하시는 듯 보인다는 점이다.

"나는 너희에게 이르노니 형제에게 노하는 자마다 심판을 받게 되고 형제를 대하여 라가라 하는 자는 공회에 잡혀가게 되고 미련한 놈이라 하는 자는 지옥 불에 들어가게 되리라"(마 5:22).

예수님은 우리가 비열하게 대하는 사람들을 사랑하시기 때문에 비열함을 드러내는 것에 이의를 제기하신다. 그들이 예수님을 안다면, 예수님은 그들이 풍성한 삶을 살기 바라신다. 그들이 예수님을 모른다면, 예수님은 우리가 그리스도의 자비와 긍휼을 드러내어 그들을 예수님의 가족으로 초대하기 바라신다.

우리가 다른 사람들을 모욕할 때, 그들을 바보나 멍청이라고 부를 때,

그것이 바로 우리를 지옥으로 던져버릴 것들이다. 예수님이 페이스북에 올린 당신의 글들을 보신다면, 다른 블로그에 당신이 익명으로 단 댓글을 추적하신다면, 그분은 당신이 누군가를 비하하고 있다는 것을 알아채시지 않을까? 예수님을 섬긴다는 핑계로, 어쩌면 독이 되는 행동을 하고 있지는 않은가?

하나님은 죄인들을 사랑하고 구원하기 원하신다. 언뜻 보기에는 망가진 듯한 삶이라도 그것을 취하여 아름답고 사랑스럽고 열매 맺는 삶으로 바꾸고자 하신다. 하나님을 따르는 우리는 그 어떤 '죄인'도 조롱하거나 비웃거나 괴롭혀서는 안 된다. 우리가 죄인이라 생각하는 누군가에게 비열하게 군다면 그 자체가 독이 되는 죄다. 우리 자신을 문제 해결 도구로 제공하는 것이 아니라, 오히려 문제를 가중하고 있는 것이다. 우리는 독이 되는 사람이 아니라 긍휼을 나타내는 사람으로 부름받았다.

영적 뇌수막염

어느 기독교 대학에 특강 강사로 초청을 받았다. 나를 소개한 교수는 손으로 땅을 짚으며 네발로 기듯이 무대 계단을 올라갔다. 계단은 예닐곱 개 정도로 많지 않았고 무대도 그다지 높지 않았는데 그는 무대까지 기어서 올라갔다. 그는 그런 행동에 대해 아무 말도 하지 않았고, 모두 대수롭지 않은 듯 행동했다. 나에게는 그저 기이하게 보였다.

나중에 그의 행동에 숨겨진 사연을 알게 됐다. 그 교수는 바이러스성 뇌수막염으로 한바탕 고생한 적이 있다. 뇌수막염은 나았지만 그의 균형 감각에 영향을 주었다. 무대에는 난간이 없었기에 그가 안전하게 올라가는 방법은 기는 것뿐이었다.

그를 향한 연민이 물밀 듯이 엄습했다. 수많은 청중이 영문도 모른 채 바라보고 있는 공공장소에서, 존경받는 교수가 그런 신체적 한계를 대면하기 위해서는 얼마나 겸손해야 하겠는가. 나는 개인적인 겸손의 행위로 당시 어린아이들의 옷으로 여겨지는 옷을 일부러 입었다는 아시시의 프란치스코(Francisco of Assisi)를 현재의 실사판으로 본 것 같은 기분이 살짝 들었다. 이 교수의 사정을 아는 사람이라면 누구든 비슷한 연민을 느낄 것이다. 조롱이란 말은 머릿속에 가장 나중에 떠오를 것이다.

이것이 우리 스스로 독이 되지 않는 핵심 중 하나다. 사탄이 당신의 직장 동료나 가족 구성원에게 쳐들어와 좋지 않은 결과를 남긴다면, 당신은 연민을 느낄 수 있는가? 그들의 연약함으로 인해 감정을 표출하는 대신 공감할 수 있는가? 물론 결과와 경계는 존재한다. 예를 들어, 이 교수가 자기들의 아기를 안고 그 계단을 올라가도록 내버려두는 부모는 없을 것이다. 그들이 교수의 사정을 안다면 그 이유를 교수에게 말할 독이 되지 않는 방법을 찾을 것이다.

모든 죄인에게도 사연은 있다. 이는 그들의 반응이나 행동을 변명하기 위한 것이 아니다. 그러나 그럴 만한 사정이 있다는 것을 기억한다면, 우리는 그토록 중요한 연민이라는 감정을 유지할 수 있고, 그럼으로써 다른 사람들의 독성을 대면해도 우리 자신은 독이 되지 않는다.

두려움과 불안감에 휩싸여 있고 어린 시절에 독이 되는 행동에 둘러싸여 있었다면, 그들도 독이 되기 쉽다. 오랫동안 아파본 사람은 조바심을 내비칠 가능성이 훨씬 더 크다. 외롭고 수치심이 많은 사람들은 식욕이나 욕정에 훨씬 더 예민하다. 그것이 당신에게 핑곗거리를 주지는 않지만, 무엇이 당신을 함정에 빠뜨리기 쉬운지 설명해준다. 타락한 이 세상은 우리를 독이 되는 행동에 빠뜨리는 데 능숙하다.

이 모든 것은 우리에게 **'먼저 긍휼히 여기라'**고 요청한다. 긍휼이란 상처받은 사람들이 당신에게 계속 상처를 주도록 내버려둔다는 뜻이 아니다. 그들이 다른 사람들에게 상처를 주도록 이끄는 상처를 당신이 슬퍼한다는 뜻이다. 당신의 분노에는 잘못 시도된 정당방위에서 누군가 잘못된 길을 선택했다는 슬픔이 뒤섞여 있다.

다른 사람들을 보호해야 할 책임이 있는 권위 있는 자리에 있지 않다면 당신은 독이 되는 사람들을 혼자서 처벌해서는 안 된다. 그것은 하나님께 맡기라. **독이 되는 사람의 삶은 그 자체가 형벌**임을 기억하는 것이 내게는 도움이 됐다. 사람들을 사랑하거나 격려하지 않고 그들을 통제하길 원하면서 증오와 분열, 악의, 격노, 살인으로 가득 차 있는 것은 정말이지 고통스러울 것이다. 독이 되는 사람들은 언제나 두려움과 폭로라는 벼랑 끝에서 살아야 할 것이다. 그들은 빛과 진리를 무서워하지만 빛과 진리가 마침내 승리할 것이다.

생각해보면 우리 모두는 (바라건대) 그들에게 인정받고 하나님께 거부당하는 것보다, 그들에게 비난받고 하나님께 인정받는 것이 나을 것이다. 그들은 질 팀을 위해 뛰고 있다. 그러나 그들에게 반대할 때는 그들과 같아지지 않도록 의식적으로 조심하자. 또한 **독이 되지 않는 것이 삶의 목표가 아니라는 것**도 기억하자. 삶의 목표는 긍휼, 자비, 겸손, 온유, 오래 참음인데, 이것들은 우리가 하나님의 택하심과 사랑을 받은 자임을 아는 데서 비롯된다.

독성을 제거한 후 얻게 된 것들

마침내 더그는 자신의 독이 되는 행동에서 벗어났을 때, 직장 생활과 결혼 생활을 처음부터 다시 배워야 했다. 모든 것이 달라졌다.

"정말 솔직하게 말하면, 화내지 않고 일하는 방법을 몰라서 정말 힘들었습니다. 내가 과연 성공할 수 있을지 회의가 들기까지 했으니까요. 다른 사람들에게 실망했을 때 화를 내고 악담을 퍼붓기보다는 다른 방법을 찾아야 했고, 그러다 보면 시간이 걸렸죠."

더그는 독이 되는 행동에 대한 통제를 여러 방면으로 적용했다. 최근엔 그의 아내가 큰 수술을 받았다. 과거에 더그는 현재 상황을 통제하지 못할 때 최악의 행동을 드러냈다. 예를 들어 이전에 언젠가 아내가 수술을 받는 동안 더그는 자신이 이러했다고 고백한다.

"불안과 분노, 불신으로 제정신이 아니었어요. 쉽게 말해서, 나 혼자 바보짓을 한 거죠."

이번 수술은 훨씬 더 복잡해서 시간이 두 배 더 걸리는 바람에, 예전 같으면 여러모로 미쳤을 테지만 더그는 완전히 달라졌다.

"그 대신 이른 아침 병원으로 차를 몰고 가면서 기도했어요. 라디오에서는 찬양이 흘러나오고 있었습니다. 수술팀이 모이기를 기다리며 나는 침대 옆에 무릎을 꿇고 앉아 아내 손을 꼭 잡고 아내의 완치를 위해, 수술팀을 위해, 우리 부부의 평안과 위로를 위해 큰 소리로 기도했습니다. 나는 하나님이 이미 알고 계신 것을 그분께 말씀드렸어요. '하나님께 전권이 있습니다. 이것도 책임져주세요. 어쨌거나 나는 엉망진창이라 한 걸음 물러나 이 문제를 하나님께 맡깁니다.' 온종일 부정적인 생각이 들 때마다 그 생각은 하나님께 맡기고 다시 기도했습니다."

더그의 아내는 지속적인 도움이 필요했는데, 이번엔 그가 도와줄 수 있었다.

"무기력을 느낀 아내가 좌절할 때면 나는 침대 옆에 무릎을 꿇고 아내 손을 잡은 채 우리 둘을 위해 기도하곤 했습니다. 예전 같으면 일을 바로잡으려는 좋은 의도를 갖고도 늘 무의미한 반응을 했겠지만요. 아내의 짐을 덜어주기 위해 밤낮으로 내가 할 수 있는 일은 다 했어요. 아내가 좀 더 자세를 쉽게 고쳐 잡을 수 있게 돕는 것부터 끝이 안 보이는 호스와 튜브, 전깃줄 틈으로 매번 사라지는 TV 리모컨을 찾는 것까지 전부 다요. 결국 아내가 내게 가장 원했던 것은 미소, 아내 얼굴에서 머리카락을 쓸어주는 것, 아내가 내게 짐이 아니라는 확신이었습니다. 아내에게 필요한 평안과 위로는 내가 줄 수 있는 것이 아니었습니다. 벽이 되어 하나님의 선물을 막는 것이 아니라, 창문이 되어 그분의 평안과 위로가 나를 통해 비치게 하려고 애썼습니다."

그의 변화에 차질이 없었던 것은 아니다. 예를 들면 더그는 자기 형에게 한 번 화를 낸 적이 있었다.

"형은 내가 그 상황에서 빠져나가려고 하면 계속 밀어붙이는 경향이 있습니다. 마지막으로 그런 일이 있었을 때, 형에게 화를 내서 미안하다고 했습니다. 하지만 내가 형에게 신경 쓰지 말라고 말하는 건 내가 궁지에 몰렸기 때문이라고 설명했죠. 최소한 일시적으로라도 그걸 존중해 달라고 부탁했습니다. 우리는 친한 사이고, 내가 화를 폭발하더라도 가까운 사이로 남을 수 있었습니다."

그가 분노를 죽이자 다른 감정들과 영적인 세심함이 드러났고, 근본적으로 더그는 더 온전한 사람이 되어갔다.

"분노라는 게 웃기더군요. 지금 생각해보니 그게 제 갑옷이었습니다. 분노 때문에 나는 내가 느꼈을지도 모를 다른 감정을 느끼지 못했어요. 아픔, 무기력, 실망 같은 것들이 전부 그 아래 구겨져 있었죠. 그 갑옷이 사라지니 다른 모든 감정이 크고 분명하게 다가옵니다."

더그는 분노로 모든 것을 덮어버리지 않고 각각의 감정을 구별하는 법을 배우고 있다.

"'이건 무슨 기분이지? 이 기분은 어디서 나왔지? 지금 상황에서 느끼는 것일까, 아니면 과거 어떤 일 때문일까?' 나는 내가 느끼는 것을 받아들이고 그것을 분석하려고 애씁니다. 예전엔 화나는 일이 생기면 그런 일이 생길 때마다 해결하지 않고, 그것들을 그러모으느라 전전긍긍했습니다. 이젠 하나씩 분석을 해야겠죠."

독성을 잃어버리고 더그의 삶에 찾아온 가장 큰 이익은 친구들을 얻은 것이다.

"솔직히 말해, 20년 동안 진정한 친구가 하나도 없었어요. 지금은 나와 이야기하고 함께 일할 사람들이 있습니다."

분노 대신 긍휼과 온유를 선택하자 그의 결혼 생활도 완전히 뒤바뀌었다.

"이제야 진짜 결혼 생활을 하고 있습니다. 좀 더 극적으로 하루아침에 변해버린 것들도 있긴 하지만, 대체로 서서히 나아졌습니다. 서로 의사소통을 훨씬 더 잘하게 됐고, 나는 맺고 끊는 걸 잘하게 됐죠. 상처를 받으면 공개적으로 말하는 면에서도 나아졌는데, 절대 보복하기 위해서가 아닙니다. 그래서 문제가 악화되지 않고 해결됩니다. **'아내에 관해서'** 이야기하는 대신 '**아내에게 직접**' 이야기하고요. 우리 결혼 생활에서 달라진 점은 마치 낮과 밤 같았습니다. 이전에는 법적인 의미에서만 결혼 생활을 유지했을 뿐입니다. 가깝지 않았어요. 감정을 공유하지도 않았죠. 룸메이트나 다름없는 생활이었어요. 지금 우린 가장 친한 친구 사이랍니다."

직장은 더그에게는 독이 되는 행동을 여전히 통제하기 힘든 곳이다.

"직장 생활은 여전히 노력 중입니다. 35년 만에 처음으로, 내가 중장비 기사 겸 작업자로 일하는 곳에 취직했습니다. 내가 하는 일 이외엔 아무 책임도 없어요. 더는 통제의 문제가 없으니 분노를 억제하는 데 도움이 됩니다. 내게 통제권은 없지만 밤에 잠을 잘 수 있고 일에 대해 걱정하는 스트레스가 없습니다. 조만간 상급 관리직 제안이 들어올 가능성이 있는데, 수락할지는 모르겠습니다. 내가 반드시 되어야 할 사람이 되어 그 자리를 받아들인다는 것은 굉장한 도전이 될 테니까요. 내가 분명히 아는 건, 지금 당장은 책임을 맡지 않는 편이 더 낫다는 겁니다. 나와 내 가족을 위해서요. 재정적으로는 타격을 입겠지만 내 행복을 위해서 지금은 그것이 옳은 일입니다."

더그의 결혼 생활이 달라지고, 형과의 관계도 달라졌다. 근무 환경도 달라졌다. 이제는 자기 자신과의 관계도 달라졌다.

"나는 엄청난 수치심을 품고 있었는데, 이제는 내가 어떤 사람인지 부끄럽지 않습니다. 더는 그렇게 화를 내고, 독이 되는 사람이 되지 않기로 했죠. 예수님을 통해 내게 선택권이 있음을 깨달았습니다. 나는 내가 원하는 대로 다른 사람들에게 반응할 수 있습니다. 내 안에 계신 예수님이 그런 자유를 주십니다.

물론 보기 좋게 실패한 적도 많았습니다. 하지만 자주 그랬던 것도 아니고, 그 즉시 실수를 돌아보고 바로잡으려 했죠."

당신의 독성은 더그만큼 분명해 보이지 않을 수도 있다. 어쩌면 더 산발적일 수도 있고, 증오보다는 통제 문제일 수도 있다. 하지만 더그에게 해당하는 것은 우리 모두에게도 해당한다. 독성은 우리의 모든 것과 우리가 맺는 모든 관계를 파괴한다. 더그의 삶은 우리가 독성에 굴복할 필요가 없다는 증거다. 예수님 덕분에 우리에게는 선택권이 있다. 분함, 노여움, 악의, 비방, 부끄러운 말을 벗어버릴 수 있다. 우리가 택하심과 사랑을 받은 자임을 알기에 긍휼, 자비, 겸손, 온유, 오래 참음을 입을 수 있다.

독이 되는 세상을 완전히 변화시킬 첫 번째 단계는 우리 자신의 독성을 제거하는 것이다.

요점 정리

- 다른 사람들을 통제하는 것은 독이 되지만, 우리 자신을 통제하는 것은 건강한 일이다. 이 세상에 독이 확산하는 것을 막기 위한 첫 번째 단계는 그것이 우리에게서 뿜어져 나오지 않게 하는 것이다.

- 사도 바울은 새로운 그리스도인들에게 "예수님에 대한 믿음이란 분함, 노여움, 악의, 비방, 부끄러운 말을 없애고 긍휼, 자비, 겸손, 온유, 오래 참음을 입는 것을 뜻한다"고 말한다.

- 분노에서 자비에 이르는 변화는 의지력만으로 되지 않고, 당신 삶에 예수님의 임재를 받아들이고 그분의 사랑과 은혜가 당신의 마음과 생각에 스며들도록 할 때 일어난다. 우리가 택하심과 사랑을 받은 자라는 사실을 알 때 우리는 다르게 행동한다.

- 그리스도인들은 예수님을 닮기보다 올바르게 되는 것을 더 중요시할 때 독이 되는 방식으로 행동할 가능성이 크다. 성경은 불신자들에게 상처를 주기 위해 사용하는 무기가 아니다. 방법이 중요하다.

- 타인들의 독이 되는 행동을 탓하지 말고, 그들을 그런 상태에 이르게 했을지도 모를 '영적 뇌수막염'에 연민을 품는 법을 배우라. 그들의 사정을 알아보라.

- 독이 되는 행동을 관두자 더그는 아내와 자녀, 직장 동료, 심지어 자신과 관계를 맺는 방법까지 완전히 변화되는 것을 경험했다.

21장
자신에게 독이 되지 말라

소피아는 비통함과 상실감으로 가득 찬 가을을 보냈다. 가장 친한 친구가 멀리 이사를 가버렸고 교회는 결딴이 났다. 직장의 위기는 주말을 포함해 하루 24시간 그녀의 관심을 요구했다. 어린 두 딸을 키우다 보니 이런 상황에 엄청난 죄책감을 느꼈다.

1월 1일 사람들이 새해 계획을 세우는 날, 소피아는 욕실에 있는 체중계의 먼지를 털어내고 망가지지는 않았는지 살펴보기로 했다.

"나는 음식에서 위안을 찾는 사람이에요." 소피아가 말한다.

"스트레스를 받으면 음식으로 안정을 찾죠. 건강하지 않다는 건 알아요. 하지만 어쩔 땐 모두들 그날 하루를 버티려 애쓰잖아요."

소피아는 애써 체중계를 외면했는데, 그 숫자가 좋지 않을 것을 알았기 때문이다. 그래서 체중계 숫자판에 이제껏 한 번도 보지 못한 세 자리 숫자가 떴을 때도 별로 놀라지 않았다. 모욕적인 일이었다. 소피아는 조리 있게 말을 잘한다.

"우리 집 체중계는 내가 가을을 얼마나 힘들게 보냈는지 동정도, 이해도, 공감도 할 줄 몰라요. 개인적으로는 체중계가 날 좀 봐주었어야 한다고 생각해요. 내가 정말 힘든 계절을 견뎌냈고 이미 엄청난 죄책감을 느끼고 있다는 걸 안다면 몇 킬로그램 정도는 빼줄 수 있었을 거예요. 하지만 무자비한 체중계는 이렇게 말했죠. '이제부터는 운동을 아주 많이 하고, 식사량도 훨씬 줄여야 할 거야. 아, 그리고 적어도 추수감사절까지는 파이나 아이스크림은 꿈도 꾸지 마'라고요."

우리 뇌가 소피아의 체중계처럼 될 수 있다. 냉정하고, 계산적이며, 무정하고, 융통성이 없다. 우리는 다른 사람에게는 절대 하지 않을 법한 방법으로 우리 신경계에 독이 되는 생각들을 쏟아붓는, 자신에게 가장 끔찍한 적이 될 수 있다. 나는 소피아의 체중계에 찍힌 숫자보다 그녀의 입에서 나오는 말들이 더 염려스러웠다.

"난 너무 약해요."

"나 자신이 수치스러워요."

"며칠 전엔 남편을 마구 몰아세웠어요. 하지만 정말이지, 그날은 일진이 사나웠거든요. 그리고 나선 어쩌다 실수한 딸아이에게 고래고래 소리를 질렀어요. 잠자리에 들면서 이렇게 생각했죠. '소피아, 네가 그러고도 감히 그리스도인이라고 할 수 있니?'"

당신도 소피아처럼 자신에게 독이 되는 말을 사용하고 있다는 것을 깨달은 적이 있는가? 당신에게는 몸무게가 문제가 아닐지도 모른다. 하지만 어쩌면 나와 같이 당신도 이렇게 혼잣말하는 것을 들었을지 모른다. '난 정말 멍청이야', '어쩌면 이렇게 바보 같지?', '나는 언제나 철이

들까?'

다음은 내가 소피아에게 제안했고, 나 자신에게 적용하기 위해 여전히 노력 중인 조언이다.

"당신이 다른 사람에게 하지 않을 말이라면, 자신에게도 하지 말라."

친구나 자녀에게는 '절대로' 하지 않을 말을 자신에게는 하는 사람들이 있지 않은가? 이제 이 책을 마무리하면서 우리가 **'자신에게'** 독이 되지 않고 자비롭게 이야기하는 것에 대해 조금 이야기해보고자 한다.

프란치스코 드 살은 하나님을 사랑하는 모든 이에게 이렇게 조언한다.

격노와 울화보다는 부드럽고 다정한 아버지의 책망이 자녀를 교화할 수 있는 힘이 더 크다. 그러므로 우리가 잘못을 저질렀을 때 격노하기보다 연민을 더 많이 품고, 그것을 고치도록 다정하게 격려하고, 부드럽고 차분한 교정으로 우리 마음을 꾸짖는다면 그것이 잉태하게 될 회개는 더욱 깊이 가라앉을 것이다. 조바심이 담긴 해롭고 폭풍 같은 회개보다 그것이 더 효과적으로 잘못을 꿰뚫을 것이다.[1]

하나님은 당신을 사랑하신다. 당신은 택하심과 사랑을 받았다! 하나님은 독이 되는 사람들이 당신을 공격하는 것을 싫어하신다. 그리고 당신이 자신에게 독이 되는 방법으로 말하는 것을 그분은 틀림없이 싫어하실 것이다.

하지만 우리가 정말로 엉망진창이 되어버렸다면 어떻게 될까? 우리가 자업자득이라고 깨달았을 때, 자신에게 독이 되는 것을 어떻게 피할 수 있을까?

나의 경우엔 너무나 명백했어야 했던 것, 즉 내가 아닌 예수님이 내 삶의 영웅이시라는 사실을 깨달았을 때 독이 되는 자기 대화가 사라졌다. 나 자신이 오직 예수님만이 가능한 존재, 곧 완벽하게 다정하고 무한히 지혜로우며 지극히 강한 자가 되기를 기대할 때 그것에 한참 못 미치는 자신을 '매일같이' 싫어하게 될 것이다. 예수님이 내 영웅이시며 앞으로도 영원히 내 영웅이신 것과 그분의 생명과 은혜가 내 유일한 희망임을 받아들일 때, 안쓰러운 나의 연약함보다 그분의 뛰어남을 더 많이 생각할 때, 독이 되는 대화가 사라지기 시작한다.

추함을 삼키는 아름다움

앞에서 살짝 암시한 것처럼 나는 이 분야에서 경험보다 말이 앞선다. 나는 고군분투와 유혹이 나를 더욱 쓸모 있게 만든다는 것을 알지만 그것들이 가져다주는 모욕감이 싫고 그것들로 인해 주기적으로 자책하게 된다. 그렇지만 그것이 없다면 나는 아마도 예수 그리스도의 용납과 은혜 안에서 사람들이 피난처를 찾게 하는 대신 그들에게 죄책감을 안겨 주는, 참을 수 없을 정도로 독선적인 괴물이 됐을 것이다.

내가 그토록 '택하심'과 '사랑받는'(골 3:12) 것에 열정을 쏟는 이유가 있다. 내가 부르심을 받고, 사랑을 얻고, 지키심을 받았다(유 1장)는 사실을 끊임없이 상기시키는 이유가 있다. 이런 맥락에서 나는 내 죄를 부정할 필요가 없다. 나는 내가 정말로 침착하게 굴고 저것을 그만두거나 이것을 시작할 때에만 하나님이 나를 사용하실 수 있는 척하지 않는다. 그것은 독이 되는 것이다. 그 대신, 나는 예수님께 감사한다.

다른 사람들이 당신을 실망시키고 당신을 공격할 때, 혹은 당신이 자신을 공격하기 시작할 때는 **예수님의 인격과 행동을 모두 포함하는 그분의 아름다움**으로 도망쳐야 한다. **예수님의 영광에 초점을 맞추자 내 삶이 바뀌었다.**

나는 내 마음에 상처를 준 독이 되는 사람들에게 집착하곤 했는데, 독이 되는 사람들에게 조바심을 내면 그들을 증오하게 됐다. 내가 얼마나 연약하고 수동적일지 조바심을 내자 나 자신을 증오하게 됐다. 그러나 내 생각을 바꾸자 독이 되는 사람들이나 간헐적으로 독이 되는 나 자신에 관한 생각을 더는 하지 않게 됐고 예수님을 생각하게 됐다. 그것은 마치 기적의 약 같았다. 마음으로 예수님을 찬양하는 것은 그만큼 강력한 것이다!

지금 나는 개인적으로 사용하기 위해 성경 전체에서 하나님을 향한 찬사를 모으고 있는데, 골로새서에서(예시로 성경의 한 책을 사용해서) 모아둔 몇 구절을 다음에 소개한다. 당신에게 상처를 주는 사람에 대해 걱정하는 것을 멈추고, 당신이 얼마나 연약한지 **또다시** 생각하는 것을 멈추고, **다음**을 생각하기 시작한다면 어떤 일이 일어날지 상상해보라.

- 예수님의 은혜(골 1:6).
- 예수님이 모든 지혜와 총명의 근원이시다(골 1:9).
- 예수님의 영광의 힘(골 1:11).
- 하나님이 우리를 흑암의 권세에서 건져내어 빛의 왕국으로 옮기셨다(골 1:13).
- 예수님 안에서 만물이 창조됐다(골 1:16).

- 예수님이 만물보다 앞서 계시고 만물이 그 안에 함께 섰다(골 1:17).
- 예수님이 천하 만물의 으뜸이 되신다(골 1:18).
- 예수님을 통하여 하나님이 우리와 화목하사 우리를 거룩하고 흠 없고 책망할 것이 없게 하셨다(골 1:22).
- 나는 그리스도 안에 지혜와 지식의 모든 보화가 감추어져 있음을 기뻐한다(골 2:3).
- 그리스도 안에서 하나님이 우리를 살리셨다(골 2:13).
- 절망하지 않기 위해서 나는 하나님이 우리의 모든 죄를 사하시고(골 2:13), 통치자들과 권세들을 무력화하시고(골 2:15), 우리에 대한 택함과 사랑을 증언하신다는 사실을 붙든다.
- 예수님은 우리의 평강이시다(골 3:15).
- 하나님은 우리의 아버지시다(골 3:17).

성경의 짧은 책 한 권에서 짤막하게 발췌한 내용이 이 정도다. 우리가 탐구해야 할 페이지가 수백 장이다. 독이 되는 자기 대화의 최고 해독제는 자신을 질책하는 독이 되는 말을 피하고 성경에 나오는 치유의 말씀으로 영혼을 양육하는 것이다.

당신이 실패한 부분에 연연하지 말고, 예수님의 탁월하신 부분에 연연하라. 그분의 강함은 우리의 약함보다 위대해서, 사실 너무도 위대해서, 그 장엄함의 아주 작은 부분을 이야기하는 것만으로도 우리가 생각하고 느끼고 살아가는 방식이 달라진다. 독이 되는 세상에서 그리스도를 묵상하는 것은 순수한 산소를 들이마시는 것과 같다.

마음속 체중계에서 내려와 **자신**에 대해 생각하는 것을 멈추고 **그리스**

도의 순수함과 충만함을 생각하라. 내게는 이것이 자신에게 독이 되는 것을 멈추게 해주는 실패 확률 제로의 방법이 됐다.

이 땅의 부모가 당신을 사랑하고 애지중지해서, 또는 누군가 당신에게 청혼하거나 당신과의 결혼에 동의해서, 또는 어떤 친구가 당신을 최고의 친구라고 생각해서, 또는 자녀들이 당신을 세상에서 제일가는 부모라고 생각해서가 아니라, 온 우주에서 가장 지혜롭고 가장 통찰력이 뛰어나신 하나님이 당신을 선택하사 입양하셨기 때문에 당신은 소중한 존재다. 이것을 이해할 때 당신은 세상의 독성에 맞설 최상의 준비를 갖출 것이다.

우리는 모두 골로새서 3장 12절의 진리("너희는 하나님이 택하사 거룩하고 사랑받는 자처럼…")를 따라 살 필요가 있다. 우리를 용납하고 사랑하는 근원이 그 누구도 아닌 우주 만물의 하나님인 것을 생각하면, 사소한 의견들은 문제가 되지 않을 것이다. 가장 뛰어난 존재이신 하나님이 나를 택하실 뿐만 아니라 사랑하시기까지 한다면, 이 세상이 나를 외면한다 해도 무슨 상관인가?

"택하심과 사랑을 받았다"를 당신의 주제가로 삼으라. 매일 아침 자신에게 이 노래를 불러주고, 낮 동안엔 콧노래로 흥얼거리라. "택하심과 사랑을 받았다." 저녁에는 그로 인해 하나님께 감사하라. "나는 택하심과 사랑을 받았습니다!"

하나님의 용납하심을 누리고 즐거워하라. 모든 사람을 당신처럼 만들 수는 없다. 독이 되는 세상에서 모든 사람이 당신 같지 않을 것은 당연하다. 그러니 당신을 사랑하여 다음과 같이 말씀하시는 유일한 존재에게 당신의 정체성을 두라. "내가 너를 택했고, 계속해서 택할 것이다."

독이 되는 사람들의 거절에 대한 최선의 방어는 거룩하신 아버지의 용납하심이다. 세상의 적대감에서 당신을 막아줄 최고의 방패는 창조주의 열정적인 추구다.

스스로 방어할 필요가 없다. 적들과 싸울 필요도 없다. 그저 두 손을 들고 사랑을 받기만 하면 된다. 당신의 사명을 받아들이고, 하나님이 당신에게 명령하신 일 혹은 하나님이 의도하신 당신의 본래 모습을 방해하는 사람들에게서 떠나라, 예수님과 함께!

하나님의 은혜, 하나님의 아름다움, 하나님의 용납, 하나님의 인정은 타락한 이 세상에서 찾을 수 있는 가장 강력한 해독제다. 우리 모두 우리를 인정하는 그분의 말씀 가운데 살아가자.

영적인 건강

5월까지 소피아는 5킬로그램을 뺐지만, 힘든 여름을 보내면서 다시 2킬로그램이 쪘다. 소피아는 자신에게 실망하거나 자신을 부끄러워하면 더 나은 엄마와 아내가 될 수 없다는 것을 깨달았다. 그것은 실제로 체중 감량에 도움이 되지 않았고, 당연히 하나님을 기쁘게 해드리지도 않았다. 소피아는 프란치스코 드 살의 말을 가슴에 새기고 **자신에게 다정하게 말하는 것**에 집중했는데, 그 단순한 개념이 그녀의 영혼에 생명을 불어넣었다. 그녀는 의도적으로 자신을 격려하기 시작했다.

"오늘 하루도 수고했어, 소피아. 마르티나가 실수로 그릇을 떨어뜨렸을 때 가장 먼저 든 생각은 마르티나를 다그칠 것이 아니라 달래주어야 한다는 것이었지. 그리고 나서 마르티나가 널 바라보는 눈빛을 봤니?

멋진 순간이었지. 마르티나는 앞으로 몇 년 동안 그 순간을 잊지 못할 거야."

나는 소피아에게 '자신에게 독이 되는 것을 멈추기 위한 10단계'를 알려주지 않았다. 목회자의 관점에서 문제를 제시했을 뿐이다.

"하나님은 당신이 자신에게 어떻게 말하기를 바라실까요?"

소피아에게는 그것으로 충분했다. 그녀는 분함, 노여움, 악의, 비방, 부끄러운 말에 기반을 둔 자기 대화를 그만두고 궁휼, 자비, 온유, 오래 참음으로 자신에게 말하기 시작했다.

"하나님이 우리가 다른 사람들을 그렇게 대하기 원하신다면, 우리가 우리 자신에게도 그렇게 대하기를 바라시지 않을까요?"

소피아의 결론이다.

그래서 어떻게 됐을까? 자신을 더 자비롭게 대하는 법을 배운 소피아는 다른 사람들에게도 더 자비롭게 대하기 시작했다. 독이 되는 행동은 그것이 자기 자신을 향할 때라 하더라도 확산되는 경향이 있다. 영적인 건강도 마찬가지다. 소피아는 영적 건강을 선택했고 그것은 엄청난 차이를 만들었다.

자기 자신을 포함하여 그 누구에게도 독이 되지 말라. 예수님을 당신의 영웅으로 삼고 그분 안에서 당신의 피난처를 찾으며 이 세상을 좀 더 건강한 곳으로 만들어나가자.

 **요점 정리**

- 우리가 타인으로부터 독이 되는 방법으로 취급당하는 것을 하나님이 증오하신다면, 그분은 우리가 자기 자신을 독이 되는 방법으로 대하는 것도 당연히 증오하신다.

- 우리는 다른 누군가에게 하지 않을 말을 우리 자신에게 해서는 안 된다.

- 독이 되는 자기 대화는 우리가 예수님을 우리의 영웅으로 삼고 자신에게 너무 큰 기대를 하지 않을 때 사라지기 시작한다.

- 영적인 건강은 우리가 다른 사람들의 독성이나 자신의 연약함에 대해 생각하기보다 그리스도의 탁월함을 묵상할 때 가능해진다.

- 소피아는 자신에게 좀 더 다정하게 대하고 분함, 노여움, 악의, 비방, 부끄러운 말로 이야기하는 것을 멈추고 긍휼, 자비, 온유, 오래 참음으로 말하기 시작하는 법을 배움으로써 독이 되는 자기 대화를 멈출 수 있었다.

When to walk away
: Finding freedom from toxic people

나가는 글

 책의 집필이 막바지에 다다랐을 무렵, 나는 생생한 꿈을 꾸다 잠에서 깼다. 사람들이 그런 꿈을 미심쩍어하는 것은 당연한 일인지라 평소에 그런 꿈 이야기는 잘 하지 않는다. 그런 까닭에 이 이야기를 에필로그를 위해 아껴두었다. 독자라면 이 책에 인용된 수많은 성경 구절을 보면서 내가 성경 말씀을 주로 의지하고 진리의 근거로 삼는다는 것을 알 것이다. 하지만 나는 때때로 하나님이 이른 아침 시간, 즉 내 마음에 방호물이나 편견이 많지 않은 이른 아침 시간대에 내게 말씀하시는 것에 귀를 기울이곤 한다. 계속되는 긴 깨달음의 끝에 꾸는 꿈은 내게 좀체 일어나지 않지만, 그런 일이 일어날 땐 그 꿈이 내 영혼을 씻어 새로운 깨달음이라는 넓은 길을 열어준다. 그리고 나는 그것을 언제나 성경으로 확인한다.
 꿈속에서 나는 잔인하게 괴롭힘을 당하고 있었다. 내가 몇 살이고 어디에 있는지는 모르겠지만 괴롭힘을 당하고 있다는 것은 '느낄 수' 있었다. 잠에서 깼을 때 하나님은 내가 삶을 되돌아보도록 인도하셨는데, 거기서 나는 괴롭힘을 당하는 상황을 연달아 보았다. 그날 아침 이전까지만 해도, 괴롭힘을 당해본 적이 있느냐는 질문에 나는 그 즉시 "아니오"라고 대답했을 것이다. 그러나 하나님은 내 삶 전체를 통해 수많은 독이 되는 사람들과 함께한 수많은 상황을 되짚어보도록 도와주셨다. 괴롭힘을 당하지 않은 복 받은 시절도 있긴 했지만, 내가 잊고 지낸, 독이 되는 상황이 많았다는 사실에(그리고 그들이 내가 나를 의심하고 제한하도록 상처를 주고 영향을 미쳤다는 사실에) 깜짝 놀랐다.

  바로 그날 느지막이, 잇단 괴롭힘에 직면했다. 하나님의 은혜로 나는 영적·지적·정서적으로 준비되어 있었다. 그 괴롭힘은 과거에 그랬을 수도 있었거나 그렇게 했을 것처럼 나에게 영향을 미치지 않았다. 하나님이 나를 훌륭하게 준비시키셨구나 하는 생각에 나는 거의 웃고 있었다.

사도 바울의 기독교관은 예수님과 성령님을 통해 이 세상을 정리하시는 하나님 아버지와 관련이 있다. 하나님은 새 하늘과 새 땅이 영원히 하나가 될 때 그 과업을 완수하시겠지만, 그 사이에 하나님은 신학자들이 '이미 그러나 아직'이라 부르는 땅에서 그분을 따르는 자들에게 그분이 언젠가 완전히 끝마치실 일을 불완전하게나마 할 수 있게 영감을 불어넣으셔서 세상을 정리하실 것이다.

다른 사람들을 괴롭히는 자들은 주목해야 한다. 교회는 괴롭히는 자들의 통제, 살인, 독이 되는 방식에 대해 경고를 받고, 무장하고, 구제됐다. 하나님은 그들을 주목하고 계신다. 하나님이 "참을 만큼 참았다"라고 말씀하셨으니 그들은 오래가지 못할 것이다. 하나님은 사람들을 괴롭히는, 독이 되는 사람들을 미래에 다루시겠지만 **현재** 그들의 영향력이 줄어들기를 또한 바라고 계실 것이다.

당신을 통해서 말이다.

그때까지는 당신의 **공격력**을 키우라. 하나님 말씀을 연구하고, 기도하고, 순종과 지시에 따라 하나님께 굴복하고, 성령 충만과 그 인도하심의 의미를 배우고, 먼저 하나님 나라를 구하고, 다른 사람들을 가르칠 자격이 있는 충성된 사람들의 삶에 너그럽고 열정적으로 투자하라.

그리고 필요하다면, **방어하는 것**을 두려워하지 말라. 독이 되는 반대 세력이 어떤 모습이고, 어떤 냄새가 나고, 어떤 말을 하고, 어떤 행동을 하는지 이해하라. 그럴 만한 상황이라면 예수님의 발자취를 따라 독성에서 떠나 건강한 삶과 순수한 마음, 집중적인 섬김, 진실한 사랑으로 나아가야 한다.

그 자리를 떠나 그리스도 안에서 **자유**를 찾자.

감사의 글

우선 자신들이 경험한 하나님의 치유와 보호 이야기를 공유해주며 다른 사람들이 그 복을 받을 수 있게 해준 많은 분들께 감사합니다. 어떤 분들은 자신의 이름과 본인을 식별할 수 있는 세부 사항을 바꾸어달라고 요청하기도 했지만, 한 분 한 분께 진심으로 감사합니다. 그들의 이야기는 성경의 진리를 이해할 수 있는 풍성한 배경을 제공합니다.

많은 분들이 너그럽게도 이 원고의 초고를 읽고 도움이 되는 비평을 해주셨는데 그분들에게도 감사합니다. 리사 토마스, 앤디 퍼킨스, 다린 슬랙, 뎁 필레타, 케빈 하니, 엘라 허친슨, 마이크 우드러프, 에릭 스파스(그는 이 책의 첫 번째이자 가장 열렬한 후원자로, 독이 되는 사람들에 대한 내 강의를 듣고 나서 "다음 책은 꼭 이 내용으로 쓰게"라고 말해주었다), 실라 그레고어, 데이비드와 메건 콕스, 스티브 윌케 박사, 브래드 햄브릭, 메리 케이 스미스(『영성에도 색깔이 있다』가 출간된 이후 내가 쓴 모든 원고를 검토해주었다), 밋치 휘트먼, 밥 켈먼

등이 초고를 검토해주었는데, 대부분 혹은 모든 분의 의견이 내 최종 결론 일부와 다를 수도 있습니다.

제이침례교회(Second Baptist Church)의 제 조수 알리 세풀베다는 내게 충분한 집필 시간을 확보해주었고 이 사역의 진행과 출장 일정 조율 등에 대단한 도움을 주었습니다. 제이침례교회의 동료 목사 토니 리치먼드는 내가 저녁 예배 때 독이 되는 사람들에 대해 설교하는 것을 듣고서 내가 이 주제에 대해 목소리를 내야 한다고 열렬한 지지자가 되어주었습니다. 덕분에 더 많은 이야기를 해야겠다고 생각하게 됐습니다. 에드 영 박사님의 지도로 아내와 함께 상주 작가로 제이침례교회에서 누리고 있는 아낌없는 후원과 교제에 깊이 감사합니다. 가르치는 사역을 감당하면서 도심 교회 생활에 함께한 것은 굉장히 큰 축복이었습니다.

에이전트 커티스 예이츠와 마이크 솔즈베리에게 큰 신세를 졌습니다.

마이크는 내가 주저하고 있을 때 이 책을 차기작으로 적극 지지해주었고, 그의 격려 덕분에 이 아이디어를 계속 살려서 책으로 완성할 수 있었습니다. 내가 제대로 세었다면, 이번이 예이츠 앤 예이츠가 나를 대리하는 열네 번째 책입니다. 변함없이 진실한 파트너입니다.

이번 책은 존더반 출판사의 젊은 편집자 앤디 로저스와 함께 작업한 첫 번째 기회였습니다. 그는 필요한 이야기를 제안하고, 불필요한 내용은 삭제하는 등(그래서 독자들은 내가 좋아하는 기독교 고전에 나오는 수많은 구태의연한 인용문을 보지 않아도 됐다) 지금 당신이 들고 있는 메시지를 탁월하게 다듬어주었습니다.

존더반 출판사의 데이비드 모리스와 힘을 북돋우는 그의 지지는 (『결혼, 영성에 눈뜨다』를 지지해준) 스콧 볼린더와 함께 작업한 '좋은 시절'을 떠올리게 합니다. 데이비드는 무척 따뜻하게 환영해주고 도움이 됐습니다. 덕분에 존더반을 내 출판물의 '고향'으로 삼게 된 것에 감사합니다.

 마케팅부의 톰 딘과 브랜던 헨더슨, 편집부의 더크 뷰어스마에게 감사합니다. 더크의 유능한 편집 솜씨를 거치지 않은 책이 출판되는 것은 굉장히 생경한 경험이 될 것 같아, 내가 은퇴하기 전까지는 더크가 은퇴하지 않기를 기도합니다.

부록

■ 사람들을 떠나신 예수님

다음은 성경에서 예수님이 떠나시거나 다른 사람을 떠나보내신 부분을 찾은 것이다.

"예수께서 무리가 자기를 에워싸는 것을 보시고 건너편으로 가기를 명하시니라"(마 8:18).

"온 시내가 예수를 만나려고 나가서 보고 그 지방에서 떠나시기를 간구하더라 예수께서 배에 오르사 건너가 본 동네에 이르시니"(마 8:34-9:1).

"이르시되 물러가라 이 소녀가 죽은 것이 아니라 잔다 하시니 그들이 비웃더라 **무리를 내보낸 후에** 예수께서 들어가사 소녀의 손을 잡으시매 일어나는지라"(마 9:24-25).

"바리새인들이 나가서 어떻게 하여 예수를 죽일까 의논하거늘 예수께서 아시고 거기를 떠나가시니 많은 사람이 따르는지라"(마 12:14-15).

"예수께서 들으시고 배를 타고 떠나사 따로 빈 들에 가시니"(마 14:13).

"예수께서 즉시 제자들을 재촉하사 자기가 무리를 보내는 동안에 배를 타고 앞서 건너편으로 가게 하시고 무리를 보내신 후에 기도하러 따로 산에 올라가시니라 저물매 거기 혼자 계시더니"(마 14:22-23).

"예수께서 무리를 흩어 보내시고 배에 오르사 마가단 지경으로 가시니라"(마 15:39).

"악하고 음란한 세대가 표적을 구하나 요나의 표적 밖에는 보여 줄 표적이 없느니라 하시고 그들을 떠나 가시니라"(마 16:4).

다음 본문에서(마 19:16-30) 부자 젊은이를 만나신 예수님은 그를 떠나 보내신다. 그를 쫓아가시지 않고, 제자들에게 가서 그들을 가르치신다.

"그 청년이 재물이 많으므로 이 말씀을 듣고 근심하며 가니라"(마 19:22).

"대제사장들과 서기관들이 예수께서 하시는 이상한 일과 또 성전에서 소리 질러 호산나 다윗의 자손이여 하는 어린이들을 보고 노하여 예수께 말하되 그들이 하는 말을 듣느냐 예수께서 이르시되 그렇다 어린 아기와 젖먹이들의 입에서 나오는 찬미를 온전하게 하셨나이다 함을 너희가 읽어 본 일이 없느냐 하시고 그들을 떠나 성 밖으로 베다니에 가서 거기서 유하시니라"(마 21:15-17).

"그들이(바리새인들) 이 말씀을 듣고 놀랍게 여겨 예수를 떠나가니라"(마 22:22).

예수님은 바리새인들의 일곱 가지 화(마 23:13-39)를 비판하신 후에 그들을 떠나신다.

"예수께서 성전에서 나와서 가실 때에 제자들이 성전 건물들을 가리켜 보이려고 나아오니"(마 24:1).

"만나서 이르되 모든 사람이 주를 찾나이다 이르시되 우리가 다른 가까운 마을들로 가자 거기서도 전도하리니 내가 이를 위하여 왔노라 하시고"(막 1:37-38).

"곧 나병이 그 사람에게서 떠나가고 깨끗하여진지라 곧 보내시며 엄히 경고하사"(막 1:43-44).

"그 날 저물 때에 제자들에게 이르시되 우리가 저편으로 건너가자 하시니 그들이 무리를 떠나 예수를 배에 계신 그대로 모시고 가매 다른 배들도 함께 하더니"(막 4:35-36).

"그들이 예수께 그 지방에서 떠나시기를 간구하더라 예수께서 배에 오르실 때에 귀신 들렸던 사람이 함께 있기를 간구하였으나 허락하지 아니하시고 그에게 이르시되 집으로 돌아가"(막 5:17-19).

"베드로와 야고보와 야고보의 형제 요한 외에 아무도 따라옴을 허락하지 아니하시고"(막 5:37).

"그들이 비웃더라 예수께서 그들을 다 내보내신 후에 아이의 부모와 또 자기와 함께 한 자들을 데리시고 아이 있는 곳에 들어가사"(막 5:40).

"예수께서 즉시 제자들을 재촉하사 자기가 무리를 보내는 동안에 배 타고 앞서 건너편 벳새다로 가게 하시고 무리를 작별하신 후에 기도하러 산으로 가시니라"(막 6:45-46).

"예수께서 일어나사 거기를 떠나 두로 지방으로 가서 한 집에 들어가 아무도 모르게 하시려 하나 숨길 수 없더라"(막 7:24).

"바리새인들이 나와서 예수를 힐난하며 그를 시험하여 하늘로부터 오는 표적을 구하거늘 예수께서 마음속으로 깊이 탄식하시며 이르시되 어찌하여 이 세대가 표적을 구하느냐 내가 진실로 너희에게 이르노니 이 세대에 표적을 주지 아니하리라 하시고 그들을 떠나 다시 배에 올라 건너편으로 가시니라"(막 8:11-13).

"예수께서 그를 보시고 사랑하사 이르시되 네게 아직도 한 가지 부족한 것이 있으니 가서 네게 있는 것을 다 팔아 가난한 자들에게 주라 그리하면 하늘에서 보화가 네게 있으리라 그리고 와서 나를 따르라 하시니 그 사람은 재물이 많은 고로 이 말씀으로 인하여 슬픈 기색을 띠고 근심하며 가니라 예수께서 둘러 보시고 제자들에게 이르시되 재물이 있는 자는 하나님의 나라에 들어가기가 심히 어렵도다 하시니 제자들이 그 말씀에 놀라는지라 예수께서 다시 대답하여 이르시되 얘들아 하나님의 나라에 들어가기가 얼마나 어려운지"(막 10:21-24).

"그들이 예루살렘에 들어가니라 예수께서 성전에 들어가사 성전 안에서 매매하는 자들을 내쫓으시며"(막 11:15).

"그들이 예수의 이 비유가 자기들을 가리켜 말씀하심인 줄 알고 잡고자 하되 무리를 두려워하여 예수를 두고 가니라"(막 12:12).

"대제사장들이 여러 가지로 고발하는지라 빌라도가 또 물어 이르되 아무 대답도 없느냐 그들이 얼마나 많은 것으로 너를 고발하는가 보라 하되 예수께서 다시 아무 말씀으로도 대답하지 아니하시니 빌라도가 놀랍게 여기더라"(막 15:3-5).

"마귀가 모든 시험을 다 한 후에 얼마 동안 떠나니라"(눅 4:13).

"회당에 있는 자들이 이것을 듣고 다 크게 화가 나서 일어나 동네 밖으로 쫓아내어 그 동네가 건설된 산 낭떠러지까지 끌고 가서 밀쳐 떨어뜨리고자 하되 예수께서 그들 가운데로 지나서 가시니라"(막 4:28-30).

"날이 밝으매 예수께서 나오사 한적한 곳에 가시니 무리가 찾다가 만나서 자기들에게서 떠나시지 못하게 만류하려 하매 예수께서 이르시되 내가 다른 동네들에서도 하나님의 나라 복음을 전하여야 하리니 나는 이 일을 위해 보내심을 받았노라 하시고 갈릴리 여러 회당에서 전도하시더라"(눅 4:42-44).

"예수의 소문이 더욱 퍼지매 수많은 무리가 말씀도 듣고 자기 병도 고침을 받고자 하여 모여 오되 예수는 물러가사 한적한 곳에서 기도하시니라"(눅 5:15-16).

"거라사인의 땅 근방 모든 백성이 크게 두려워하여 예수께 떠나가시기를 구하더라 예수께서 배에 올라 돌아가실새"(눅 8:37).

"귀신 나간 사람이 함께 있기를 구하였으나 예수께서 그를 보내시며 이르시되 집으로 돌아가 하나님이 네게 어떻게 큰 일을 행하셨는지를 말하라 하시니 그가 가서 예수께서 자기에게 어떻게 큰 일을 행하셨는지를 온 성내에 전파하니라"(눅 8:38-39).

"예수께서 승천하실 기약이 차가매 예루살렘을 향하여 올라가기로 굳게 결심하시고 사자들을 앞서 보내시매 그들이 가서 예수를 위하여 준비하려고 사마리아인의 한 마을에 들어갔더니 예수께서 예루살렘을 향하여 가시기 때문에 그들이 받아들이지 아니 하는지라 … 함께 다른 마을로 가시니라"(눅 9:51-53, 56).

다음 본문에서(요 5:1-15) 예수님은 바리새인들이 병이 나은 사람에게 침상을 들고 가라고 말씀하신 것에 대해 질문하기 전에, 자리를 피하신다.

"고침을 받은 사람은 그가 누구인지 알지 못하니 이는 거기 사람이 많으므로 예수께서 이미 피하셨음이라"(요 5:13).

"그러므로 예수께서 그들이 와서 자기를 억지로 붙들어 임금으로 삼으려는 줄 아시고 다시 혼자 산으로 떠나 가시니라"(요 6:15).

"그 때부터 그의 제자 중에서 많은 사람이 떠나가고 다시 그와 함께 다니지 아니하더라 예수께서 열두 제자에게 이르시되 너희도 가려느냐"(요 6:66-67).

"그 후에 예수께서 갈릴리에서 다니시고 유대에서 다니려 아니하심은 유대인들이 죽이려 함이러라"(요 7:1).

"그들이 돌을 들어 치려 하거늘 예수께서 숨어 성전에서 나가시니라"(요 8:59).

"그들이 다시 예수를 잡고자 하였으나 그 손에서 벗어나 나가시니라 다시 요단 강 저편 요한이 처음으로 세례 베풀던 곳에 가사 거기 거하시니"(요 10:39-40).

"이 날부터는 그들이 예수를 죽이려고 모의하니라 그러므로 예수께서 다시 유대인 가운데 드러나게 다니지 아니하시고 거기를 떠나 빈 들 가까운 곳인 에브라임이라는 동네에 가서 제자들과 함께 거기 머무르시니라"(요 11:53-54).

"예수께서 이 말씀을 하시고 그들을 떠나가서 숨으시니라"(요 12:36).

"조각을 받은 후 곧 사탄이 그 속에 들어간지라 이에 예수께서 유다에게 이르시되 네가 하는 일을 속히 하라 하시니 이 말씀을 무슨 뜻으로 하셨는지 그 앉은 자 중에 아는 자가 없고 어떤 이들은 유다가 돈궤를 맡았으므로 명절에 우리가 쓸 물건을 사라 하시는지 혹은 가난한 자들에게 무엇을 주라 하시는 줄로 생각하더라 유다가 그 조각을 받고 곧 나가니 밤이러라 그가 나간 후에 예수께서 이르시되 지금 인자가 영광을 받았고 하나님도 인자로 말미암아 영광을 받으셨도다"(요 13:27-31).

주

1장 _ 가장 교묘한 공격

1. John Climacus, *The Ladder of Divine Ascent*, trans. Colm Luibheid and Norman Russell(New York: Paulist, 1982), 149. 『거룩한 등정의 사다리』(은성).

2장 _ 예수님은 어떻게 하셨는가

1. "다른 쪽 뺨도 돌려대라"고 말씀하신 그 예수님이 제자들에게 검을 사라고도 말씀하셨다(눅 22:36). "나는 마음이 온유하다"라고 말씀하신(마 11:29) 그 예수님이 돈 바꾸는 사람들을 채찍질하여 억지로 성전에서 내쫓으셨다(요 2:15). 마태복음 5장 22절에서 예수님은 누군가를 미련한 놈이라고 하면 지옥 불에 들어가게 된다고 말씀하신다. 마태복음 23장 17절에서는 바리새인들과 서기관들에게 '어리석은 맹인들'이라고 하신다. 우리는 "음욕을 품느니 네 눈을 빼어버리라"는 예수님 말씀을 실제로 따라야 할 명령이 아니라 죄의 심각성에 대한 은유로 이해하는 것처럼, 그 말씀들을 문맥 가운데서 적절한 가중치를 두고 읽어야 한다. 평소 예수님이 행동하시고 가르치시는 **양식**과 특이한 한마디를 구분하려면, 그 특이한 한마디를 더 정확한 이해력으로 살펴보아야 한다.

3장 _ 살의

1. M. Scott Peck, *People of the Lie: The Hope for Healing Human Evil*(1983; repr., New York, Touchstone, 1998), 73. 『거짓의 사람들』(비전과리더십).
2. Peck, *People of the Lie*, 255.

4장 _ 통제

1. C. S. Lewis, *The Screwtape Letters*(1942, repr., New York, Bantam, 1955), 53. 『스크루테이프의 편지』(홍성사).

2. Jean Calvin, *The Bondage and Liberation of the Will: A Defence of the Orthodox Doctrine of Human Choice against Pighius*(Grand Rapids: Baker, 1996), 69. 『칼뱅 작품 선집 4: 의지의 속박과 자유』(총신대학출판부).
3. Calvin, *The Bondage and Liberation of the Will*, 69-70.
4. Jack Deere, *Even in Our Darkness: A Story of Beauty in a Broken Life*(Grand Rapids: Zondervan, 2018), 244.

5장 _증오

1. Dan Allender and Tremper Longman III, *Bold Love*(Colorado Springs: NavPress, 1992), 237. 『담대한 사랑』(이레서원).
2. 나는 훈련받은 전문 치료사가 아니다. 나를 가장 잘 설명하는 말은 목회 상담가 (사람들이 성경을 이해하고 삶에 적용하도록 돕는 사람) 정도일 것이다. 심리학적 관점에서 독이 되는 사람들을 '어떻게' 치료할지에 대해서 좀 더 자세하고 단계적인 내용을 알고 싶다면 헨리 클라우드와 존 타운센드의 『No라고 말 줄 아는』 시리즈, 댄 알렌더와 트렘퍼 롱맨 3세의 『담대한 사랑』, 레슬리 버닉의 저서를 참고하라(www.leslievernick.com).
3. Henry Cloud and John Townsend, *Boundaries: When to Say Yes, How to Say No to Take Control of Your Life*(1992, repr., Grand Rapids: Zondervan, 2017), 98. 『NO라고 말할 줄 아는 그리스도인』(좋은씨앗).
4. Francis de Sales, *Introduction to the Devout Life*(London: Aeterna, 2015), 127. 『신심생활 입문』(가톨릭출판사).
5. de Sales, *Introduction to the Devout Life*, 129.
6. de Sales, *Introduction to the Devout Life*, 129.
7. 이 책 초고를 읽고 난 후의 반응을 브래드와 개인적으로 주고받은 편지.

6장 _낭비할 시간이 없다

1. Andrew Murray, *Like Jesus: Thoughts on the Blessed Life of Conformity to the Son of God*(London, Nisvet, 1884), 81-82. 『예수님처럼』(크리스천다이제스트).
2. Francis B. Carpenter, *The Inner Life of Abraham Lincoln: Six Months at the White House*(Lincoln, University of Nebraska Press, 1995), 258-259에 인용됨.
3. Aldous Huxley, *The Devils of Loudun*(New York: HarperCollins, 1952), 192, 260.

7장 _ 우선순위를 생각하라

1. John Climacus, *The Ladder of Divine Ascent*, trans. Colm Luibheid and Norman Russell(New York: Paulist, 1982), 246.
2. 로자리아 버터필드의 웹사이트에서 얻은 정보(www.rosariabutterfield.com/biography).
3. Rosaria Champagne Butterfield, *The Secret Thoughts of an Unlikely Convert: An English Professor's Journey into Christian Faith*(Pittsburgh, PA: Crown & Covenant, 2012), 8. 『뜻밖의 회심』(아바서원).
4. Butterfield, *Secret Thoughts of an Unlikely Convert*, 9.
5. Butterfield, *Secret Thoughts of an Unlikely Convert*, 10.
6. Butterfield, *Secret Thoughts of an Unlikely Convert*, 11.
7. Rosaria Butterfield, *The Gospel Comes with a House Key: Practicing Radically Ordinary Hospitality in Our Post-Christian World*(Wheaton, IL: Crossway, 2018).
8. "A GenRef Podcast: Interview with Rosaria Butterfield and Ken Smith," March 12, 2013, htts://gentlereformation.com/2013/03/12/a-genref-podcast-interview-with-rosaria-butterfield-ken-smith.

8장 _ 돼지에게 진주를 던지지 말라

1. Dr. Henry Cloud and Dr. John Townsend, *Boundaries: When to Say Yes, How to Say No to Take Control of Your Life*(1992, repr., Grand Rapids: Zondervan, 2017), 86.
2. Cloud and Townsend, *Boundaries*, 88.
3. Dan Allender and Tremper Longman III, *Bold Love*(Colorado Springs: NavPress, 1992). 243.

9장 _ '독'이라는 꼬리표 달기

1. Leslie Vernick, *The Emotionally Destructive Marriage: How to Find Your Voice and Reclaim Hope*(Colorado Springs: WaterBrook, 2013).
2. Louis of Granada, *The Sinner's Guide*(London: Aeterna, 2015), 221.
3. Granada, *Sinner's Guide*, 222.
4. Granada, *Sinner's Guide*, 222.
5. Francis de Sales, *Introduction to the Devout Life*(London: Aeterna, 2015), 133-134.
6. 2018년 4월 18일에 윌케 박사와 개인적으로 나눈 대화.

10장 _느헤미야에게서 배우는 교훈

1. John Climacus, *The Ladder of Divine Ascent*, trans. Colm Luibheid and Norman Russell(New York: Paulist, 1982), 146.

11장 _가룟 유다를 다루신 예수님

1. 니콜이 어떤 산업에 종사하는지 궁금한 독자들이 있을 것이다. 하지만 니콜은 익명성을 이유로 더 이상의 세부 사항은 다루지 말아달라고 요청했다. 나는 니콜의 증언에 감사하며, 나를 믿어준 그녀의 신뢰를 존중하기로 했다.

12장 _세상이 너희를 미워하거든

1. George Whitefield, "Persecution: Every Christian's Lot," www.blueletterbible.org/comm/whitefield_george/sermons/witf_055.cfm.
2. Francis de Sales, *Introduction to the Devout Life*(London: Aeterna, 2015), 160.
3. Thomas Carroll, ed., *Jeremy Taylor: Selected Works*(New York: Paulist, 1990), 364.
4. 2018년 5월 8일에 실라 레이 그레고어가 보낸 사적인 이메일에서 허락을 받고 사용함.
5. 이 다섯 가지 방법은 케빈 하니가 2018년 5월 6일에 보낸 사적인 이메일에서 허락을 받고 사용함.
6. John Climacus, *The Ladder of Divine Ascent*, trans. Colm Luibheid and Norman Russell(New York: Paulist, 1982), 149.
7. Climacus, *Ladder of Divine Ascent*, 149.
8. Climacus, *Ladder of Divine Ascent*, 149.
9. Climacus, *Ladder of Divine Ascent*, 117-118. 생략한 부분 다음의 마지막 문장은 실제로는 앞부분인 115쪽에서 가져온 것이다.
10. Climacus, *Ladder of Divine Ascent*, 149.

13장 _악의 현실을 인식하고 대면하라

1. Dallas Willard, *Renovation of the Heart: Putting on the Character of Christ*(Colorado Springs: NavPress, 2002), 46. 『마음의 혁신』(복있는사람).
2. N. T. Wright, *Romans*, in *The New Interpreter's Bible*, vol. X(Nashville: Abingdon, 2002), 767.

3. Jonathan Leeman, *How the Nations Rage: Rethinking Faith and Politics in a Divided Age*(Nashville, Nelson, 2018), 100.
4. Philip Norman, *Paul McCartney: The Life*(New York: Little, Brown and Company, 2016), 223에 인용됨. 『폴 매카트니』(구민사).
5. Philip Norman, *Paul McCartney*, 222-223.

14장 _역기능적 반응을 강화하지 말라

1. Jack Deere, *Even in Our Darkness: A Story of Beauty in a Broken Life*(Grand Rapids: Zondervan, 2018), 210.
2. Robert J. Morgan, *The Red Sea Rules: 10 God-Given Strategies for Difficult Times*(Nashville: W. Publishing, 2014), 83. 『홍해의 법칙』(규장).

16장 _독이 되는 부모

1. G. K. Chesterton, *Robert Browning*(London, 1903), 80, 73.
2. Chesterton, *Robert Browning*, 74.
3. Alvaro de Silva, ed., *Brave New Family: G. K. Chersterton on Men and Women, Children, Sex, Divorce, Marriage and the Family*(San Francisco: Ignatius, 1990), 20.
4. de Silva, *Brave New Family*, 20.
5. M. Scott Peck, *People of the Lie: The Hope for Healing Human Evil*(1983; repr., New York, Touchstone, 1998), 130.
6. Peck, *People of the Lie*, 51-52.
7. Peck, *People of the Lie*, 56.

17장 _힘든 결혼 vs. 독이 되는 결혼

1. M. Scott Peck, *People of the Lie: The Hope for Healing Human Evil*(1983; repr., New York, Touchstone, 1998), 76-77(각주).

19장 _독이 되는 자녀

1. 윌케 박사와 개인적으로 나눈 대화.

20장 _독을 애정으로 바꾸는 법

1. Richard Rohr, "The Rent You Pay for Being Here," Richard Rohr's Daily Meditations, August 1, 2013, http://conta.cc/1aY7HeA

21장 _자신에게 독이 되지 말라

1. Francis de Sales, *Introduction to the Devout Life*(London: Aeterna, 2015), 91.

사명선언문

너희가 흠이 없고 순전하여……세상에서 그들 가운데 빛들로
나타내며 생명의 말씀을 밝혀 _ 빌 2:15-16

1. 생명을 담겠습니다
만드는 책에 주님 주신 생명을 담겠습니다.
그 책으로 복음을 선포하겠습니다.

2. 말씀을 밝히겠습니다
생명의 근본은 말씀입니다.
말씀을 밝혀 성도와 교회의 성장을 돕겠습니다.

3. 빛이 되겠습니다
시대와 영혼의 어두움을 밝혀 주님 앞으로 이끄는
빛이 되는 책을 만들겠습니다.

4. 순전히 행하겠습니다
책을 만들고 전하는 일과 경영하는 일에 부끄러움이 없는
정직함으로 행하겠습니다.

5. 끝까지 전파하겠습니다
모든 사람에게, 땅 끝까지, 주님 오시는 그날까지
복음을 전하는 사명을 다하겠습니다.

서점 안내

광화문점 서울시 종로구 새문안로 69 구세군회관 1층
02)737-2288 / 02)737-4623(F)

강남점 서울시 서초구 신반포로 177 반포쇼핑타운 2동 2층
02)595-1211 / 02)595-3549(F)

구로점 서울시 동작구 시흥대로 602, 3층 302호
02)858-8744 / 02)838-0653(F)

노원점 서울시 노원구 동일로 1366 삼봉빌딩 지하 1층
02)938-7979 / 02)3391-6169(F)

분당점 경기도 성남시 분당구 황새울로 315 대현빌딩 3층
031)707-5566 / 031)707-4999(F)

일산점 경기도 고양시 일산서구 중앙로 1391 레이크타운 지하 1층
031)916-8787 / 031)916-8788(F)

의정부점 경기도 의정부시 청사로47번길 12 성산타워 3층
031)845-0600 / 031)852-6930(F)

인터넷서점 www.lifebook.co.kr